Eric Gunnerson

Introdução à programação em C#

Tradução
Savannah Hartmann

Revisão técnica
Marcos Rezende

Supervisão de revisão técnica
Paulo Santana

EDITORA
CIÊNCIA MODERNA

Do original
A Programmer's Introduction to C#
Copyright © 2000 by Eric Gunnerson
Copyright © 2001 Editora Ciência Moderna Ltda.
Todos os direitos para a língua portuguesa reservados pela EDITORA CIÊNCIA MODERNA LTDA.
Nenhuma parte deste livro poderá ser reproduzida, transmitida e gravada, por qualquer meio eletrônico, mecânico, por fotocópia e outros, sem a prévia autorização, por escrito, da Editora.

Editor: Paulo André P. Marques
Supervisão Editorial: Carlos Augusto L. Almeida
Produção Editorial: Friedrich Gustav Schmid Júnior
Capa e Layout: Renato Martins
Diagramação e Digitalização de Imagens: Patricia Seabra
Tradução: Savannah Hartmann
Revisão: Carmen Mittoso Guerra
Supervisão de Revisão Técnica: Paulo Santana
Revisão Técnica: Marcos Rezende
Assistente Editorial: Daniele M. Oliveira

Várias **Marcas Registradas** aparecem no decorrer deste livro. Mais do que simplesmente listar esses nomes e informar quem possui seus direitos de exploração, ou ainda imprimir os logotipos das mesmas, o editor declara estar utilizando tais nomes apenas para fins editoriais, em benefício exclusivo do dono da Marca Registrada, sem intenção de infringir as regras de sua utilização.

FICHA CATALOGRÁFICA

Gunnerson, Eric
Introdução à programação em C#
Rio de Janeiro: Editora Ciência Moderna Ltda., 2001.

Linguagem de programação para microcomputadores
I — Título

ISBN: 85-7393-137-X   CDD 001642

Editora Ciência Moderna Ltda.
Rua Alice Figueiredo, 46
CEP: 20950-150, Riachuelo − Rio de Janeiro − Brasil
Tel: (021) 201-6662/201-6492/201-6511/201-6998
Fax: (021) 201-6896/281-5778
E-mail: lcm@lcm.com.br

SUMÁRIO

Prefácio XIII
Dedicatória XV
Agradecimentos XV
Sobre este livro XVI
Introdução XVII

Capítulo 1 - Os fundamentos da orientação a objetos 1
   O que é um objeto? 1
   Herança 2
   Containment 3
   Polimorfismo e funções virtuais 3
   Encapsulamento e visibilidade 4

Capítulo 2 - O ambiente .NET Runtime 7
   O ambiente de execução 8
      Um modelo mais simples de programação 9
      Proteção e segurança 9
      Poderoso suporte de ferramentas 10
      Distribuição, empacotamento e suporte 10
   Metadata 10
   Assemblies (grupos) 11
   Linguagem interop (interoperacional) 12
   Atributos 12

Capítulo 3 - C# QuickStart 15
   Hello, Universe 15
   Namespaces e Using 16
   Namespaces e Assemblies (grupos) 17
   Tipos de dados básicos 18
   Classes, estruturas e interfaces 19
   Declarações 20
   Enums 20
   Delegados e eventos 20

Propriedades e indexadores 21
Atributos 21

Capítulo 4 - Manuseio de exceção 23
    O que há de errado com códigos de retorno? 23
    Como tentar e pegar 24
    A hierarquia Exception (exceção) 25
    Como passar exceções ao Caller (chamador) 27
        Caller Beware 27
        Caller Confuse 27
        Caller Inform 28
    Classes Exception definidas por usuário 30
    Finalmente 31
    Eficiência e código extra 32
    Diretivas de design 33

Capítulo 5 - Classes 101 35
    Uma simples classe 35
    Funções membros 37
    Parâmetros ref e out 38
    Sobrecarga 40

Capítulo 6 - Classes fundamentais e herança 43
    A classe Engineer 43
    Herança simples 44
    Arrays de engenheiros 46
    Funções virtuais 49
    Classes abstratas 51
    Classes seladas 55

Capítulo 7 - Acessibilidade a membro classe 57
    Acessibilidade de classe 57
    Como usar internal em membros 58
    internal protected (interno protegido) 59
    A interação de acessibilidade de classe e membro 59

Capítulo 8 - Outras coisas sobre classe 61
    Classes aninhadas 61
    Outro aninhamento 62
    Criação, inicialização e destruição 62
        Construtores 63
        Inicialização 64
        Destruidores 65
    Como sobrecarregar e ocultar nome 65
        Como ocultar nome 66
    Campos estáticos 67

Funções estáticas member 68
Construtores estáticos 68
Constantes 69
Campos readonly (apenas de leitura) 70
Construtores privados 73
Listas de parâmetros de comprimento variável 73

Capítulo 9 - Structs (tipos valor) 77

Um ponto de estrutura 77
Como encaixotar e desencaixotar 78
Estruturas e construtores 79
Diretivas de design 80

Capítulo 10 - Interfaces 81

Um simples exemplo 81
Como trabalhar com interfaces 82
O operador as 84
Interfaces e herança 85
Diretivas de design 86
Implementações múltiplas 87
    Implementação explícita de interface 88
    Implementação de ocultação 91
Interfaces baseadas em interfaces 92

Capítulo 11 - Como fazer revisão usando new e override 93

Um exemplo de revisão 94

Capítulo 12 - Declarações e fluxo de execução 97

Declarações de seleção 97
    If (se) 97
    Switch (troca) 98
Declarações de iteração 99
    While (enquanto) 100
    Do (fazer) 101
    For (para) 101
    Foreach (para cada) 102
Declarações de salto 104
    Break (quebrar) 104
    Continue 104
    Goto (ir para) 104
    Return (retornar) 104
Atribuição absoluta 104
    Atribuição absoluta e arrays 107

Capítulo 13 - Escopo de variável local 109

Capítulo 14 - Operadores 111
    Operador de precedência 111
    Operadores internos 112
    Operadores definidos por usuário 112
    Promoções numéricas 113
    Operadores aritméticos 113
        Adição unária (=) 113
        Subtração unária (-) 113
        Adição (+) 113
        Subtração (-) 114
        Multiplicação (x) 114
        Divisão (/) 114
        Resto (%) 114
        Shift (<< e >>) 114
        Aumento e diminuição (++ e - -) 115
    Operadores relacional e lógico 115
        Negativa lógica (!) 115
        Operadores relacionais 115
        Operadores lógicos 116
        Operador condicional (?:) 116
    Operadores de designação 117
        Designação simples 117
        Designação composta 117
    Operadores tipo 118
        typeof 118
        is 118
        as 119

Capítulo 15 - Conversões 121
    Tipos numéricos 121
        Conversões e membro lookup (de busca) 123
        Conversões numéricas explícitas 124
        Conversões checked (marcadas) 125
    Conversões de classes (tipos referência) 126
        Para a classe base de um objeto 126
        Para uma interface que o objeto implementa 128
        Para uma interface que o objeto pode implementar 128
        De um tipo de interface para outro 130
    Conversões de estruturas (tipos valor) 130

Capítulo 16 - Arrays 131
    Inicialização de array 131
    Arrays multidimensionais e dentados 132
        Arrays multidimensionais 132
        Arrays dentados 132
    Arrays de tipos referência 133

Conversões de array 134
Tipo System.Array 135
    Classificação e busca 135
    Reverse (reverso) 135

Capítulo 17 - Strings 137

Operações 137
Como converter objetos em strings 138
Um exemplo 139
StringBuilder 139
Expressões regulares 141
    Análise mais completa 142

Capítulo 18 - Propriedades 147

Accessors (acessadores) 148
Propriedades e herança 148
Uso de propriedades 149
Efeitos laterais ao ajustar valores 150
Propriedades estáticas 151
Propriedade eficiência 153

Capítulo 19 - Indexadores 155

Como indexar com um índice inteiro 155
Indexadores e foreach 159
Diretivas de design 162

Capítulo 20 - Enumeradores 163

Um enumerador de estilo de linha 163
Tipos base de enumerador 164
Inicialização 165
Enums de sinalizadores de bits 166
Conversões 167

Capítulo 21 - Atributos 169

Como usar atributos 170
    Mais alguns detalhes 172
Um atributo seu 174
    Uso de atributo 174
    Parâmetros de atributo 175
Como refletir em atributos 176

Capítulo 22 - Delegados 179

Como usar delegados 179
Delegados como membros estáticos 181
Delegados como propriedades estáticas 182

Capítulo 23 - Eventos 185

Um evento de e-mail novo 185
O campo evento 187
Eventos de multidistribuição 187
Eventos espaçados 187

Capítulo 24 - Conversões definidas por usuário 191

Um simples exemplo 191
Pré e pós-conversões 193
Conversões entre estruturas 194
Classes e pré e pós-conversões 199
Diretivas de design 204
    Conversões implícitas são conversões seguras 204
    Definir a conversão no tipo mais complexo 204
    Uma conversão para e de uma hierarquia 205
    Acrescentar conversões somente quando necessário 205
    Conversões que operam em outras linguagens 205
Como funciona 207
    Busca de conversão 207

Capítulo 25 - Sobrecarga de operador 209

Operadores unários 209
Operadores binários 210
Um exemplo 210
Restrições 211
Diretivas de design 211

Capítulo 26 - Outros detalhes de linguagem 213

A função Main 213
    Como retornar um status int 213
    Parâmetros de linha de comando 214
    Mains múltiplos 214
Pré-processamento 215
    Diretivas de pré-processamento 215
    Outras funções do pré-processador 217
Detalhes léxicos 218
    Identificadores 218
    Literais 219
    Comentários 222

Capítulo 27 - Como fazer amigos com .NET Frameworks 223

Coisas que todos os objetos farão 223
    ToString() 223
    Equals() 225
    Resíduos e GetHashCode() 226

Capítulo 28 - System.Array e as classes coleção 229

Classificação e busca 229
    Implementação de IComparable 230
    Como usar IComparer 231
    IComparer como uma propriedade 234
    Como sobrecarregar operadores relacionais 236
    Uso avançado de hashes 238
ICloneable 240
Diretivas de design 242
    Funções e interfaces pela classe Framework 242

Capítulo 29 - Interop 245

Como usar objetos COM 245
Utilização por objetos COM 245
Como chamar funções DLL originais 246

Capítulo 30 - Visão geral de .NET Frameworks 247

Formatação numérica 247
    Strings de formato padrão 247
    Strings de formato personalizado 251
Formatação de data e horário 256
Formatação personalizada de objeto 257
    Nova formatação para tipos existentes 258
Separação numérica 260
Como usar XML em C# 260
Input/Output 260
    Binário 261
    Texto 261
    XML 262
    Como ler e escrever arquivos 262
    Cruzamento de diretórios 262
Serialização 264
Encadeamento 266
Como ler páginas Web 268

Capítulo 31 - Mergulho em C# 271

Estilo C# 271
    Nomeação 271
    Encapsulação 272
Diretivas para o autor de biblioteca 272
    Compatibilidade CLS 272
    Nomeação de classe 273
Código inseguro 273
    Layout de estrutura 277
Documentação XML 277
    Guias de suporte do compilador 278

Guias de documentação XML 281
Coleta de resíduo no .NET Runtime 281
   Alocação 282
   Marcar e compactar 282
   Gerações 282
   Finalização 284
   Como controlar o comportamento GC 285
Reflexão mais profunda 285
   Listagem de todos os tipos em um grupo 286
   Como encontrar membros 287
   Como chamar funções 289
Otimizações 292

Capítulo 32 - Programação defensiva 293

Métodos condicionais 293
Classes Debug e Trace 294
Asserts (assertivas) 295
Saída de Debug e Trace 296
Como usar interruptores para controlar Debug e Trace 297
   BooleanSwitch 297
   TraceSwitch 299
   Interruptor definido pelo usuário 300

Capítulo 33 - A linha de comando 305

Uso simples 305
Arquivos resposta 305
Opções de linha de comando 306

Capítulo 34 - C# comparado a outras linguagens 309

Diferenças entre C# e C/C++ 309
   Um ambiente gerenciado 309
   Objetos .NET 310
   Declarações C# 310
   Atributos 311
   Como fazer versão 311
   Organização de código 311
   Perda de recursos C# 312
Diferenças entre C# e Java 312
   Tipos de dados 312
   Como estender o tipo de sistema 314
   Classes 314
   Interfaces 317
   Propriedades e indexadores 317
   Delegados e eventos 317
   Atributos 317
   Declarações 318

Diferenças entre C# e Visual Basic 6 319
　　　　Aparência de código 320
　　　　Tipos de dados e variáveis 320
　　　　Operadores e expressões 322
　　　　Classes, tipos, funções e interfaces 322
　　　　Controle e fluxo de programa 323
　　　　Select Case 324
　　　　On Error 325
　　　　Declarações em falta 325
　　　　Outras linguagens .NET 325

Capítulo 35 - Futuros C# 327

Índice 329

PREFÁCIO

Quando você cria uma nova linguagem de programação, a primeira pergunta que fazem, invariavelmente é: por quê? Na criação de C# nós tínhamos vários objetivos em mente:

- *Produzir na família C/C++ a primeira linguagem orientada por componente.* A engenharia de software está cada vez menos montando aplicativos monolíticos, e cada vez mais montando componentes que se conectam a diversos ambientes de execução; por exemplo, um controle em um browser ou um objeto comercial que executa em ASP+. A chave de tais componentes é que eles têm propriedades, métodos e eventos, e que eles têm atributos que oferecem informações assertivas sobre o componente. Todos esses conceitos são montagens de linguagem de primeira classe em C#, tornando-o uma linguagem muito original, no que se refere à montagem e uso de componentes.

- *Criar uma linguagem na qual tudo seja, realmente, um objeto.* Através do uso inovador de conceitos, tais como encaixotar e desencaixotar, C# liga o espaço entre tipos e classes primitivas, permitindo que quaisquer pedaços de dados sejam tratados como um objeto. Além do mais, C# apresenta o conceito de valor de tipos, o que permite aos usuários implementar objetos de peso leve que não exigem acúmulo de alocação.

- *Capacitar a construção de software forte e durável.* C# foi montado a partir do nada para incluir coleção de resíduos, manuseio estruturado de exceção e tipo de segurança. Esses conceitos eliminam completamente categorias inteiras de erros que com freqüência infestam programas C++.

- *Simplificar C++, porém preservando as habilidades e investimentos que os programadores já têm.* C# mantém um alto grau de semelhança com C++ e os programadores irão sentir-se imediatamente confortáveis com a linguagem. Além disso, C# oferece grande interoperabilidade com COM (Component Object Model — componente de objeto modelo) e DLLs (Dynamic Link Library — biblioteca de vínculo dinâmico), permitindo ao código existente ser totalmente nivelado.

Nós trabalhamos muito duro para atingir esses objetivos. Muito do trabalho duro aconteceu no grupo de design de C#, que se encontrou regularmente por um período de dois anos. Como chefe da equipe de C# Quality Assurance (garantia de qualidade de C#), Eric foi o membro chave do grupo e, através de sua participação, ele é eminentemente qualificado para explicar não apenas como C# trabalha, mas também o motivo pela qual trabalha de tal forma. Isso se tornará claro durante a leitura deste livro.

Eu espero que você tenha o mesmo gosto de usar C# que nós, da equipe de design de C#, tivemos ao criá-lo.

Anders Hejlsberg
Distinguished Engineer
Microsoft Corporation

DEDICATÓRIA

A Tony Jongejan, por me apresentar à programação e por estar à frente do seu tempo.

AGRADECIMENTOS

Embora escrever um livro seja, com freqüência, uma tarefa solitária, nenhum autor pode fazê-lo sem ajuda.

Eu gostaria de agradecer a todos aqueles que me ajudaram com o livro, inclusive aos membros da equipe, que responderam às minhas incessantes perguntas e leram meus rascunhos não terminados. Também gostaria de agradecer aos meus gerentes e à Microsoft, tanto por me permitirem trabalhar em tal projeto único como por me permitirem escrever um livro sobre ele.

Agradecimentos à equipe da Apress por apostar em um autor não comprovado e por não me incomodar enquanto eu esperava que ficasse a contento.

Obrigado a todos os artistas que me forneceram música para escrevê-lo — todas as quais foram comercialmente adquiridas — com agradecimentos especiais ao Rush, por todo o seu trabalho.

Finalmente, eu gostaria de agradecer àqueles que me apoiaram em casa; minha esposa Kim e minha filha Samantha, que não reclamaram quando eu estava trabalhando, mesmo durante as nossas férias, e ao meu gato, por puxar meus braços enquanto eu estava escrevendo.

SOBRE ESTE LIVRO

C# é um dos projetos mais excitantes no qual eu já tive o privilégio de trabalhar. Existem muitas linguagens com poderes e deficiências diferentes, mas de vez em quando surge uma nova linguagem que se mistura bem ao hardware, ao software e às abordagens de programação de um período específico. Eu acredito que C# é tal linguagem. Claro, a escolha da linguagem é geralmente um "aspecto religioso".[1]

Estruturei este livro como um passeio através da linguagem, visto que acho que é a melhor e mais interessante maneira de aprender qualquer linguagem. Infelizmente, com muita freqüência, passeios podem ser longos e aborrecidos, especialmente se o material for familiar e, às vezes, eles se concentram em coisas com as quais você não se importa, enquanto passam rapidamente por coisas nas quais você está interessado. É bom poder abreviar as coisas aborrecidas e ir direto às coisas interessantes. Para fazer isso, existem duas abordagens que você pode considerar.

Para conseguir resolver as coisas rapidamente, há o Capítulo 3, "C# QuickStart" (início rápido), que é uma rápida visão geral da linguagem e oferece informações suficientes para começar a codificar.

O Capítulo 34, "C# comparado a outras linguagens" oferece comparações específicas de linguagem com C++, VB e Java, para programadores ligados em uma linguagem específica, ou para aqueles que gostam de ler comparações.

Enquanto eu escrevia isto, era início de agosto de 2000, e a versão Visual Studio que conterá C# ainda está no beta. A linguagem sintaxe é bastante estável, mas sem dúvida haverá alguns itens modificados "na periferia". Veja no Capítulo 35, "Futuros C#", algumas informações sobre o que está guardado para futuras versões.

Se você tiver comentários sobre o livro, pode me encontrar em gunnerso@halcyon.com. Todo o código fonte pode ser baixado do Web site da Apress, em http://www.apress.com.

---

[1] Veja no arquivo Jargon (http://www.jargonfile.org) uma boa definição de "aspecto religioso".

INTRODUÇÃO

Por que outra linguagem?

Neste ponto, provavelmente você está se perguntando: "Por que eu devo aprender *outra* linguagem? Por que não usar C++?" (ou VB, Java ou qualquer que seja a sua linguagem preferida). No mínimo, provavelmente você estava se perguntando antes de comprar o livro.

As linguagens são um pouco como ferramentas de poder. Cada ferramenta tem as suas próprias vantagens e deficiências. Embora eu *pudesse* usar meu roteador para aparar o comprimento da minha placa, seria muito mais fácil se eu usasse um serrote de chanfra. Da mesma forma, eu poderia usar uma linguagem como LISP (LIST processing — processamento de listas) para escrever um jogo de muitos gráficos, mas provavelmente seria mais fácil usar C++.

C# (pronunciado "C Sharp") é a linguagem original do .NET Common Language Runtime (linguagem comum de tempo de execução). Ele foi designado para se ajustar sem emendas ao .NET Common Language Runtime. Você pode (e, às vezes, deveria) escrever código em Visual C++ ou Visual Basic, porém, na maioria dos casos, C# provavelmente se ajustará melhor às suas necessidades. Já que a Common Language Runtime é central a muitas coisas em C#, o Capítulo 2, "O ambiente .NET Runtime", apresentará partes importantes dele — pelo menos, aquelas que são importantes para a linguagem C#.

Objetivos do design de C#

Quando a linguagem C++ surgiu, causou bastante agitação. Era uma linguagem feita para criar software orientado a objeto, que não exigia que os programadores C abandonassem as suas habilidades ou os seus investimentos em software. Não era totalmente orientado a objeto, como ocorre com a linguagem Eiffel, mas tinha recursos orientados a objeto o bastante para oferecer grandes benefícios.

C# oferece uma oportunidade semelhante. Em cooperação com a .NET Common Language Runtime, ele oferece uma linguagem para se usar em software orientado a componente, sem forçar os programadores a abandonar seus investimentos em código C, C++ ou COM.

C# é projetado para montar componentes fortes e duráveis, para lidar com situações do mundo real.

Software componente

A .NET Common Language Runtime é um ambiente baseado em componente, e não deve ser surpresa que o C# seja projetado para facilitar a criação de componentes. Ele é uma linguagem "centrada em componente", pois todos os objetos são escritos como componentes, e o componente é o centro da ação.

Conceitos de componente, tais como propriedades, métodos e eventos, são cidadãos de primeira classe da linguagem e do ambiente de tempo de execução subjacente. Informações assertivas (conhecidas como atributos) podem ser aplicadas a componentes para conduzir informações de tempo de design e execução sobre o componente para outras partes do sistema. A documentação pode ser escrita dentro do componente e exportada para XML.

Objetos C# não exigem cabeçalho de arquivos, arquivos IDL ou bibliotecas de tipo para serem criados ou usados. Os componentes criados por C# são totalmente autodescritivos e podem ser usados sem um processo de registro.

Na criação de componentes, C# é auxiliado por .NET Runtime and Frameworks (tempo de execução e bibliotecas de aplicativo), que oferecem um tipo de sistema unificado no qual tudo pode ser tratado como um objeto, mas sem a penalidade de desempenho associada aos sistemas de objeto simples, tais como Smalltalk.

Software
forte e durável

No mundo baseado em componente, a possibilidade de criar um software que seja forte e durável é muito importante. Servidores Web podem executar por meses sem uma reinicialização programada, e uma inicialização não programada não é desejável.

A coleção de resíduos tira a responsabilidade de gerenciamento de memória do programador[1], e os problemas de escrever versões de componentes são facilitados pelas versões semânticas definidas e pela habilidade de separar a interface da implementação. Operações numéricas podem ser verificadas para garantir que não estejam em excesso, e arrays suportam limites de verificação.

---

[1] Não é que o gerenciamento de memória C++ seja conceitualmente difícil; na maioria dos casos não é, embora haja algumas situações difíceis ao se lidar com componentes. A responsabilidade vem de precisar dedicar tempo e esforço para fazê-lo certo. Com a coleção de resíduos, não é preciso perder tempo codificando e testando para se ter certeza de que não há quaisquer falhas de memória, o que deixa o programador livre para dar ênfase ao programa lógico.

C# também oferece um ambiente simples, seguro e direto. O tratamento de erro não é uma reflexão tardia, com a exceção de o manuseio estar presente no ambiente. A linguagem é segura contra tipo e protege contra o uso de variáveis que não tenham sido inicializadas, trajetos inseguros e outros erros comuns de programação.

Software do mundo real

O desenvolvimento de um software não é algo agradável. Raramente um software é projetado em um quadro limpo; ele precisa ter desempenho decente, nivelar o código existente e ser prático para escrever, em termos de tempo e orçamento. Um ambiente bem projetado é de pouca utilidade se ele não oferecer força suficiente para uso no mundo real.

O C# oferece os benefícios de um ambiente elegante e unificado, enquanto que ainda fornece acesso a recursos "de menor reputação" — tais como cursores — quando tais recursos são necessários para se ter o trabalho concluído.

C# protege o investimento no código existente. Objetos COM existentes podem ser usados como se eles fossem objetos .NET.[2] A .NET Common Language Runtime fará com que objetos no tempo de execução pareçam ser objetos COM ao código existente baseado em COM. Código original C em arquivos DLL podem ser chamados a partir do código C#.[3]

O C# oferece acesso de baixo nível quando isso é apropriado. Objetos de peso leve podem ser escritos para ser alocados em pilhas e ainda participar do ambiente não unificado. O acesso de baixo nível é oferecido através do modo *unsafe* (inseguro), que permite aos cursores serem usados em casos onde o desempenho é muito importante, ou quando os cursores são necessários para usar DLLs existentes.

C# é montado em um C++ herdado e deve ser imediatamente confortável para programadores de C++. A linguagem oferece uma pequena curva de aprendizagem, produtividade aumentada, e sem sacrifícios desnecessários.

Finalmente, C# capitaliza o poder da .NET Common Language Runtime, que oferece extenso suporte de biblioteca para tarefas e aplicativos de programação, tanto gerais como específicos. .NET Runtime, Frameworks e as linguagens estão todas unidas pelo ambiente Visual Studio, oferecendo uma compra-única ao programador .NET.

---

[2] Normalmente. Existem detalhes que, às vezes, tornam isso um pouco mais difícil na prática.

[3] Para o código C++, Visual C++ foi estendido com "Managed Extensions" (extensões gerenciadas), para possibilitar a criação de componentes .NET. Mais informações sobre essas extensões podem ser encontradas no Web site da Microsoft.

O COMPILADOR C#
E OUTROS RECURSOS

Existem duas maneiras de obter o compilador C#. A primeira, como parte do .NET SDK.

O SDK contém compiladores para C3, VB, C++ e todas as estruturas. Depois de instalar o SDK, você pode compilar programas C# usando o comando csc, o qual gerará um .exe que você pode executar.

A outra maneira de obter o compilador é como parte do Visual Studio.NET. O beta de Visual Studio.NET já se encontra disponível.

Para saber mais sobre a obtenção de .NET SDK ou de Visual Studio.NET beta, consulte a página deste livro no Web site da Apress em

`http://www.apress.com`

Dicas de compilador

Ao compilar o código, o compilador C# precisa ser capaz de localizar informações sobre os componentes que estão sendo usados. Automaticamente, ele buscará o arquivo denominado mscorlib.dll, o qual contém as entidades .NET de nível mais baixo, tais como tipos de dados.

Para usar outros componentes, a .dll apropriada para aquele componente precisa ser especificada na linha de comando. Por exemplo, para usar WinForms, o arquivo system.winforms.dll precisa ser especificado como a seguir:

`csc /r:system.winforms.dll myfile.cs`

A convenção normal de nomeação está para .dll como espaço de nome está para nome.

Outros recursos

A Microsoft mantém newsgroups públicos para programação .NET. O newsgroup C# é denominado microsoft.public.dotnet.csharp.general e fica no servidor de notícias msnews.microsoft.com.

Há diversos Web sites dedicados a informações .NET. Links para esses recursos também podem ser encontrados no Web site da Apress.

CAPÍTULO 1

Os fundamentos da orientação a objetos

Este capítulo é uma introdução à programação orientada a objetos. Aqueles que estão familiarizados com a programação orientada a objetos, provavelmente irão querer pular esta seção.

Existem muitas abordagens para o design orientado a objetos, como evidenciado por uma série de livros escritos sobre isso. A introdução a seguir toma uma abordagem pragmática e não gasta muito tempo no design, mas as abordagens baseadas em design podem ser bastante úteis aos recém-chegados.

O que é um objeto?

Um objeto é simplesmente uma coleção de informações e funcionalidades correlatas. Um objeto pode ser algo que tem uma manifestação correspondente no mundo real (tal como um objeto *employee*), alguma coisa que tem certo significado virtual (tal como uma janela na tela), ou apenas alguma abstração conveniente dentro de um programa (uma lista de trabalho a ser feito, por exemplo).

Um objeto é composto dos dados que descrevem o objeto e das operações que podem ser realizadas no objeto. As informações armazenadas em um objeto *employee*, por exemplo, podem ser várias informações de identificação (nome, endereço), informações de trabalho (título da posição, salário) e assim por diante. As operações realizadas podem incluir a criação de pagamento do empregado ou a sua promoção.

Ao criar um design orientado a objetos, a primeira etapa é determinar o que são os objetos. Ao lidar com objetos da vida real, com freqüência isso é direto, mas ao lidar com o mundo virtual, os limites tornam-se menos claros. É onde a arte do bom design aparece, razão pela qual bons arquitetos são tão procurados.

Herança

A herança é um recurso fundamental de um sistema orientado a objetos, e ela é simplesmente a habilidade de herdar dados e funcionalidade de um objeto pai. Ao invés de desenvolver novos objetos do nada, um novo código pode ser baseado no trabalho de outros programadores,[1] acrescentando apenas os novos recursos que são necessários. O objeto pai no qual o novo trabalho é baseado é conhecido como uma *base class* (classe base) e o objeto filho é conhecido como uma *derived class* (classe derivada).

A herança requer muita atenção em dar explicações do design orientado a objetos, mas o uso da herança não é particularmente expandido na maioria dos designs. Existem várias razões para isso.

Primeiro, a herança é um exemplo do que é conhecido em design orientado a objetos como um relacionamento "is-as" (é-como). Se um sistema tem um objeto *animal* e um objeto *cat* (gato), o objeto *cat* poderia ser herdado do objeto *animal*, pois um *cat* "is-as" *animal*. Na herança, a classe base é sempre mais generalizada do que a classe derivada. A classe *cat* herdaria a função *eat* (comer) da classe *animal*, e teria capacitada a função *sleep* (dormir). No design de mundo real, tais relacionamentos não são particularmente comuns.

Segundo, para usar a herança, a classe base precisa ser projetada com a herança em mente. Isso é importante por diversos motivos. Se os objetos não têm a estrutura apropriada, a herança pode não funcionar muito bem. Mais importante, um design que capacita herança também torna claro que o autor da classe base está disposto a suportar outras classes herdadas da classe. Se uma nova classe é herdada de uma classe, onde esse não é o caso, a classe base pode mudar em algum ponto, rompendo a classe derivada.

Erroneamente, alguns programadores menos experientes acreditam que a herança "supostamente" é amplamente usada em programação baseada em objeto e, portanto, usam-na bastante freqüentemente. A herança só deve ser usada quando as vantagens que ela trás são necessárias.[2] Veja a seguinte seção, sobre "Polimorfismo e funções virtuais".

Na .NET Common Language Runtime, todos os objetos são herdados da classe base final, chamada *object*, e há apenas uma única herança de objetos (isto é, um objeto só pode ser derivado de uma classe base). Isso evita o uso de alguns idiomas comuns, disponíveis em sistemas de herança múltipla, como C++, mas também remove muitos abusos de herança múltipla e oferece uma quantidade mais justa de simplificação. Na maioria dos casos, é um bom comércio. A .NET Runtime permite herança múltipla na forma de interfaces, que não podem conter implementação. As interfaces serão discutidas no Capítulo 10, "Interfaces".

---

[1] Nesse ponto, talvez possa haver um comentário apropriado sobre "nos ombros de gigantes..."

[2] Talvez haja um artigo chamado "Herança múltipla considerada prejudicial". Provavelmente há um, em algum lugar.

Containment

Então, se a herança não é a escolha certa, o que é?

A resposta é containment (conteúdo), também conhecido como agregação. Ao invés de dizer que um objeto é um exemplo de outro objeto, uma cópia daquele outro objeto será o conteúdo dentro do objeto. Portanto, ao invés de ter uma classe parecendo uma string, a classe conterá uma string (ou array, ou tabela hash [residual]).

A escolha de design padrão deve ser o conteúdo, e você deve trocar para herança apenas se for necessário (isto é, se houver realmente um relacionamento "is-as").

Polimorfismo e funções virtuais

Pouco tempo atrás, eu estava escrevendo um sistema de música e decidi que queria ser capaz de suportar ambos, WinAmp e Windows Media Player como máquinas de playback (tocar), mas não queria que todo o meu código tivesse que saber qual máquina estava usando. Assim, eu defini uma classe abstrata, que é uma classe que define as funções que uma classe derivada precisa implementar e que, às vezes, oferece funções que são úteis a ambas as classes.

Nesse caso, a classe abstrata foi chamada de *MusicServer* e tinha funções como *Play()*, *NextSong()*, *Pause()* etc. Cada uma dessas funções foi declarada como abstrata, para que cada classe player tivesse que, elas mesmo, implementar aquelas funções.

Automaticamente, funções abstratas são funções virtuais, as quais permitem ao programador usar polimorfismo para simplificar seus códigos. Quando há uma função virtual, o programador pode passar uma referência à classe abstrata ao invés da classe derivada, e o compilador escreverá código para chamar a versão apropriada da função no tempo de execução.

Um exemplo provavelmente tornará isso mais claro. O sistema de música suporta ambas as máquinas de playback, WinAmp e Windows Media Player. O exemplo seguinte é um esboço básico de como as classes se parecem:

```
using System;
public abstract class MusicServer
{
     public abstract void Play();
}
public class WinAmpServer: MusicServer
{
     public override void Play();
     {
          Console.WriteLine("WinAmpServer.Play()");
     }
```

```
}
public class MediaServer: MusicServer
{
      public override void Play()
      {
            Console.WriteLine("MediaServer.Play()");
      }
}
class Test
{
      public static void CallPlay(MusicServer ms)
      {
            ms.Play();
      }
      public static void Main()
      {
            MusicServer ms = new WinAmpServer();
            CallPlay(ms);
            ms = new MediaServer();
            CallPlay(ms);
      }
}
```

Este código produz a seguinte saída:

```
WinAmpServer.Play()
MediaServer.Play()
```

Polimorfismo e funções virtuais são usadas em muitos lugares no sistema .NET Runtime. Por exemplo, o objeto base *object* tem uma função virtual chamada *ToString()* que é usada para converter um objeto em uma representação string do objeto. Se você chamar a função ToString() em um objeto que não tenha a sua própria versão de ToString(), a versão da função ToString() que é parte da classe *object* será chamada,[3] o que simplesmente retorna o nome da classe. Se você sobrecarregar — escrever a sua própria versão de — a função ToString(), aquela então será chamada, e você pode fazer algo mais significativo, tal como escrever o nome do empregado contido no objeto employee. No sistema de música, isso significou sobrecarregar funções para tocar, pausar, próxima música, etc.

Encapsulamento e visibilidade

Ao projetar objetos, o programador precisa decidir quanto do objeto é visível ao usuário e quanto é particular, dentro do objeto. Detalhes que não são visíveis ao usuário são ditos serem encapsulados na classe.

---

[3] Ou, se houver uma classe base do objeto atual, e ela definir ToString(), tal versão será chamada.

Geralmente, o objetivo ao projetar um objeto é encapsular tanto quanto possível da classe. Os motivos mais importantes para fazer isso são:

- O usuário não pode mudar coisas particulares no objeto, o que reduz a chance de que o usuário mudará ou terá dependência de tais detalhes em seu código. Se o usuário não depender desses detalhes, mudanças feitas ao objeto podem romper o código do usuário.
- Mudanças feitas em partes públicas de um objeto precisam permanecer compatíveis com a versão anterior. Quanto mais aquilo for visível ao usuário, menos coisas podem ser mudadas sem romper o código do usuário.
- Interfaces maiores aumentam a complexidade de todo o sistema. Campos particulares só podem ser acessados de dentro da classe; campos públicos podem ser acessados através de qualquer cópia da classe. Ter mais campos públicos, com freqüência torna a depuração mais difícil.

Este assunto será mais explorado no Capítulo 5, "Classes 101".

CAPÍTULO 2

O ambiente .NET Runtime

No passado, escrever módulos que podiam ser chamados a partir de múltiplas linguagens era difícil. Código que é escrito em Visual Basic não pode ser chamado de Visual C++. Código que é escrito em Visual C++ às vezes pode ser chamado de Visual Basic, mas isso não é fácil de fazer. Visual C++ usa tempos de execução C e C++, o que tem um comportamento muito específico, e Visual Basic usa a sua própria máquina de execução, também com o seu próprio comportamento específico — e diferente.

E assim COM foi criado, e vem sendo bem-sucedido como uma maneira de escrever software baseado em componente. Infelizmente, ele é bastante difícil de se usar a partir do mundo Visual C++ e não possui todos os recursos no mundo Visual Basic. E, portanto, tem sido extensivamente usado ao se escrever componentes COM e menos freqüentemente usado ao se escrever aplicativos originais. Assim, se um programador escreveu algum simpático código em C++ e outro escreveu em Visual Basic, realmente não há uma maneira fácil de trabalharem juntos.

Além do mais, o mundo foi pensado para provedores de biblioteca, pois não havia uma escolha que funcionasse em todos os mercados. Se o escritor pensasse que a biblioteca era direcionada para a população Visual Basic, seria fácil usá-la a partir de Visual Basic, porém tal escolha poderia restringir o acesso sob a perspectiva C++ ou vir com uma punição de desempenho inaceitável. Ou então, poderia ser escrita uma biblioteca para usuários C++ para bom desempenho e acesso de baixo nível, mas ela ignoraria os programadores Visual Basic.

Às vezes, uma biblioteca seria escrita para ambos os tipos de usuários, mas normalmente isso significa que existem alguns compromissos. Para enviar e-mail em um sistema Windows, há uma escolha entre Collaboration Data Objects (CDO — colaboração de objetos de dados), uma interface baseada em COM que pode ser chamada a partir de ambas as linguagens, mas não faz tudo,[1] e funções MAPI (Messaging Application Programming Interface — interface de programação de aplicativo de mensagem) (em ambas as versões: C e C++), que podem acessar todas as funções.

O.NET Runtime é projetado para solucionar essa situação. Existe uma maneira de descrever código (metadados) e um tempo de execução e biblioteca (a Common Language Runtime and Frameworks). O diagrama a seguir mostra como é organizado o .NET Runtime:

serviços web	interface de usuário
dados e XML	
classes base	
Common Language Runtime	

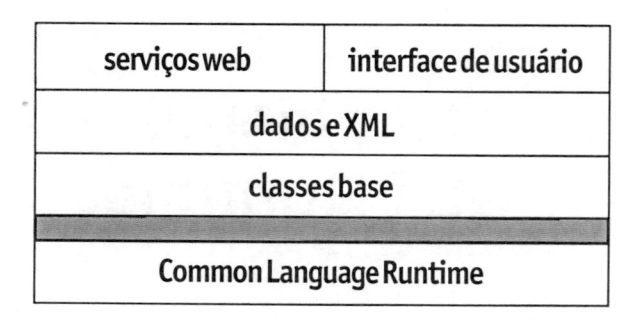

Figura 2-1. A organização .NET Frameworks

A Common Language Runtime oferece a execução básica de serviços. Além disso, as classes base oferecem tipos de dados básicos, classes de coleção e outras classes gerais. Montadas sobre essas classes base estão classes para lidar com dados e XML. Finalmente, no alto da arquitetura estão as classes para expor serviços web[2] e para lidar com a interface de usuário. Um aplicativo pode ser chamado em qualquer nível e usar classes de qualquer nível.

Para entender como C# funciona, é importante entender um pouco sobre .NET Runtime e Frameworks. A seguinte seção oferece uma visão geral; e informações mais detalhadas podem ser encontradas mais adiante no livro, no Capítulo 31, "Mergulho em C#".

O ambiente de execução

Uma vez esta seção foi chamada de "A máquina de execução", porém .NET Runtime é muito mais do que apenas uma máquina. O ambiente oferece um modelo de programação mais simples, protegido e seguro, além de poderosas ferramentas de suporte que ajudam no desenvolvimento, empacotamento e em outros recursos.

---

[1] Supostamente, isso é devido ao fato de que é difícil traduzir o design interno de baixo nível para algo que pode ser chamado da uma interface de automação.

[2] Uma maneira de expor uma interface programática através de um servidor web.

Um modelo mais simples de programação

Todos os serviços são oferecidos como um modelo comum que pode ser igualmente acessado através de todas as linguagens .NET; já os serviços podem ser escritos em qualquer linguagem .NET.[3] O ambiente é amplamente agnóstico à linguagem, permitindo escolha de linguagem. Isso torna mais fácil a reutilização de código, tanto para o programador quanto para os provedores de biblioteca.

O ambiente também suporta o uso de código existente em código C#, tanto através de funções chamadas em DLLs, como fazendo componentes COM parecerem ser componentes .NET Runtime. Os componentes .NET Runtime também podem ser usados em situações que requerem componentes COM.

Ao contrário das várias técnicas de lidar com erro em bibliotecas existentes, todos os erros em .NET Runtime são reportados através de exceções. Não há necessidade de troca entre códigos de erro, HRESULTS e exceções.

Finalmente, o ambiente contém as Base Class Libraries (BCL — bibliotecas de classe base), as quais oferecem as funções tradicionalmente encontradas em bibliotecas em tempo de execução, mais algumas novas. Alguma das funcionalidades que as BCL oferecem:

- Classes coleção, tais como filas, arrays, pilhas e tabelas hash
- Classes de acesso de banco de dados
- Classes IO (input/output — entrada/saída)
- Classes WinForms, para criar interfaces de usuário
- Classes de rede

Fora da classe base de tempo de execução, existem muitos componentes que lidam com UI (User's Interface — interface de usuário) e realizam outras operações sofisticadas.

Proteção e segurança

O ambiente .NET Runtime é projetado para ser um ambiente seguro e protegido. O .NET Runtime é um ambiente gerenciado, o que significa que o Runtime gerencia memória para o programador. Ao invés de precisar gerenciar alocação de memória e desalocação, o coletor de resíduos o faz. O coletor de resíduos não apenas reduz a quantidade de coisas a lembrar quando se está programando em um ambiente servidor como ele pode reduzir drasticamente a quantidade de vazamentos de memória. Isso torna os sistemas de alta disponibilidade muito mais fáceis de desenvolver.

Além disso, o .NET Runtime é um ambiente verificado. Durante o tempo de execução, o ambiente verifica se o código que está sendo executado é seguro contra tipos. Isso pode pegar erros, tal como passar o tipo errado para uma função, e ataques, tal como ao tentar ler além dos limites alocados ou executar código em um local arbitrário.

---

[3] Algumas linguagens podem não ser capazes de ter interface com capacidades de plataforma original.

O sistema de segurança interage com o verificador, para garantir que o código só faça o que lhe é permitido fazer. As exigências de segurança para uma parte de código específica podem ser expressas de uma maneira finamente granulada; por exemplo, o código pode especificar que ele precisa ser capaz de escrever um arquivo rascunho e que a exigência será verificada durante a execução.

Poderoso suporte de ferramentas

A Microsoft oferece quatro linguagens .NET: Visual Basic, Visual C++ com Managed Extensions (extensões gerenciadas), C# e JScript. Outras empresas estão trabalhando em compiladores para outras linguagens que executam a gama de COBOL (Common Business-Oriented Language — linguagem de alto nível orientada para aplicações comerciais) a Perl (Practical Extraction and Reporting Language — linguagem prática de extração e relatório).

A depuração é grandemente capacitada no .NET Runtime. O modelo de execução comum torna simples e direta a depuração através de linguagem e esta pode ampliar o código escrito sem costura em diferentes linguagens, além de ser executado em diferentes processos e máquinas.

Finalmente, todas as tarefas de programação .NET são unidas pelo ambiente Visual Studio, o que dá suporte para projetar, desenvolver, depurar e distribuir aplicativos.

Distribuição, empacotamento e suporte

O .NET Runtime também ajuda nessas áreas. A distribuição foi simplificada e, em alguns casos, não há uma etapa de instalação tradicional. Pelo fato de que os pacotes são distribuídos em um formato geral, um único pacote pode ser executado em qualquer ambiente que suporte .NET. Finalmente, o ambiente separa componentes de aplicativo para que um aplicativo só possa executar com os componentes com os quais ele é empacotado, ao invés de com versões diferentes empacotadas por outros aplicativos.

Metadata

Metadata (metadados) é a cola que mantém unido o .NET Runtime. Metadata é o análogo da biblioteca de tipo do mundo COM, mas com informações muito mais extensas.

Para cada objeto que é parte do mundo .NET, os metadados daquele objeto registram todas as informações que são necessárias para usar o objeto, as quais incluem o seguinte:

- O nome do objeto
- Os nomes de todos os campos do objeto, e seus tipos
- Os nomes de todas as funções membro, incluindo tipos e nomes de parâmetros

Com essas informações, o .NET Runtime é capaz de descobrir como criar objetos, chamar funções membro ou acessar objetos de dados; já os compiladores podem usá-los para descobrir quais objetos estão disponíveis e como o objeto é usado.

Essa unificação é muito agradável para ambos, o produtor e o consumidor de código; o produtor de código pode facilmente ser autor do código que pode ser usado a partir de todas as linguagens compatíveis com .NET; já o usuário do código pode facilmente usar objetos criados por outros, independente da linguagem nas quais os objetos estão implementados.

Adicionalmente, esses ricos metadados permitem a outras ferramentas acessar as informações detalhadas sobre o código. O shell (envoltório) Visual Studio utiliza essas informações no Object Browser e para recursos tais como IntelliSense.

Finalmente, o código de tempo de execução pode consultar os metadados — em um processo chamado reflexão — para descobrir quais objetos estão disponíveis e quais funções e campos estão presentes na classe. Isso é semelhante a lidar com IDispatch no mundo COM, mas com um modelo mais simples. Claro que tal acesso não tem tipo muito forte, portanto, a maioria dos softwares escolherá referenciar os metadados em tempo de compilação, ao invés de tempo de execução, mas é uma facilidade bastante útil para aplicativos tais como linguagens de script.

Por último, a reflexão está disponível para o usuário final determinar como os objetos se parecem, para buscar por atributos ou para executar métodos cujos nomes não são conhecidos até o tempo de execução.

Assemblies (grupos)

No passado, um pacote final de software podia ser lançado como um executável, arquivos DLL e LIB, uma DLL contendo um objeto COM e uma typelib (biblioteca de tipo), ou algum outro mecanismo.

No .NET Runtime, o mecanismo de empacotamento é o *assembly*. Quando o código é compilado por um dos compiladores .NET, ele é convertido para uma forma intermediária conhecida como "IL". O grupo contém todo o IL, metadados e outros arquivos exigidos para que um pacote seja executado em um pacote completo. Cada grupo contém um manifesto que enumera os arquivos que estão contidos no grupo, controla quais tipos e recursos são expostos fora do grupo e mapeia referências daqueles tipos e recursos para os arquivos que contém os tipos e recursos. O manifesto também relaciona os outros grupos ao qual um grupo depende.

Os grupos são autocontidos; há informações suficientes no grupo para ele ser autodescritivo.

Ao definir um grupo, ele pode ser contido como um único arquivo ou pode ser dividido em vários arquivos. Usar vários arquivos possibilitará uma cena onde seções do grupo são carregadas apenas quando necessárias.

Linguagem interop (interoperacional)

Um dos objetivos de .NET Runtime é ser agnóstico à linguagem, permitindo o código ser usado e escrito a partir de qualquer linguagem que seja conveniente. Não apenas classes escritas em Visual Basic podem ser chamadas de C# ou C++ (ou qualquer outra linguagem .NET), uma classe que foi escrita em Visual Basic pode ser usada como uma classe base para uma classe escrita em C#, e aquela classe poderia ser usada a partir de uma classe C++.

Em outras palavras, não importaria em qual linguagem uma classe teve autoria. Além do mais, freqüentemente não é possível dizer em qual linguagem uma classe foi escrita.

Na prática, esse objetivo faz surgirem alguns obstáculos. Algumas linguagens têm tipos não assinados que não são suportados por outras linguagens; já algumas linguagens suportam sobrecarga de operador. Permitir que as linguagens de recursos mais ricos retenham a sua liberdade de expressão enquanto ainda é garantindo que suas classes possam ser interoperacionais com outras linguagens é desafiador.

Para suportar isso, o .NET Runtime tem suporte suficiente para permitir expressão adicional a linguagens ricas em recursos; assim, um código que é escrito em uma daquelas linguagens não é restrito pelas linguagens mais simples.

Para as classes serem utilizáveis a partir de linguagens .NET em geral, as classes precisam aderir à *Common Language Specification* (CLS — especificação comum de linguagem), que descreve quais recursos podem ser visíveis na interface pública da classe (quaisquer recursos podem ser internamente usados em uma classe). Por exemplo, a CLS proíbe expor tipos de dados não assinados, pois nem todas as linguagens podem usá-los. Mais informações sobre CLS podem ser encontradas em .NET SDK, na seção sobre "Interoperabilidade cruzada de linguagem".

Um usuário ao escrever o código C# pode indicar que este pode ser compatível com CLS, e o compilador sinalizará quaisquer áreas não compatíveis. Para maiores informações sobre as restrições específicas colocadas no código C# para compatibilidade CLS, veja a seção "Compatibilidade CLS" no Capítulo 31, "Mergulho em C#".

Atributos

Para transformar uma classe em um componente, geralmente são necessárias algumas informações adicionais, tais como persistir uma classe em disco ou como transações devem ser tratadas. A abordagem tradicional é escrever as informações em um arquivo separado e depois combiná-lo com o código fonte para criar um componente.

O problema com essa abordagem é que as informações são copiadas em múltiplos lugares. É cansativo e passível de erro, e significa que você não tem todo o componente, a menos que tenha ambos os arquivos.[4]

---

[4] Qualquer pessoa que já tenha tentado fazer programação COM sem uma typelib deve entender este problema.

O tempo de execução .NET suporta atributos personalizados (conhecidos simplesmente como *attributes* [atributos] em C#), os quais são uma forma de colocar informações descritivas nos metadados, junto com um objeto, e depois recuperar os dados posteriormente. Os atributos oferecem um mecanismo geral para fazer isso, e eles são pesadamente usados através do tempo de execução para armazenar informações que se modificam ao mesmo tempo de execução que é usada a classe.

Os atributos são totalmente extensíveis, e isso permite aos programadores definir atributos e usá-los.

CAPÍTULO 3

C# QuickStart

Este capítulo apresenta uma rápida visão geral da linguagem C#. Este capítulo supõe um certo nível de conhecimento de programação e, portanto, não apresenta tantos detalhes. Se a explicação aqui não fizer muito sentido, busque por explicações mais detalhadas sobre o tópico em particular mais adiante no livro.

Hello, Universe

Como apoiador do SETI,[1] pensei que seria apropriado fazer um programa "Hello, Universe" ao invés do canônico programa "Hello, World".

```
using System;
class Hello
{
    public static void Main(string[] args)
    {
        Console.WriteLine("Hello, Universe");

            // iterate over command-line arguments,
            // and print them out
        for (int arg = 0; arg < args.Length; arg++)
            Console.WriteLine("Arg {0}: {1}", arg, args[arg]);
    }
}
```

Conforme discutido anteriormente, o .NET Runtime tem um namespace unificado para todas as informações de programa (ou metadados). A cláusula using System é uma forma de referenciar as classes que estão no namespace System, para que elas possam ser usadas

---

[1] Search for Extraterrestrial Intelligence (busca por inteligência extraterrestre). Para maiores informações, veja http://www.teamseti.org.

sem precisar colocar System diante do nome do tipo. O namespace System contém muitas classes úteis, uma das quais é a classe Console, a qual é usada (não surpreendentemente) para se comunicar com o console (ou caixa DOS, ou linha de comando, para aqueles que nunca viram um console).

Pelo fato de que não existem funções globais em C#, o exemplo declara uma classe chamada Hello que contém a função estática Main(), que serve como o ponto de partida para a execução. Main() pode ser declarada sem parâmetros, ou com um array de string. Visto que ela é a função inicial, precisa ser uma função estática, o que significa que ela não está associada a uma cópia de um objeto.

A primeira linha da função chama a função WriteLine() da classe Console, que escreverá "Hello, Universe" no console. O loop for interage sobre os parâmetros que são passados e depois escreve uma linha para cada parâmetro na linha de comando.

Namespaces e Using

Namespaces no .NET Runtime são usados para organizar classes e outros tipos em uma única estrutura hierárquica. O uso apropriado de namespaces fará as classes serem fáceis de usar e evitará colisões com classes escritas por outros autores.

Os namespaces também podem ser pensados como uma forma de especificar nomes realmente longos de classes e outros tipos, sem precisar sempre digitar um nome inteiro.

Namespaces são definidos ao se usar a declaração namespace. Para níveis múltiplos de organização, os namespaces podem ser aninhados:

```
namespace Outer
{
        namespace Inner
        {
                class MyClass
                {
                        public static void Function() {}
                }
        }
}
```

Essa é uma quantidade boa de digitação e recuo, e assim, pode ser simplificada usando ao invés, o seguinte:

```
namespace Outer.Inner
{
        class MyClass
        {
                public static void Function() {}
        }
}
```

Cada arquivo fonte pode definir tantos nomes de espaço diferentes quantos necessários.

Conforme mencionado na seção "Hello, Universe", *using* permite ao usuário omitir namespaces ao usar um tipo, visto que tipos podem ser mais facilmente referenciados.

Using é simplesmente um atalho que reduz a quantidade de digitação que é exigida quando se faz referência a elementos, como indica a seguinte tabela:

Cláusula using	Linha fonte
<none>	System.Console.WriteLine("Hello");
using System	Console.WriteLine("Hello");

Observe que *using* não pode ser usado com um nome classe, portanto, aquele nome de classe poderia ser omitido. Em outras palavras, using System.Console não é permitido.

Colisões entre tipos ou namespaces que têm o mesmo nome sempre podem ser resolvidas por um nome totalmente qualificado de tipo. Esse poderia ser um nome muito longo se a classe estivesse profundamente aninhada, assim, há uma variante da cláusula *using* que permite um alias (nome alternativo) ser definido a uma classe:

```
using ThatConsoleClass = System.Console;
class Hello
{
    public static void Main()
    {
        ThatConsoleClass.WriteLine("Hello");
    }
}
```

Para tornar o código mais legível, os exemplos neste livro raramente usam namespaces, mas eles devem ser usados na maioria do código real.

Namespaces
e Assemblies (grupos)

Um objeto pode ser usado dentro de um arquivo fonte C# apenas se aquele objeto puder ser localizado pelo compilador C#. Por padrão, o compilador só abrirá um único conjunto conhecido como mscorlib.dll, que contém o núcleo das funções de Common Language Runtime.

Para referenciar objetos localizados em outros grupos, o nome do arquivo de conjunto precisa ser passado ao compilador. Isso pode ser feito na linha de comando, usando a opção /r:<assembly>, ou a partir de dentro do Visual Studio IDE, acrescentando uma referência ao projeto C#.

Tipicamente, há uma correlação entre o nome de espaço onde está um objeto e o nome do grupo no qual ele reside. Por exemplo, os tipos no namespace System.Net residem no grupo System.Net.dll. Os tipos normalmente são colocados em grupos baseados nos padrões de uso dos objetos daquele grupo; um tipo grande ou raramente usado em um namespace pode ser colocado em seu próprio grupo.

O nome certo do grupo no qual um objeto está contido pode ser encontrado na documentação daquele objeto.

Tipos de dados básicos

C# suporta o conjunto habitual de tipos de dados. Para cada tipo de dados que C# suporta, existe um tipo subjacente .NET Common Language Runtime correspondente. Por exemplo, o tipo int em C# é mapeado para o tipo System.Int32 em tempo de execução. System.Int32 poderia ser usado na maioria dos lugares onde int é usado, mas isso não é recomendado, pois ele torna o código difícil de ser lido.

Os tipos básicos são descritos na tabela a seguir. Todos os tipos de tempo de execução podem ser encontrados no namespace System do .NET Common Language Runtime.

Tipo	Bytes	Tipo de tempo de execução	Descrição
byte	1	Byte	Byte não marcado
sbyte	1	SByte	Byte marcado
short	2	Int16	Curto marcado
ushort	2	UInt16	Curto não marcado
int	4	Int32	Inteiro marcado
uint	4	UInt32	Inteiro não marcado
long	8	Int64	Grande inteiro marcado
ulong	8	UInt64	Grande inteiro não marcado
float	4	Single	Número de ponto de flutuação
double	8	Double	Número de ponto de flutuação de precisão dupla
decimal	8	Decimal	Número de precisão fixa
string		String	String Unicode
char		Char	Caractere Unicode
bool		Boolean	Valor booleano

A distinção entre os tipos básicos (ou internos) em C# é grandemente artificial, pois tipos definidos por usuário podem operar da mesma maneira que os internos. De fato, a única diferença verdadeira entre os tipos de dados internos e os tipos de dados definidos por usuário é ser possível escrever valores literais para tipos internos.

Os tipos de dados são separados nos tipos de valor e tipos de referência. Os tipos de valor são alocados em pilha ou alocados em fila em uma estrutura. Os tipos de referência são alocados acumulados.

Ambos os tipos, de referência e de valor, são derivados do objeto classe básico final. Nos casos onde um tipo de valor precisa agir como um objeto, um envoltório que faz o tipo de valor se parecer com um objeto referência é alocado no acúmulo, e o valor do tipo de valor é copiado nele. O envoltório é marcado, para que o sistema saiba que ele contém um int. Esse processo é conhecido como encaixotamento; já o processo inverso é conhecido como desencaixotamento. Encaixotar e desencaixotar permite a você tratar *qualquer* tipo como um objeto. O que permite o seguinte ser escrito:

```
using System;
class Hello
{
    public static void Main(string[] args)
    {
        Console.WriteLine("Value is: {0}", 3);
    }
}
```

Neste caso, o inteiro 3 é encaixotado, e a função Int32.ToString() é chamada no valor encaixotado.

Arrays C# podem ser declarados em formas multidimensionais ou irregulares. Estruturas de dados mais avançadas, tais como tabelas empilhadas ou residuais, podem ser encontradas no namespace System.Collections.

Classes, estruturas e interfaces

Em C#, a palavra chave class é usada para declarar um tipo de referência (alocada em acúmulo) e a palavra chave struct (estrutura) é usada para declarar um tipo de valor. As estruturas são usadas para objetos de peso leve que precisam agir como os tipos internos, e classes são usadas em todos os outros casos. Por exemplo, o tipo int é um tipo de valor, e o tipo string é um tipo de referência. O diagrama a seguir detalha como isso funciona:

```
int v = 123;
string s = "Hello There";
```

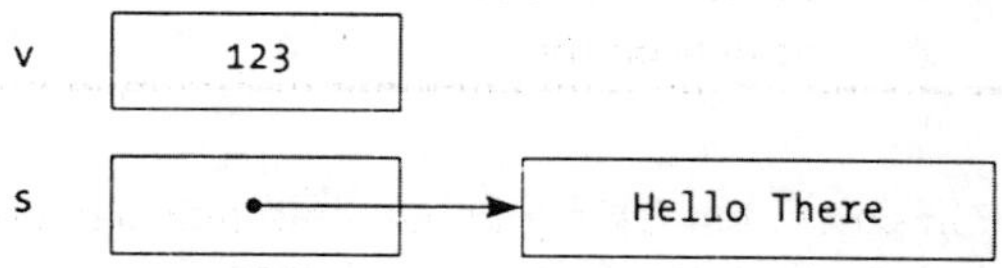

```
v  | 123 |

s  | •──────▶ | Hello There |
```

Figura 3-1. Alocação de tipo de valor e referência.

C# e o .NET Runtime não suportam herança múltipla para classes, mas suportam implementação múltipla de interfaces.

Declarações

As declarações em C# são parecidas com as declarações C++, com algumas modificações, para tornar erros menos evidentes, e algumas novas declarações. A declaração foreach é usada para interagir sobre arrays e coleções; já a declaração lock é usada para exclusão mútua em cenários encadeados e as declarações checked e unchecked são usadas para controlar o excesso de verificações em operações aritméticas e conversões.

Enums

Enumeradores são usados para declarar um conjunto de constantes relacionadas – tais como as cores que um controle pode tomar – de uma maneira clara e protegida de tipo. Por exemplo:

```
enum Colors
{
    red,
    green,
    blue
}
```

Os enumeradores são cobertos em mais detalhes no Capítulo 20, "Enumeradores".

Delegados e eventos

Os delegados são um tipo protegido de cursores de função de implementação baseada em objeto, e são usados em muitas situações onde um componente precisa chamar de volta o componente que o estava usando. Eles são mais amplamente usados como a base para eventos, o que permite a um delegado ser facilmente registrado para um evento. Eles são discutidos no Capítulo 22, "Delegados".

Os delegados e os eventos são amplamente usados pelo .NET Frameworks.

Propriedades e indexadores

C# suporta propriedades e indexadores, que são úteis para separar a interface de um objeto da implementação do objeto. Ao invés de permitir a um usuário acessar diretamente um campo ou array, uma propriedade ou indexador permite que um bloco de declaração seja especificado para realizar o acesso, enquanto ainda é permitindo o uso do campo ou array. Eis um exemplo simples:

```
using System;
class Circle
{
    public int X
    {
        get
        {
            return(x);
        }
        set
        {
            x = value;
            // draw the object here.
        }
    }
    int x;
}
class Text
{
    public static void Main()
    {
        Circle c = new Circle();
        c.X = 35;
    }
}
```

Neste exemplo, o acessador get ou set é chamado quando a propriedade X é referenciada.

Atributos

Atributos são usados em C# e em .NET Frameworks para comunicar informações declaratórias do escritor do código para outro código que está interessado nas informações. Isso poderia ser usado para especificar quais campos de um objeto deveriam ser colocados em série, qual contexto de transação usar ao executar um objeto, quantos campos guiados para funções originais ou como exibir uma classe em um navegador de classe.

Os atributos são especificados entre chaves. O uso típico de um atributo deveria se parecer com isto:

```
[CodeReview("12/31/1999", Comment="Well done")]
```

As informações de atributo são recuperadas em tempo de execução através de um processo conhecido como reflexão. Novos atributos podem ser facilmente escritos, aplicados a elementos do código (tais como classes, membros ou parâmetros) e recuperados através da reflexão.

CAPÍTULO 4

Manuseio de exceção

Em muitos livros de programação, o manuseio de exceção garante um capítulo, de alguma forma, no final do livro. Entretanto, neste livro, está bem perto do começo, por um par de razões.

A primeira razão é que o manuseio de exceção está profundamente enraizado em .NET Runtime e, portanto, é muito comum em código C#. Código C++ pode ser escrito sem usar o manuseio de exceção, mas tal não é uma opção em C#.

A segunda razão é que ele permite aos exemplos de código serem melhores. Se o manuseio de exceção ficar no fim do livro, os exemplos iniciais de código não podem usá-lo, o que significa que os exemplos não podem ser escritos usando boas práticas de programação. Infelizmente, isso significa que classes precisam ser usadas sem realmente serem introduzidas. Leia a seção seguinte para ter uma opinião sobre disso; as classes serão trabalhadas em detalhes no próximo capítulo.

O que há de errado com códigos de retorno?

A maioria dos programadores provavelmente já escreveu um código que se parecia com isto:

```
bool success = CallFunction();
if (!success)
{
    // process the error
}
```

Isto funciona bem, mas cada valor de retorno precisa ser verificado por um erro. Se o acima fosse escrito como:

```
CallFunction();
```

qualquer retorno de erro seria descartado. É de onde vêm os bugs (erros).

Existem muitos modelos diferentes para comunicar posição; algumas funções podem retornar um HRESULT, algumas podem retornar um valor booleano e outras podem usar algum outro mecanismo.

No mundo .NET Runtime, as exceções são o método fundamental de manusear condições de erro. As exceções são mais simpáticas do que códigos de retorno, pois elas não podem ser silenciosamente ignoradas.

Como tentar e pegar

Para lidar com exceções, o código precisa ser organizado um pouco diferentemente. As seções de código que podem atirar exceções são colocadas em um bloco try e o código para manusear exceções no bloco try é colocado em um bloco catch. Eis um exemplo:

```
using System;
class Text
{
    static int Zero = 0;
    public static void Main()
    {
            // watch for exceptions here
        try
        {
            int j = 22 / Zero;
        }
            // exceptions that occur in try are transferred here
        catch (Exception e)
        {
            Console.WriteLine("Exception " + e.Message);
        }
        Console.WriteLine("After catch");
    }
}
```

O bloco try encerra uma expressão que irá gerar uma exceção. Neste caso, ele irá gerar uma exceção conhecida como DivideByZeroException. Quando a divisão acontece, o .NET Runtime pára de executar o código e busca por um bloco try circundando o código no qual a exceção aconteceu. Quando ele encontra um bloco try, então ele busca por blocos catch associados.

Se ele encontra blocos catch, pega o melhor (em um minuto, ele seleciona e determina qual é o melhor) e executa o código dentro do bloco catch. O código no bloco catch pode processar o evento ou reatirá-lo.

O exemplo de código pega a exceção e escreve a mensagem que está contida dentro do objeto exceção.

A hierarquia Exception (exceção)

Todas as exceções C# derivam da classe nomeada Exception, a qual é parte da Common Language Runtime.[1] Quando ocorre uma exceção, o bloco catch apropriado é determinado pela combinação do tipo da exceção com o nome da exceção mencionada. Um bloco catch com uma combinação exata vence uma exceção mais geral. Retornando ao exemplo:

```
using System;
class Test
{
      static int Zero = 0;
      public static void Main()
      {
            try
            {
                  int j = 22 / Zero;
            }
            // catch a specific exception
            catch (DivideByZeroException e)
            {
                  Console.WriteLine("DivideByZero {0}", e);
            }
            // catch any remaining exceptions
            catch (Exception e)
            {
                  Console.WriteLine("Exception {0}", e);
            }
      }
}
```

O bloco catch que pega a DivideByZeroException é a combinação mais específica e, portanto, é a executada.

Este exemplo é um pouco mais complexo:

```
using system;
class Test
{
      static int Zero = 0;
```

---

[1] Isso é verdadeiro nas classes .NET em geral, mas existem alguns casos onde isso pode não conter a verdade.

```csharp
static void AFunction()
{
intj = 22/Zero;
            // the following line is never executed.
        Console.WriteLine("In AFunction()");
}
public static void Main()
{
        try
        {
            AFunction();
        }
        catch (DivideByZeroException e)
        {
            Console.WriteLine("DivideByZero {0}", e);
        }
    }
}
```

O que acontece aqui?

Quando a divisão é executada, é gerada uma exceção. Em tempo de execução é iniciada uma busca por uma tentativa de bloco em AFunction(), mas ele não encontra um; assim, pula fora de AFunction() e verifica uma tentativa em Main(). Ele encontra um, e então busca por um catch que combine. O bloco catch então é executado.

Às vezes, pode não haver quaisquer cláusulas que combinem.

```csharp
using System;
class Test
{
            static int Zero = 0;
            static void AFunction()
            {
                try
                {
                    int j = 22 / Zero;
                }
                // this exception doesn't match
                catch (ArgumentOutOfRangeException e)
                {
                    Console.WriteLine("OutOfRangeException: {0}", e);
                }
                Console.WriteLine("In AFunction()");
            }
            public static void Main()
            {
                try
```

```
        {
            AFunction();
        }
        // this exception doesn't match
        catch (ArgumentException e)
        {
            Console.WriteLine("ArgumentException {0}", e);
        }
    }
}
```

Nem o bloco catch em AFunction() nem o bloco catch em Main() combina com a exceção que foi atirada. Quando isso acontece, a exceção é pega pelo alavancador de exceção "última chance". A ação tomada por esse alavancador depende de como é configurado o tempo de execução, mas normalmente, ele trará uma caixa de diálogo contendo as informações de exceção e interromperá o programa.

Como passar exceções ao Caller (chamador)

Às vezes, o caso é que não há muito que pode ser feito quando ocorre uma exceção; ela realmente precisa ser manuseada pela função chamanda. Existem três maneiras básicas de lidar com isso, que são nomeadas com base em seus resultados no chamador: Caller Beware (chamador ciente), Caller Confuse (chamador confuso) e Caller Inform (chamador de informação).

Caller Beware

A primeira maneira é simplesmente não pegar a exceção. Às vezes, essa é a decisão certa de desing, mas ela poderia deixar o objeto em uma posição incorreta, causando problemas quando o chamador tentar usá-lo mais tarde. Também pode dar informações insuficientes ao chamador.

Caller Confuse

A segunda maneira é pegar a exceção, fazer alguma limpeza e depois, reatirar a execução:

```
using System;
public class Summer
{
        int   sum = 0;
        int   count = 0;
        float average;
```

```csharp
        public void DoAverage()
        {
            try
            {
                average = sum / count;
            }
            catch (DivideByZeroException e)
            {
                // do some cleanup here
                throw e;
            }
        }
}
class Test
{
        public static void Main()
        {
            Summer summer = new Summer();
            try
            {
                summer.DoAverage();
            }
            catch (Exception e)
            {
                Console.WriteLine("Exception {0}", e);
            }
        }
}
```

Normalmente, essa é a barra mínima para lidar com exceções; um objeto deve sempre manter uma posição válida depois de uma exceção.

Isso é chamado de Caller Confuse, pois enquanto o objeto está em uma posição válida depois que a exceção acontece, com freqüência o chamador tem poucas informações para prosseguir. Neste caso, as informações de exceção dizem que ocorreu uma DivideByZeroException em algum lugar na função chamada, sem dar quaisquer detalhes internos da exceção ou como ela pode ser corrigida.

Às vezes, isso é bom, se a exceção devolver informações óbvias.

Caller Inform

No Caller Inform, informações adicionais são retornadas ao usuário. A exceção pega é envolvida em uma exceção que tem informações adicionais.

```csharp
using System;
public class Summer
{
      int   sum = 0;
      int   count = 0;
```

```
        float average;
        public void DoAverage()
        {
                try
                {
                        average = sum / count;
                }
                catch (DivideByZeroException e)
                {
                        // wrap exception in another one,
                        // adding additional context.
                        throw (new DivideByZeroException(
                               "Count is zero in DoAverage()", e));
                }
        }
}
public class Text
{
      public static void Main()
      {
              Summer summer = new Summer();
              try
              {
                      summer.DoAverage();
              }
              catch (Exception e)
              {
                      Console.WriteLine("Exception: {0}", e);
              }
      }
}
```

Quando a DivideByZeroException é pega na função DoAverage(), ela é envolvida em uma nova exceção, que dá ao usuário informações adicionais sobre o que causou a exceção. Normalmente, o envoltório de exceção é do mesmo tipo que a exceção pega, mas isso pode mudar, dependendo do modelo apresentado ao chamador.

Esse programa gera a seguinte saída:

```
Exception: System.DivideByZeroException: Count is zero in DoAverage() - - ->
System.DivideByZeroException
      at Summer.DoAverage()
      at Summer.DoAverage()
      at Test.Main()
```

Idealmente, cada função que deseja reatirar a exceção, a envolverá em uma exceção com informações contextuais adicionais.

Classes Exception definidas por usuário

Um retrocesso do último exemplo é que o chamador não pode dizer qual exceção ocorreu na chamada a DoAverage(), olhando para o tipo da exceção. Para saber qual era a exceção de quando a contagem era zero, a mensagem de expressão deveria ser buscada pela string "Count is zero".

Isso seria muito ruim, visto que o usuário não seria capaz de confiar que o texto permaneceria igual em versões posteriores da classe e o escritor da classe não seria capaz de mudar o texto. Nesse caso, uma nova classe exceção pode ser criada.

```csharp
using System;
public class CountIsZeroException: Exception
{
    public CountIsZeroException()
    {
    }
    public CountIsZeroException(string message)
    : base(message)
    {
    }
    public CountIsZeroException(string message, Exception inner)
    : base(message, inner)
    {
    }
}
public class Summer
{
    int   sum = 0;
    int   count = 0;
    float average;
    public void DoAverage()
{
    if (count = = 0)
        throw(new CountIsZeroException("Zero count in DoAverage"));
    else
        average = sum / count;
    }
}
class Test
{
    public static void Main()
    {
        Summer summer = new Summer();
        try
```

```
        {
                summer.DoAverage();
        }
        catch (CountIsZeroException e)
        {
                Console.WriteLine("CountIsZeroException: {0}", e);
        }
    }
}
```

DoAverage() agora determina se haveria uma exceção (se count for zero) e, se assim for, cria uma CountIsZeroException e a atira.

Finalmente

Às vezes, quando escrevendo uma função, haverá alguma limpeza precisando ser feita antes da função se completar, tal como fechar um arquivo. Se ocorre uma exceção, a limpeza pode ser pulada:

```
using System;
using System.IO;
class Processor
{
    int  count;
    int  sum;
    public int average;
    void CalculateAverage(int countAdd, int sumAdd)
    {
        count += countAdd;
        sum += sumAdd;
        average = sum / count;
    }
    public void ProcessFile()
    {
        FileStream f = new FileStream("data.txt", FileMode.Open);
        try
        {
            StreamReader t = new StreamReader(f);
            string  line;
            while ((line = t.ReadLine()) != null)
            {
                int count;
                int sum;
                count = Int32.FromString(line);
                line = t.ReadLine();
                sum = Int32.FromString(line);
                CalculateAverage(count, sum);
```

```
                }
            }
                    // always executed before function exit, even if an
                    // exception was thrown in the try.
            finally
            {
                f.Close();
            }
        }
    }
}
class Test
{
    public static void Main()
    {
        Processor processor = new Processor();
        try
        {
            processor.ProcessFile();
        }
        catch (Exception e)
        {
            Console.WriteLine("Exception: {0}", e);
        }
    }
}
```

Este exemplo caminha através de um arquivo, lendo uma count e sum de um arquivo e usando-a para acumular a média. No entanto, o que acontece se a primeira count lida do arquivo for um zero?

Se isso acontece, a divisão em CalculateAverage() atirará uma DivideByZeroException, o que interromperá o loop de leitura de arquivo. Se o programador tivesse escrito a função sem pensar em exceções, a chamada a file.Close() teria sido pulada, e o arquivo teria permanecido aberto.

O código dentro do bloco finally garante a execução antes da saída da função, havendo ou não uma exceção. Colocando a chamada file.Close() no bloco finally, o arquivo será sempre fechado.

Eficiência e código extra

Em linguagens sem coleção de resíduo, acrescentar manuseio de exceção é caro, visto que todos os objetos dentro de uma função precisam ser rastreados para garantir que eles são adequadamente destruídos se uma exceção for atirada. O código de rastreio exigido, tanto acrescenta o tempo de execução quanto o tamanho de código a uma função.

No entanto, em C#, objetos são rastreados pelo coletor de resíduo ao invés de pelo compilador, assim o manuseio de exceção é muito barato de implementar e impõe pouco tempo de execução de código extra no programa quando o caso excepcional não acontece.

Diretivas de design

Exceções devem ser usadas para comunicar condições excepcionais. Não use as mesmas para comunicar eventos que são esperados, tal como chegar ao final de um arquivo. Na operação normal de uma classe, não deve haver exceções atiradas.

Inversamente, não use valores de retorno para comunicar informações que seriam mais bem contidas em uma exceção.

Se houver uma boa exceção predefinida no espaço de nome System, que descreve a condição de exceção — uma que fará sentido aos usuários da classe — use-a, ao invés de definir uma nova classe exceção, e coloque informações específicas na mensagem. Se o usuário quiser diferenciar um caso de outros, onde aquela mesma exceção pode ocorrer, então aquele seria um bom lugar para uma nova classe exceção.

Finalmente, se o código pega uma exceção que ele não vai manusear, considere se ele deve envolver aquela exceção com informações adicionais antes de reatirá-la.

CAPÍTULO 5

Classes 101

As classes são o coração de qualquer aplicativo em uma linguagem orientada a objetos. Este capítulo é dividido em várias seções. A primeira seção descreve as partes de C# que serão usadas com freqüência; já as demais seções descrevem coisas que não serão usadas tão freqüentemente, dependendo de qual tipo de código está sendo escrito.

Uma simples classe

Uma classe C# pode ser muito simples:

```
class VerySimple
{
     int simpleValue = 0;
}
class Test
{
     public static void Main()
     {
          VerySimple vs = new VerySimple();
     }
}
```

Essa classe é um contentor para um único inteiro. Porque o inteiro é declarado sem especificar quão acessível ele é, é privado para a classe VerySimple e não pode ser referenciado fora da classe. O modificador private poderia ser especificado para declarar isso especificamente.

O inteiro simpleValue é um membro da classe; pode haver muitos tipos de membros diferentes.

Na função Main(), o sistema cria a cópia na memória de baixa e retorna uma referência à cópia. Uma referência é simplesmente uma maneira de se referir a uma cópia.[1]

Não há necessidade de especificar quando uma cópia não é mais necessária. No exemplo anterior, desde que a função Main() se completa, a referência à cópia não mais existirá. Se a referência não tiver sido armazenada em outro lugar, a cópia estará então disponível para reivindicação pelo coletor de resíduo. O coletor de resíduo reivindicará a memória que estava alocada, quando necessário.[2]

Tudo isso é muito bom, mas essa classe não faz nada útil porque o inteiro não é acessível. Eis um exemplo mais útil.[3]

```
using System;
class Point
{
            // constructor
            public Point(int x, int y)
            {
                this.x = x;
                this.y = y;
            }
            // member fields
            public int x;
            public int y;
}
class Test
{
            public static void Main()
            {
                Point myPoint = new Point(10, 15);
                Console.WriteLine("myPoint.x {0}", myPoint.x);
                Console.Writeline("myPoint.y {0}", myPoint.y);
            }
}
```

Neste exemplo, há uma classe chamada Point, com dois inteiros na classe, chamados x e y. Esses números são públicos, o que significa que os seus valores podem ser acessados por qualquer código que usa a classe.

Além dos membros de dados, há um construtor para a classe, que é uma função especial, que é chamada para ajudar a construir uma cópia da classe. O construtor toma dois parâmetros inteiros.

---

[1] Para aqueles que usam cursores, uma referência é o cursor ao qual você só pode atribuir e desfazer a referência.

[2] O coletor residual usado no .NET Runtime é discutido no Capítulo 31, "Mergulho em C#".

[3] Se realmente você for implementar a sua própria classe point, provavelmente irá querer que ela possua um tipo de valor (struct) ao invés de um tipo de referência (class).

Nesse construtor, uma variável especial, chamada this é usada; a variável this está disponível dentro de todas as funções membro e sempre se refere à cópia atual.

Em funções membro, o compilador busca variáveis locais e parâmetros para um nome antes de buscar os membros cópia. Ao se referir a uma variável cópia com o mesmo nome que o parâmetro, a sintaxe this.<name> precisa ser usada.

Nesse construtor, x por si próprio refere-se ao parâmetro chamado x, e this.x refere-se ao membro inteiro chamado x.

Além da classe Point, há uma classe Test, que contém uma função Main, que é chamada para iniciar o programa. A função Main cria uma cópia da classe Point, que alocará memória para o objeto e depois chamará o construtor da classe. O construtor ajustará os valores para x e y.

O restante das linhas de Main() imprimem os valores de x e y.

Funções membro

O construtor no exemplo anterior é um exemplo de uma função membro; um pedaço de código que é chamado em uma cópia do objeto. Os construtores só podem ser chamados automaticamente quando uma cópia de um objeto é criada com new.

Outras funções membro podem ser declaradas como a seguir:

```
using System;
class Point
{
    public Point(int x, int y)
    {
        this.x = x;
        this.y = y;
    }
        // accessor functions
    public int GetX() {return(x);}
    public int GetY() {return(y);}
            // variables now private
    int x;
    int y;
}

class Test
{
    public static void Main()
    {
        Point myPoint = newPoint(10, 15);
        Console.WriteLine("myPoint.X {0}", myPoint.GetX());
        Console.WriteLine("myPoint.Y {0}", myPoint.GetY());
    }
}
```

Neste exemplo, os campos de dados são diretamente acessados. Normalmente, isso é uma má idéia, visto que significa que os usuários da classe dependem dos nomes dos campos, o que restringe as modificações que podem ser feitas posteriormente.

Em C#, ao invés de escrever uma função membro para acessar um valor privado, deve ser usada uma propriedade, o que dá os benefícios de uma função membro, enquanto estiver retendo o modelo usuário de um campo. Veja o Capítulo 18, "Propriedades", para maiores informações.

Parâmetros ref e out

Ter que chamar duas funções membro para obter valores pode não ser sempre conveniente; assim, seria bom ser capaz de obter ambos os valores com a chamada de uma única função. No entanto, só há um valor de retorno.

A solução é usar parâmetros de referência (ou ref), para que os valores dos parâmetros passados na função membro possam ser modificados:

```
// error
using System;
class Point
{
    public Point(int x, int y)
    {
        this.x = x;
        this.y = y;
    }
        // get both values in one function call
    public void GetPoint(ref int x, ref int y)
    {
        x = this.x;
        y = this.y;
    }
    int x;
    int y;
}

class Test
{
    public static void Main()
    {
        Point myPoint = new Point(10, 15);
        int  x;
        int  y;
                // illegal
        myPoint.GetPoint(ref x, ref y);
        Console.WriteLine("myPoint({0}, {1})", x, y);
    }
}
```

Neste código, os parâmetros foram declarados usando a palavra chave red, como foi a chamada à função.

Este código funcionaria, mas quando compilado, geraria uma mensagem de erro que diz que os valores inicializados foram usados para os parâmetros ref x e y. Isso significa que as variáveis foram passadas na função antes de ter seus valores ajustados e o compilador não permite que os valores de variáveis não inicializados sejam expostos.

Existem duas maneiras de contornar isso. A primeira é inicializar as variáveis quando elas são declaradas:

```
using System;
class Point
{
    public Point(int x, int y)
    {
        this.x = x;
        this.y = y;
    }
    public void GetPoint(ref int x, ref int y)
    {
        x = this.x;
        y = this.y;
    }

    int x;
    int y;
}
class Test
{
    public static void Main()
    {
        Point myPoint = new Point(10, 15);
        int x = 0;
        int y = 0;

        myPoint.GetPoint(ref x, ref y);
        Console.WriteLine("myPoint({0}, {1})", x, y);
    }
}
```

O código agora é compilado, mas as variáveis são inicializadas para zero apenas para serem sobregravadas na chamada a GetPoint(). Para C#, uma outra opção é mudar a definição da função GetPoint() para usar um parâmetro out, ao invés de um parâmetro ref:

```
using System;
class Point
{
    public Point(int x, int y)
    {
        this.x = x;
```

```
            this.y = y;
    }

    public void Getpoint(out int x, out int y)
    {
        x = this.x;
        y = this.y;
    }

    int x;
    int y;
}

class Test
{
    public static void Main()
    {
        Point myPoint = new Point(10, 15);
        int  x;
        int  y;

        myPoint.GetPoint(out x, out y);
        Console.WriteLine("myPoint({0}, {1})", x, y);
    }
}
```

Os parâmetros out são exatamente como os parâmetros ref, exceto que uma variável não inicializada pode ser passada para eles, e a chamada é feita com out, ao invés de ref.[4]

Sobrecarga

Às vezes, pode ser útil ter duas funções que fazem a mesma coisa, mas tomam diferentes parâmetros. Isso é especialmente comum para construtores, quando podem existir diversas maneiras de criar uma nova cópia.

```
class Point
{
                // create a new point from x and y values
        public Point(int x, int y)
        {
            this.x = x;
            this.y = y;
        }
                // create a point from an existing point
```

---

[4] Sob a perspectiva de outras linguagens .NET, não há diferença entre os parâmetros ref e out. Um programa C# ao chamar essa função verá os parâmetros como parâmetros out, mas outras linguagens os vêm como parâmetros ref.

```
            public Point(Point p)
            {
                this.x = p.x;
                this.y = p.y;
            }

            int x;
            int y;
    }
    class Test
    {
            public static void Main()
            {
                Point myPoint = new Point(10, 15);
                Point mySecondPoint = new Point(myPoint);
            }
    }
```

A classe tem dois construtores; um que pode ser chamado com valores x e y, e um que pode ser chamado com um outro ponto. A função Main() usa ambos os construtores; um para criar uma cópia de um valor x e y e outro para criar uma cópia da cópia já existente.

Quando é chamada uma função sobrecarregada, o compilador escolhe a função apropriada, combinando os parâmetros na chamada com os parâmetros declarados para a função.

CAPÍTULO 6

Classes fundamentais e herança

Conforme discutido no Capítulo 1, "Os fundamentos da orientação a objeto", às vezes faz sentido derivar uma classe de outra, se a classe derivada for um exemplo da classe base.

A classe Engineer

A seguinte classe implementa um Engineer (engenheiro) e métodos para manusear a cobrança daquele Engineer.

```
using System;
class Engineer
{
                // constructor
    public Engineer(string name, float billingRate)
    {
        this.name = name;
        this.billingRate = billingRate;
    }
                // figure out the charge based on engineer's rate
    public float CalculateCharge(float hours)
    {
        return(hours * billingRate);
    }
                // return the name of this type
    public string TypeName()
    {
        return("Engineer");
    }
```

```csharp
                private string name;
                protected float billingRate;
}
class Test
{
                public static void Main()
                {
                        Engineer engineer = new Engineer("Hank", 21.20F);
                        Console.WriteLine("Name is? {0}", engineer.TypeName());
                }
}
```

Engineer servirá como uma classe base para essa cena. Ele contém o campo privado name, e o campo protegido billingRate. O modificador protected concede o mesmo acesso que private, exceto que as classes que são derivadas dessa classe também têm acesso ao campo. Protected, portanto, é usado para dar a classes que derivam dessa classe acesso a um campo.

O acesso Protected permite a outras classes depender da implementação interna da classe e, portanto, só deve ter permissão quando necessário. No exemplo, o membro billingRate não pode ser renomeado, visto que classes derivadas podem acessá-lo. Com freqüência, é uma melhor escolha de design usar uma propriedade protegida.

A classe Engineer também tem uma função membro que pode ser usada para calcular a cobrança, baseada no número de horas de trabalho realizadas.

Herança simples

Um CivilEngineer é um tipo de engenheiro e, portanto, pode ser derivado da classe Engineer:

```csharp
using System;
class Engineer
{
                public Engineer(string name, float billingRate)
                {
                        this.name = name;
                        this.billingRate = billingRate;
                }

                public float CalculateCharge(float hours)
                {
                        return(hours * billingRate);
                }
                public string TypeName()
                {
                        return("Engineer");
                }
```

```csharp
            private string name;
            protected float billingRate;
    }
    class CivilEngineer: Engineer
    {
            public CivilEngineer(string name, float billingRate) :
                base(name, billingRate)
            {
            }
            // new function, because it's different than the
            // base version
            public new float CalculateCharge(float hours)
            {
                if (hours < 1.0F)
                    hours = 1.0F;               // minimum charge.
                return(hours * billingRate);
            }
            // new function, because it's different than the
            // base version
            public new string TypeName()
            {
                return("Civil Engineer");
            }
    }
    class Test
    {
            public static void Main()
            {
                Engineer   e = new Engineer("George", 15.50F);
                CivilEngineer  c = new CivilEngineer("Sir John", 40F);

                Console.WriteLine("{0} charge = {1}",
                    e.TypeName(),
                    e.CalculateCharge(2F));
                Console.WriteLine("{0} charge = {1}",
                    c.TypeName(),
                    c.CalculateCharge(0.75F));
            }
    }
```

Já que a classe CivilEngineer deriva de Engineer, ela herda todos os dados membros da classe (embora o membro name não possa ser acessado, pois ele é privado), e também herda a função membro CalculateCharge().

Os construtores não podem ser herdados; assim, é escrito um separado para CivilEngineer. O construtor não tem nada de especial para fazer, portanto, ele chama o construtor para Engineer, usando a sintaxe base. Se a chamada ao construtor de classe base fosse omitida, o compilador chamaria o construtor de classe base sem parâmetros.

CivilEngineer tem uma maneira diferente de calcular cobranças; a cobrança mínima é para 1 hora de tempo, portanto, há uma nova versão de CalculateCharge().

O exemplo, quando é executado, permite a seguinte saída:

```
Engineer Charge = 31
Civil Engineer Charge = 40
```

Arrays de engenheiros

Isso funcionava bem antigamente, quando havia apenas alguns empregados. À medida que a empresa cresceu, é mais fácil lidar com um array de engenheiros.

Já que CivilEngineer é derivado de Engineer, um array de tipo Engineer pode conter qualquer tipo. Este exemplo tem uma função Main() diferente, colocando os engenheiros em um array:

```
using System;
class Engineer
{
        public Engineer(string name, float billingRate)
        {
            this.name = name;
            this.billingRate = billingRate;
        }

        public float CalculateCharge(float hours)
        {
            return(hours * billingRate);
        }

        public string TypeName()
        {
            return("Engineer");
        }
        private string name;
        protected float billingRate;
}
class CivilEngineer: Engineer
{
        public CivilEngineer(string name, float billingRate) :
            base(name, billingRate)
        {
        }

        public new float CalculateCharge(float hours)
        {
            if (hours < 1.0F)
                hours = 1.0F;          // minimum charge.
```

```
                    return(hours * billingRate);
            }
            public new string TypeName()
            {
                    return("Civil Engineer");
            }
    }
    class Test
    {
            public static void Main()
            {
                    // create an array of engineers
                    Engineer[] earray = new Engineer[2];
                    earray[0] = new Engineer("George", 15.50F);
                    earray[1] = new CivilEngineer("Sir John", 40F);

                    Console.WriteLine("{0} charge = {1}",
                            earray[0].TypeName(),
                            earray[0].CalculateCharge(2F));
                    Console.WriteLine("{0} charge = {1}",
                            earray[1].TypeName(),
                            earray[1].CalculateCharge(0.75F));
            }
    }
```

Esta versão permite a seguinte saída:

```
Engineer Charge = 31
Engineer Charge = 30
```

Isto não está certo.

Quando os engenheiros foram colocados no array, o fato de que o segundo engenheiro era realmente um CivilEngineer ao invés de um Engineer foi perdido. Porque o array é um array de Engineer; portanto, quando CalculateCharge() é chamada, a versão de Engineer é chamada.

O que é necessário é uma maneira de identificar corretamente o tipo de um engenheiro. Isso pode ser feito tendo um campo na classe Engineer que denote de qual tipo ele é. Reescrever as classes com um campo enum para denotar o tipo do engenheiro resulta no seguinte exemplo:

```
using System;
enum EngineerTypeEnum
{
            Engineer,
            CivilEngineer
}
class Engineer
{
            public Engineer(string name, float billingRate)
            {
                    this.name = name;
```

```csharp
            this.billingRate = billingRate;
            type = EngineerTypeEnum.Engineer;
    }

    public float CalculateCharge(float hours)
    {
        if (type = = EngineerTypeEnum.CivilEngineer)
        {
            CivilEngineer c = (CivilEngineer) this;
            return(c.CalculateCharge(hours));
        }
        else if (type = = EngineerTypeEnum.Engineer)
            return(hours * billingRate);
        return(0F);
    }
    public string TypeName()
    {
        if (type = = EngineerTypeEnum.CivilEngineer)
        {
            CivilEngineer c = (CivilEngineer) this;
            return(c.TypeName());
        }
        else if (type = = EngineerTypeEnum.Engineer)
            return("Engineer");
        return("No Type Matched");
    }

    private string name;
    protected float billingRate;
    protected EngineerTypeEnum type;
}

class CivilEngineer: Engineer
{
    public CivilEngineer(string name, float billingRate) :
        base(name, billingRate)
    {
        type = EngineerTypeEnum.CivilEngineer;
    }

    public new float CalculateCharge(float hours)
    {
        if (hours < 1.0F)
            hours = 1.0F;            // minimum charge.
        return(hours * billingRate);
    }

    public new string TypeName()
    {
        return("Civil Engineer");
    }
}
```

Capítulo 6 - Classes fundamentais e herança | **49**

```
class Test
{
        public static void Main()
        {
                Engineer[] earray = new Engineer{2];
                earray[0] = new Engineer("George", 15.50F);
                earay[1] = new CivilEngineer("Sir John", 40F);

                Console.WriteLine("{0} charge = {1}",
                        earray[0].TypeName(),
                        earray[0].CalculateCharge(2F));
                Console.WriteLine("{0} charge = {1}",
                        earray[1].TypeName(),
                        earray[1].CalculateCharge(0.75F));
        }
}
```

Olhando para o campo type, as funções em Engineer podem determinar o verdadeiro tipo do objeto e chamar a função apropriada.

A saída do código como é esperada:

```
Engineer Charge = 31
Civil Engineer Charge = 40
```

Infelizmente, a classe base agora se tornou muito mais complicada; para cada função que cuida do tipo de uma classe, há código para verificar todos os possíveis tipos e chamar a função certa. Isso é muito código extra, e seria insustentável se houvesse 50 espécies de engenheiros.

Pior é o fato de que a classe base precisa saber os nomes de todas as classes derivadas para funcionar. Se o dono do código precisar acrescentar suporte para um novo engenheiro, a classe base precisa ser modificada. Se um usuário, que não tem acesso à classe base, precisar acrescentar um novo tipo de engenheiro, isto não funcionaria de modo algum.

Funções virtuais

Para fazer isso funcionar claramente, linguagens baseadas em objeto permitem que uma função seja especificada como virtual. Virtual significa que, quando é feita uma chamada a uma função membro, o compilador deve buscar pelo verdadeiro tipo do objeto (não apenas o tipo da referência), e chamar a função apropriada com base naquele tipo.

Com isso em mente, o exemplo pode ser modificado como a seguir:

```
using System;
class Engineer
{
        public Engineer(string name, float billingRate)
        {
                this.name = name;
                this.billingRate = billingRate;
```

```csharp
        }
                // function now virtual
        virtual public float CalculateCharge(float hours)
        {
                return(hours * billingRate);
        }
                // function now virtual
        virtual public string TypeName()
        {
                return("Engineer");
        }
        private string name;
        protected float billingRate;
}

class CivilEngineer: Engineer
{
        public CivilEngineer(string Name, Float billingRate) :
                base(name, billingRate)
        {
        }
                // overrides function in Engineer
        override public float CalculateCharge(float hours)
        {
                if (hours < 1.0F)
                        hours = 1.0F;           // minimum charge.
                return(hours * billingRate);
        }
                // overrides function in Engineer
        override public string TypeName()
        {
                return("Civil Engineer");
        }
}
class Test
{
        public static void Main()
        {
                Engineer[] earray = new Engineer[2];
                earray[0] = new Engineer("George", 15.50F);
                earray[1] = new CivilEngineer("Sir John", 40F);

                Console.WriteLine("{0} charge = {1}",
                        earray[0].TypeName(),
                        earray[0].CalculateCharge(2F));
                Console.WriteLine("{0} charge = {1}",
                        earray[1].TypeName(),
                        earray[1].CalculateCharge(0.75F));
        }
}
```

As funções CalculateCharge() e TypeName() agora são declaradas com a palavra chave virtual na classe base, e é tudo o que a classe base precisa saber. Ela não precisa ter conhecimento dos tipos derivados, somente que cada classe derivada pode implementar CalculateCharge() e TypeName(), se desejado. Na classe derivada, as funções são declaradas com a palavra chave override, o que significa que elas são as mesmas funções que foram declaradas na classe base. Se a palavra chave override estiver faltando, o compilador suporá que a função não está relacionada à função da classe base e o despacho virtual não funciona.[1]

Executar este exemplo leva à saída esperada:

```
Engineer Charge = 31
Civil Engineer Charge = 40
```

Quando o compilador encontra uma chamada a TypeName() ou CalculateCharge(), ele vai para a definição da função e observa que ela é uma função virtual. Ao invés de gerar código para chamar diretamente a função, ele escreve um pouco de código de despacho que, no tempo de execução, buscará pelo verdadeiro tipo do objeto e chamará a função associada ao verdadeiro tipo, ao invés de apenas o tipo da referência. Isso permite que a função certa seja chamada, mesmo se a classe não estava implementada quando o chamador foi compilado.

Há uma pequena quantidade de código extra com o despacho virtual; assim, ele não deve ser usado, a menos que necessário. No entanto, um JIT poderia observar que não existiam classes derivadas da classe na qual foi feita a chamada à função, e converter o despacho virtual para uma chamada direta.

Classes abstratas

Existe um pequeno problema com a abordagem usada até agora. Uma nova classe não precisa implementar a função TypeName(), visto que ela pode herdar a implementação de Engineer. Isso facilita para uma nova classe de engenheiro ter o nome errado associado a ela.

Se a classe ChemicalEngineer, por exemplo, for acrescentada:

```
using System;
class Engineer
{
        public Engineer(string name, float billingRate)
        {
                this.name = name;
                this.billingRate = billingRate;
        }
```

---

[1] Para entender por que isso funciona assim, consulte o Capítulo 11.

```
        virtual public float CalculateCharge(float hours)
        {
            return(hours * billingRate);
        }
        virtual public string TypeName()
        {
            return("Engineer");
        }

        private string name;
        protected float billingRate;
}
class ChemicalEngineer ; Engineer
{
        public ChemicalEngineer(string name, float billingRate) :
            base(name, billingRate)
        {
        }

        / overrides mistakenly omitted
}
class Test
{
        public static void Main()
        {
            Engineer[] earray = new Engineer[2]:
            earray[0] = new Engineer("Goerge", 15.50F);
            earray[1] = new ChemicalEngineer("Dr. Curie", 45.50F);

            Console.WriteLine("{0} charge = {1}",
                earray[0].TypeName(),
                earray[0].CalculateCharge(2F));
            Console.WriteLine("{0} charge = {1}",
                earray[1].TypeName(),
                earray[1].CalculateCharge(0.75F));
        }
}
```

A classe ChemicalEngineer herdará a função CalculateCharge() de Engineer, o que pode ser certo, mas também herdará TypeName(), o que, definitivamente, é errado. O que é preciso é uma maneira de forçar ChemicalEngineer para implementar TypeName().

Isso pode ser feito mudando Engineer de uma classe normal para uma classe abstrata. Nessa classe abstrata, a função membro TypeName() é marcada como uma função abstrata, o que significa que todas as classes que derivam de Engineer exigirão implementar a função TypeName().

Capítulo 6 - *Classes fundamentais e herança*

Uma classe abstrata define um contrato que derivou classes que se espera a seguir.[2]. Devido ao fato de que uma classe tem falta de funcionalidade "exigida", ela não pode ser copiada, o que significa, por exemplo, que cópias da Engineer class não podem ser criadas. Portanto, ainda existem dois tipos diferentes de engenheiros, a classe ChemicalEngineer foi acrescentada.

As classes abstratas comportam-se como classes normais, exceto por uma ou mais funções membro, que são marcadas como abstratas.

```
using System;
abstract class Engineer
{
        public Engineer(string name, float billingRate)
        {
            this.name = name;
            this.billingRate = billingRate;
        }

        virtual public float CalculateCharge(float hours)
        {
            return(hours * billingRate);
        }

        abstract public string TypeName();

        private string name;
        protected float billingRate;
}
class CivilEngineer: Engineer
{
        public CivilEngineer(string name, float billingRate) :
            base(name.billingRate)
        {
        }

        override public float CalculateCharge(float hours)
        {
            if (hours < 1.0F)
                hours = 1.0F;            // minimum charge.
            return(hours * billingRate);
        }

        override public string TypeName()
        {
```

---

[2] Um efeito semelhante pode ser conseguido, usando interfaces. Veja o Capítulo 10, "Interfaces" para uma comparação das duas técnicas.

```
                    return("CivilEngineer");
        }
}
class ChemicalEngineer: Engineer
{
        public ChemicalEngineer(string name, float billingRate) :
            base(name, billingRate)
        {
        }

        override public string TypeName()
        {
            return("Chemical Engineer");
        }
}
class Test
{
        public static void Main()
        {
            Engineer[] earray = new Engineer[2];
            earray[0] = new CivilEngineer("Sir John", 40.0F);
            earray[1] = new ChemicalEngineer("Dr. Curie", 45.50F);

            Console.WriteLine("{0} charge = {1}",
                earray[0].TypeName(),
                earray[0].CalculateCharge(2F));
            Console.WriteLine("{0} charge = {1}",
                earray[1].TypeName(),
                earray[1].CalculateCharge(0.75F));
        }
}
```

A classe Engineer mudou com o acréscimo de abstract antes da classe, o que indica que a classe é abstrata (isto é, tem uma ou mais funções abstratas), e o acréscimo de abstract antes da função virtual TypeName(). O uso de abstract na função virtual é um uso importante; ele antes do nome da classe torna claro que a classe é abstrata, visto que a função abstrata seria facilmente inserida entre as outras funções.

A implementação de CivilEngineer é idêntica, exceto que agora o compilador verificará, para ter certeza de que TypeName() está implementada em ambos, CivilEngineer e ChemicalEngineer.

Classes seladas

As classes seladas são usadas para evitar que uma classe seja usada como uma classe base. Ela é principalmente útil para evitar derivação não pretendida.

```
// error
sealed class MyClass
{
        MyClass() {}
}
class MyNewClass : MyClass
{
}
```

Isso falha, pois MyNewClass não pode usar MyClass como uma classe base, porque MyClass é selada.

CAPÍTULO 7

Acessibilidade a membro classe

Uma das importantes decisões a tomar ao projetar um objeto é quão acessível tornar os membros. Em C#, a acessibilidade pode ser controlada de diversas maneiras.

Acessibilidade de classe

O nível mais bruto no qual a acessibilidade pode ser controlada é a classe. Na maioria dos casos, os únicos modificadores válidos em uma classe são public, o que significa que todo mundo pode ver a classe, e internal. A exceção a isso é aninhar classes dentro de outras classes, que é um pouco mais complicado e é coberto no Capítulo 8, "Outro tipo de classe".

Internal é uma maneira de conceder acesso para um conjunto mais amplo de classes sem conceder acesso a todo mundo e ele é usado com mais freqüência ao se escrever classes auxiliares que devem ser ocultas ao usuário final da classe. No mundo .NET Runtime, internal equaciona para permitir acesso a todas as classes que estão no mesmo grupo que essa classe.

> **Nota:**
> No mundo C++, tal acessibilidade normalmente é concedida pelo uso de amigos, o que oferece acesso a uma classe específica. Friend oferece uma granularidade maior em especificar quem pode acessar uma classe, mas na prática, o acesso oferecido por internal normalmente é suficiente.

Em geral, todas as classes devem ser internal, a menos que os usuários sejam capazes de acessá-las.

Como usar internal em membros

O modificador internal também pode ser usado em um membro, o que então permite àquele membro ser acessível a partir de classes no seu próprio grupo, mas não a partir de classes fora do grupo.

Isso é especialmente útil quando várias classes públicas precisam cooperar, mas alguns dos membros compartilhados não devem ser expostos ao público em geral. Considere o seguinte exemplo:

```csharp
public class DrawingObjectGroup
{
        public DrawingObjectGroup()
        {
            objects = new DrawingObject[10];
            objectCount = 0;
        }
        public void AddObject(DrawingObject obj)
        {
            if (objectCount < 10)
            {
                objects[objectCount] = obj;
                objectCount++;
            }
        }
        public void Render()
        {
            for (int i = 0; i < objectCount; i++)
            {
                objects[i].Render();
            }
        }

        DrawingObject[] objects;
        int    objectCount;
}
public class DrawingObject
{
        internal void Render() {}
}
class Test
{
        public static void Main()
        {
            DrawingObjectGroup group = new DrawingObjectGroup();
            group.AddObject(newDrawingObject());
        }
}
```

Aqui, o objeto DrawingObjectGroup contém até 10 objetos desenho. É válido para o usuário ter uma referência a um DrawingObject, mas seria inválido para o usuário chamar Render() para aquele objeto; portanto, isso é evitado, tornando a função Render() interna.

> **Dica:**
> Este código não faz sentido em um programa real. O .NET Common Language Runtime tem uma série de coleções de classes que tornam esse tipo de coisa muito mais direto e menos passível de erro.

internal protected (interno protegido)

Para oferecer alguma flexibilidade extra em como uma classe é definida, o modificador internal protected pode ser usado para indicar que um membro pode ser acessado a partir de uma classe que poderia acessá-lo através do caminho de acesso internal, ou uma classe que poderia acessá-lo através de um caminho de acesso protected. Em outras palavras, internal protected permite acesso internal ou protected.

A interação de acessibilidade de classe e membro

Modificadores de acessibilidade de classe e membro precisam, ambos, ser satisfeitos por um membro para serem acessíveis. A acessibilidade de membros é limitada pela classe para que ele não exceda a acessibilidade da classe.

Considere a seguinte situação:

```
{
        public void PublicFunction() {}
        internal void InternalFunction() {}
        protected void ProtectedFunction() {}
}
```

Se essa classe fosse declarada como uma classe pública, a acessibilidade dos membros seria igual que a acessibilidade declarada; isto é, PublicFunction() seria pública, InternalFunction() seria interna e ProtectedFunction() seria protegida.

No entanto, como essa classe é interna, o public em PublicFunction() é reduzido para internal.

CAPÍTULO 8

Outras coisas sobre classe

Este capítulo discute alguns aspectos variados quando se lida com classes, incluindo construtores, aninhamento e regras de sobrecarga.

Classes aninhadas

Às vezes, é conveniente aninhar classes dentro de outras classes, tal como quando uma classe auxiliar só é usada por uma outra classe. A acessibilidade da classe aninhada segue regras semelhantes àquelas esboçadas para a interação de modificadores de classe e membro. Como ocorre com membros, o modificador de acessibilidade em uma classe aninhada define qual acessibilidade a classe aninhada tem fora da classe aninhada. Exatamente como um campo privado está sempre visível dentro de uma classe, uma classe aninhada privada também está visível de dentro da classe que a contém.

No exemplo a seguir, a classe Parser tem uma classe Token, que ela usa internamente. Sem usar uma classe aninhada, ela poderia ser escrita como a seguir:

```
public class Parser
{
     Token[]  tokens;
}
public class Token
{
     string name;
}
```

Neste exemplo, ambas as classes, Parser e Token, estão publicamente acessíveis, o que não é bom. Não apenas a classe Token é mais uma classe tomando espaço na lista de classes dos designers, mas não é projetada para ser útil, de modo geral. Portanto, é útil torná-la uma classe aninhada, o que permitirá que ela seja declarada com acessibilidade private, ocultando-a de todas as classes, exceto Parser.

Eis o código revisado:

```
public class Parser
{
        Token[] tokens;
        private class Token
        {
             string name;
        }
}
```

Agora, ninguém mais pode ver Token. Uma outra opção seria tornar Token uma classe internal, para que ela não ficasse visível fora do conjunto, mas com essa solução, ela ainda seria visível dentro do conjunto.

A solução também falha em um importante benefício de usar a classe aninhada. Uma classe aninhada deixa muito claro àqueles que estiverem lendo o fonte, que a classe Token pode ser seguramente ignorada, a menos que os internos de Parser sejam importantes. Se essa organização for empregada através de todo o conjunto, ela pode ajudar a simplificar consideravelmente o código.

O aninhamento também pode ser usado como um recurso organizacional. Se a classe Parser estivesse dentro de um espaço de nome chamado Language, você poderia solicitar um espaço de nome separado chamado Parser para organizar muito bem as classes para Parser, e aquele espaço de nome conteria a classe Token e uma classe Parser renomeada. Usando classes aninhadas, a classe Parser poderia ser deixada no espaço de nome Language e conteria a classe Token.

Outro aninhamento

As classes não são apenas tipos que podem ser aninhados; interfaces, estruturas e enumerações também podem ser aninhadas dentro de uma classe.

Criação, inicialização e destruição

Em qualquer sistema baseado em objeto, lidar com a criação, a inicialização e a destruição de objetos é muito importante. No .NET Runtime, o programador não pode controlar a destruição de objetos, mas lhe é útil conhecer as áreas que podem ser controladas.

Construtores

Para classes, um construtor (por exemplo, sem parâmetro)padrão pode ser escrito. Se um não é escrito, o compilador poderá fornecer um.

Um construtor pode chamar um construtor do tipo base, usando a sintaxe base:

```
using System;
public class BaseClass
{
            public BaseClass(int x)
            {
                this.x = x;
            }
            public int X
            {
                get
                {
                    return(x);
                }
            }
            int  x;
}
public class Derived: BaseClass
{
            public Derived(int x) : base(x)
            {
            }
}
class Test
{
            public static void Main()
            {
                Derived d = new Derived(15);
                Console.WriteLine("X = {0}", d.X);
            }
}
```

Neste exemplo, o construtor para a classe Derived simplesmente encaminha a construção do objeto para o construtor BaseClass.

Às vezes, é útil para um construtor encaminhar para um outro construtor no mesmo objeto.

```
using System;
class MyObject
{
            public MyObject(int x)
            {
                this.x = x;
            }
```

```csharp
            public MyObject(int x, int y) : this(x)
            {
                this.y = y;
            }
            public int X
            {
                get
                {
                    return(x);
                }
            }
            public int Y
            {
                get
                {
                    return(y);
                }
            }
            int x;
            int y;
}
class Test
{
            public static void Main()
            {
                MyObject my = new MyObject(10, 20);
                Console.WriteLine("x = {0}, y = {1}", my.X, my.Y);
            }
}
```

Inicialização

Se o valor padrão do campo não for aquele desejado, ele pode ser ajustado no construtor. Se houverem múltiplos construtores para o objeto, pode ser mais conveniente — e menos passível de erro — ajustar o valor através de um inicializador, ao invés de ajustá-lo em cada construtor.

Eis um exemplo de como funciona a inicialização:

```csharp
public class Parser
{
            public Parser(int number)
            {
                this.number = number;
            }
            int number;
}
class MyClass
```

```
{
            public int          counter = 100;
            public string       heading = "Top";
            private Parser      parser = new Parser(100);
}
```

Isso é muito conveniente; os valores iniciais podem ser ajustados quando um membro é declarado. Também torna a manutenção de classe mais fácil, visto que é mais claro do que é o valor inicial de um membro.

> **Dica:**
> Como uma regra geral, se um membro tem valores diversos, dependendo do construtor usado, o valor de campo deve ser ajustado no construtor. Se o valor é ajustado no inicializador, pode não ficar claro que o membro pode ter um valor diferente depois de uma chamada do construtor.

Destruidores

Falando estritamente, o C# não tem destruidores, pelo menos não da maneira que a maioria das pessoas pensa sobre destruidores, onde o destruidor é chamado quando o objeto é apagado.

O que é conhecido como um destruidor em C# é conhecido como um finalizador em algumas outras linguagens, e é chamado pelo coletor de resíduo quando um objeto é coletado. Isso significa que o programador não tem controle direto sobre quando o destruidor é chamado e, portanto, é menos útil do que em linguagens tal como C++. Se a limpeza é feita em um destruidor, também pode haver um outro método que realiza a mesma operação, para que o usuário possa controlar diretamente o processo.

Para maiores informações sobre isso, veja a seção sobre coleção de resíduo no Capítulo 31, "Mergulho em C#".

Como sobrecarregar e ocultar nome

Nas classes C# — e no Common Language Runtime em geral — membros são sobrecarregados com base na quantidade e tipos de seus parâmetros. Eles não são sobrecarregados com base no tipo de retorno da função.[1]

```
// error
using System;
class MyObject
{
            public string GetNextValue(int value)
```

---

[1] Em outras palavras, a co-variante de C++ retorna tipos que não são suportados.

```
            {
                    return((value + 1).ToString());
            }
            public int GetNextValue(int value)
            {
                    return(value + 1);
            }
}
class Test
{
            public static void Main()
            {
                    MyObject my = new MyObject();
                    Console.WriteLine("Next: {0}", my.GetNextValue(12));
            }
}
```

Este código não compila, pois as funções sobrecarregadas GetNextValue() diferem apenas em tipo de retorno e o compilador não pode descobrir qual função chamar. Portanto, é um erro declarar funções que diferem apenas pelo tipo de retorno.

Como ocultar nome

Em C#, nomes de método são ocultos com base no nome do método, ao invés de pela assinatura do método. Considere o seguinte exemplo:

```
// error
using System;
public class Base
{
            public int Process(int value)
            {
                    Console.WriteLine("Base.Process: {0}", value);
            }
}
public class Derived: Base
{
            public int Process(string value)
            {
                    Console.WriteLine("Derived.Process: {0}", value);
            }
}
class Test
{
            public static void Main()
            {
                    Derived d = new Derived();
                    short i = 12;
                    d.Process(i);
                    ((Base)d).Process(i);
            }
}
```

Se as duas funções sobrecarregadas Process() estivessem na mesma classe, ambas seriam acessíveis. Já que elas estão em classes diferentes, a definição de Process() na classe derivada oculta *todos* os usos daquele nome na classe base.

Para ser capaz de acessar ambas as funções, Derived precisaria sobrecarregar a versão de Process() contida na classe base e depois encaminhar a chamada para a implementação da classe base.

Campos estáticos

Às vezes é útil definir membros de um objeto que não estão associados com uma cópia específica da classe, mas ao contrário, com a classe como um todo. Tais membros são conhecidos como membros static (estáticos).

Um campo estático é o tipo mais simples de membro estático; para declarar um campo estático, simplesmente coloque o modificador static diante da declaração de variável. Por exemplo, o seguinte poderia ser usado para rastrear o número de cópias de uma classe que foram criadas.

```
using System;
class MyClass
{
    public MyClass()
    {
        instanceCount++;
    }
    public static int instanceCount = 0;
}
class Test
{
    public static void Main()
    {
        MyClass my = new MyClass();
        Console.WriteLine(MyClass.instanceCount);
        MyClass my2 - new MyClass();
        Console.WriteLine(MyClass.instanceCount);
    }
}
```

O construtor para o objeto aumenta a contagem de cópia, e a contagem copiada pode ser referenciada para determinar quantas cópias foram criadas do objeto. Um campo estático é acessado através do nome da classe, ao invés de através da cópia da classe; isso é válido para todos os membros estáticos.

> **Nota:**
> *Isto não deve acontecer em C++ onde um membro estático pode ser acessado ou através do nome de classe ou do nome de cópia. Em C++, isso leva a alguns problemas de legibilidade, como não é algo claro a partir do código, se um acesso é estático ou através de uma cópia.*

Funções estáticas member

O exemplo anterior revelou um campo interno, que normalmente é algo a ser evitado. Ele pode ser reestruturado para usar uma função estática member ao invés de um campo estático:

```
using System;
class MyClass
{
          public MyClass()
          {
               instanceCount++;
          }
          public static int GetInstanceCount()
          {
               return(instanceCount);
          }
          static int instanceCount = 0;
}
class Test
{
          public static void Main()
          {
               MyClass my = new MyClass();
               Console.WriteLine(MyClass.GetIstanceCount());
          }
}
```

Isso faz a coisa certa e não expõe mais o campo aos usuários da classe, o que aumenta a flexibilidade futura. Já que é uma função estática member, ela é chamada usando o nome da classe, ao invés do nome de uma cópia da classe.

No mundo real, esse exemplo provavelmente seria mais bem escrito usando uma propriedade estática, que é discutido no Capítulo 18, "Propriedades".

Construtores estáticos

Exatamente como outros membros podem ser estáticos, construtores podem ser estáticos. Um construtor estático será chamado antes da primeira cópia de um objeto ser criada, e é útil para inicializar um trabalho que precisa ser feito uma vez.

> **Nota:**
> Como muitas outras coisas no mundo .NET Runtime, o usuário não tem controle sobre quando o construtor estático é chamado; o tempo de execução só garante que ele é chamado em alguma ocasião depois do início do programa e antes de ser criada a primeira cópia de um objeto. Especificamente, isso significa que não pode ser determinado no construtor estático que uma cópia está prestes a ser criada.

Um construtor estático é simplesmente declarado adicionando-se o modificador static diante da definição do construtor. Um construtor estático não pode ter quaisquer parâmetros.

```
class MyClass
{
          static MyClass()
          {
          }
}
```

Não há destruidor estático análogo de um destruidor.

Constantes

C# permite que valores sejam definidos como constantes. Para um valor ser uma constante, o seu valor precisa ser algo que possa ser escrito como uma constante. Isso limita os tipos de constantes aos tipos internos que podem ser escritos como valores literais.

Não surpreendentemente, colocar const diante de uma variável significa que o seu valor não pode ser mudado. Eis um exemplo de algumas constantes:

```
using System;
enum MyEnum
{
          Jet
}
class LotsOLiterals
{
                    // const items can't be changed.
                    // const implies static.
                    public const int value1 = 33;
                    public const string value2 = "Hello";
                    public const MyEnum value3 = MyEnum.Jet;
}
class Test
{
          public static void Main()
          {
                    Console.WriteLine("{0} {1} {2}",
                              LotsOLiterals.value1,
                              LotsOLiterals.value2,
                              LotsOLiterals.value3);
          }
}
```

Campos readonly (apenas de leitura)

Devido à restrição em tipos de constante sendo conhecidas por ocasião da compilação, const não pode ser usada em muitas situações.

Em uma classe Color, pode ser muito útil ter constantes como parte da classe para as cores comuns. Se não houver restrições em const, o seguinte funcionaria:

```
// error
class Color
{
        public Color(int red, int green, int blue)
        {
            this.red = red;
            this.green = green;
            this.blue = blue;
        }

        int red;
        int green;
        int blue;
            // call to new can't be used with static
        public static const Color   Red = new Color(255, 0, 0);
        public static const Color   Green = new Color(0, 255, 0);
        public static const Color   Blue = new Color(0, 0, 255);
}
class Test
{
        static void Main()
        {
            Color background = Color.Red;
        }
}
```

Isto claramente, não funciona, visto que os membros estáticos Red, Green e Blue não podem ser calculados no momento da compilação. Torná-los membros públicos normais também não funciona, visto que ninguém poderia mudar o valor vermelho para verde opaco ou marrom arroxeado.

O modificador readonly é projetado exatamente para tal situação. Aplicando readonly, o valor pode ser ajustado no construtor ou em um inicializador, mas não pode ser modificado mais tarde.

Capítulo 8 - Outras coisas sobre classe | 71

Devido ao fato de que os valores de cor pertencem a classe e não a uma cópia específica da classe, eles podem ser inicializados no construtor estático.

```
class Color
{
            public Color(int red, int green, int blue)
            {
                this.red = red;
                this.green = green;
                this.blue = blue;
            }

            int  red;
            int  green;
            int  blue;

            public static readonly Color  Red;
            public static readonly Color  Green;
            public static readonly Color  Blue;

                // static constructor
            static Color()
            {
                Red = new Color(255, 0, 0);
                Green = new Color (0, 25, 0);
                Blue = new Color(0, 0, 255);
            }
}
class Test
{
            static void Main()
            {
                Color background = Color.Red;
            }
}
```

Isso oferece o comportamento certo.

Se o número de membros estáticos for alto ou criá-los for caro (em tempo ou em memória), pode fazer mais sentido declará-los no ar, conforme necessário.

Por outro lado, pode ser mais fácil definir uma enumeração com os diferentes nomes de cor e retornar cópias dos valores conforme necessário:

```
class Color
{
            public Color(int red, int green, int blue)
            {
                this.red = red;
```

```
                    this.green = green;
                    this.blue = blue;
            }
            public enum PredefinedEnum
            {
                    Red,
                    Blue,
                    Green
            }
            public static Color GetPredefinedColor(
            PredefinedEnum pre)
            {
                    switch (pre)
                    {
                            case PredefinedEnum.Red:
                                    return(new Color(255, 0, 0));

                            case PredefinedEnum.Green:
                                    return(new Color(0, 255, 0));

                            case PredefinedEnum.Blue:
                                    return(new Color(0, 0, 255));

                            default:
                                    return(new Color(0, 0, 0));
                    }
            }
            int red;
            int blue;
            int green;
}
class Test
{
            static void Main()
            {
                    Color background =
Color.GetPredefinedColor(Color.PredefinedEnum.Blue);
            }
}
```

Isso exige um pouco mais de digitação para usar, mas não há uma penalidade de inicialização ou muitos dos objetos tomando espaço. Ele também mantém simples a interface de classe; se houvessem 30 membros para cores predefinidas, a classe seria muito mais difícil de entender.

Capítulo 8 - Outras coisas sobre classe | **73**

Nota:
> Os programadores experientes em C++ provavelmente estão se encolhendo diante do último exemplo de código. Ele engloba um dos problemas clássicos com a forma com que C++ lida com o gerenciamento de memória. Passar de volta um objeto alocado significa que o chamador tem liberdade de fazê-lo. É muito fácil para o usuário da classe esquecer de liberar o objeto ou perder o indicador para o objeto, o que leva a vazamento de memória.
>
> Entretanto no C#, isso não é um aspecto, pois o tempo de execução lida com a alocação de memória. No exemplo anterior, o objeto criado na função Color.GetPrefedinedColor() é imediatamente copiado à variável de fundo e depois disponibilizado para a coleção.

Construtores privados

Pelo fato de que não há variáveis globais ou constantes em C#, todas as declarações precisam ser colocadas dentro de uma classe. Isso às vezes leva a classes que são compostas inteiramente de membros estáticos. Nesse caso, não há razão para jamais instanciar um objeto da classe, e isso pode ser evitado acrescentando um construtor private à classe.

```
// Error
using System;
class PiHolder
{
        private PiHolder() {}
        static double Pi = 3.1415926535;
}
class Test
{
        PiHolder pi = new PiHolder();      // error
}
```

Embora o acréscimo de private antes da definição de construtor não mude a verdadeira acessibilidade do construtor, declará-lo explicitamente torna claro que a classe pretendia terá um construtor privado.

Listas de parâmetros de comprimento variável

Às vezes, é útil definir um parâmetro para tomar um número de parâmetros variável (Console.WriteLine() é um bom exemplo). C# permite tal suporte ser facilmente acrescentado:

```
using System;
class Port
{
            // version with a single object parameter
        public void Write(string label, object arg)
```

```
        {
            WriteString(label);
            WriteString(arg.ToString());
        }
        // version with an array of object parameters
        public void Write(string label, params object[] args)
        {
            WriteString(label);
            for (int index = 0; index < args.GetLength(0); index++)
            {
                WriteString(args[index].ToString());
            }
        }
        void WriteString(string str)
        {
            // writes string to the port here
            Console.WriteLine("Port debug: {0}", str);
        }
}
class Test
{
        public static void Main()
        {
            Port  port = new Port();
            port.Write("single Test", "Port ok");
            port.Write("Port Test: ", "a", "b", 12, 14.2);
            object[] arr = new object[4];
            arr[0] = "The";
            arr[1] = "answer";
            arr[2] = "is";
            arr[3] = 42;
            port.Write("What is the answer?", arr);
        }
}
```

A palavra chave params no último parâmetro muda a maneira com que o compilador olha as funções. Quando ele encontra uma chamada àquela função, primeiro ele verifica se há uma combinação exata para a função. A primeira função chamada combina:

```
public void Write(string, object arg)
```

Da mesma forma, a terceira função passa um objeto array, e ele combina:

```
public void Write(string label, params object[] args)
```

As coisas começam a ficar interessantes para a segunda chamada. A definição com o objeto parâmetro não combina, mas nem o faz com o objeto array.

Quando essas duas combinações falham, o compilador observa que a palavra chave params está presente e então, tenta combinar a lista de parâmetros, removendo o array parte do parâmetro params e duplicando aquele parâmetro até que haja o mesmo número de parâmetros.

Se isso resulta em uma função que combina, então ele escreve o código para criar o objeto array. Em outras palavras, a linha

```
port.Write("Port Test: ", "a", "b", 12, 14.2);
```

é reescrita como

```
object[] temp = new object[4];
temp[0] = "a";
temp[1] = "b";
temp[2] = 12;
temp[3] = 14.2;
port.Write("Port Test: ", temp);
```

Neste exemplo, o parâmetro params era um objeto array, mas ele pode ser um array de qualquer tipo.

Além da versão que toma o array, normalmente faz sentido fornecer uma ou mais versões específicas da função. Isso é útil para ambos, eficiência (para que o objeto array não precise ser criado) e para que as linguagens que não suportam a sintaxe params não precisem usar o objeto array para todas as chamadas. Sobrecarregar uma função com versões que tomam um, dois e três parâmetros, mais uma versão que toma um array é uma boa regra curinga.

CAPÍTULO 9

Structs
(tipos valor)

Classes serão usadas para implementar a maioria dos objetos. Entretanto, às vezes, pode ser desejável criar um objeto que se comporte como um dos tipos internos; um que seja barato e rápido de alocar e não tenha o código extra de referências. Em tal caso, é usado um tipo valor, que é feito declarando uma struct (estrutura) em C#.

As structs agem da mesma maneira nas classes, mas com o acréscimo de algumas restrições. Elas não podem herdar de qualquer outro tipo (embora implicitamente elas herdem de object) e outras classes não podem herdar delas.

Um ponto de estrutura

Em um sistema de gráficos, um valor classe poderia ser usado para encapsular um ponto. Eis como ele seria declarado:

```
using System;
struct Point
{
        public Point(int x, int y)
        {
            this.x = x;
            this.y = y;
        }
        public override string ToString()
        {
            return(String.Format("({0}, {1})", x, y));
        }
```

```
            public int x;
            public int y;
}
class Test
{
            public static void Main()
            {
                        Point  start = new Point(5, 5);
                        Console.WriteLine("Start: {0}", start);
            }
}
```

Os componentes x e y do Point podem ser acessados. Na função Main(), um Point é criado usando a palavra chave new. Para tipos valor, new cria um objeto na pilha e depois chama o construtor apropriado.

A chamada a Console.WriteLine() é um pouco misteriosa. Se Point estiver alocado na pilha, como aquela chamada funciona?

Como encaixotar e desencaixotar

Em C# e no mundo .NET Runtime há um pouco de mágica que acontece para fazer tipos valor se parecerem com tipos referência, e esta mágica é chamada de encaixotar. Como a mágica acontece é muito simples. Na chamada a Console.WriteLine(), o compilador está buscando por uma maneira para converter start em um objeto, pois o tipo do segundo parâmetro para WriteLine() é object. Para um tipo referência (isto é, classe) é fácil, pois object é a classe base de todas as classes. O compilador simplesmente passa um object referência que se refere à cópia de classe.

No entanto, não há cópia baseada em referência para um valor de classe, assim o compilador C# aloca um tipo referência "Box" (caixa) para o Point, marca a caixa como contendo um Point e copia o valor do Point na caixa. Agora, ele é um tipo referência e podemos criá-lo como se fosse um object.

Essa referência é então passada para a função WriteLine(), o que chama a função ToString() no Point encaixotado, que é despachado para a função ToString(), e o código escreve:

```
Start: (5, 5)
```

O encaixotamento acontece automaticamente, sempre que um tipo valor é usado em um local que requer (ou poderia usar) um object.

O valor encaixotado é recuperado em um tipo valor, desencaixotando-o:

```
int v = 123;
object o = v;           // box the int 123
int v2 = (int) o;       // unbox it back to an integer
```

Atribuir ao objeto 0 o valor 123 encaixota o inteiro, o qual é então extraído de volta na próxima linha. É pedido o trajeto para int, pois o objeto 0 pode ser qualquer tipo de objeto, e o trajeto poderia falhar.

Este código pode ser representado pela Figura 9.1. Atribuir o int à variável object resulta na caixa sendo alocada no acúmulo e o valor sendo copiado na caixa. A caixa é então rotulada com o tipo que ela contém, para que o tempo de execução saiba o tipo do objeto encaixotado.

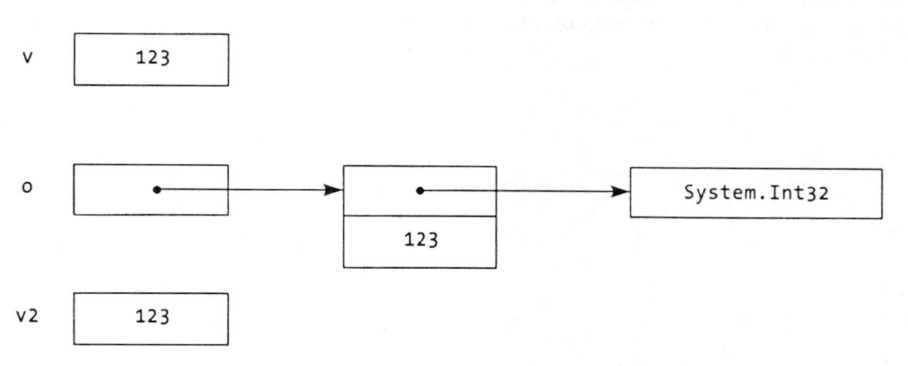

```
v     [ 123 ]

o     [ • ] ─────► [ • ] ─────► System.Int32
                   [ 123 ]

v2    [ 123 ]
```

Figura 9-1. Como encaixotar e desencaixotar um tipo valor.

Durante a conversão de desencaixotamento, o tipo precisa combinar exatamente; um tipo valor encaixotado não pode ser desencaixotado para um tipo compatível:

```
object o = 15;
short 5 = (short) o;            // fails, o doesn't contain a short
short t = (short) (int) o;      // this works
```

Estruturas e construtores

Estruturas e construtores comportam-se de forma um pouco diferente de classes. Nas classes, uma cópia precisa ser criada, chamando new antes do próprio objeto; se new não for chamada, não será criada a cópia, e a referência será nula.

Entretanto, não há referência associada à estrutura. Se new não for chamada na estrutura, é criada uma cópia que tem todos os seus campos zerados. Em alguns casos, um usuário pode então usar a cópia sem mais inicialização.

Portanto, é importante ter certeza de que toda a posição zerada é uma posição inicial válida para todos os tipos valor.

Um construtor padrão (sem parâmetro) de uma estrutura poderia ajustar valores diferentes de toda a posição zerada, o que seria um comportamento inesperado. Sendo assim, o .NET Runtime proíbe construtores padrão para estruturas.

Diretivas de design

Estruturas só podem ser usadas para tipos que realmente são apenas uma parte de dados — para tipos que poderiam ser usados de uma maneira semelhante nos tipos internos. Por exemplo, um tipo como o tipo interno decimal, que é implementado como um tipo valor.

Até se os tipos mais complexos *podem* ser implementados como tipos valor, provavelmente não o seriam, visto que as semânticas de tipo valor provavelmente não seriam esperadas pelo usuário. O usuário esperaria que uma variável do tipo fosse null, o que não é possível com tipos valor.

CAPÍTULO 10

Interfaces

As interfaces estão intimamente relacionadas a classes abstratas; elas se parecem com uma classe abstrata que tem todos os membros abstratos.

Um simples exemplo

O código a seguir define a interface IScalable e a classe TextObject, que implementa a interface, significando que ele contém versões de todas as funções definidas na interface.

```
public class DiagramObject
{
        public DiagramObject() {}
}

interface IScalable
{
        void ScaleX(float factor);
        void ScaleY(float factor);
}
        // A diagram object that also implements IScalable
public class TextObject: DiagramObject, IScalable
{
        public TextObject(string text)
        {
            this.text = text;

            // implementing IScalable.ScaleX()
```

```
public void ScaleX(float factor)
{
            // scale the object here.
}
            // implementing IScalable.ScaleY()
            public void ScaleY(float factor)
            {
                  // scale the object here.
            }

            private string text;
}
class Test
{
            public static void Main()
            {
                  TextObject text = new TextObject("Hello");

                  IScalable scalable = (IScalable) text;
                  scalable.ScaleX(0.5F);
                  scalable.ScaleY(0.5F);
            }
}
```

Este código implementa um sistema para desenhar diagramas. Todos os objetos derivam de DiagramObject, para que eles possam implementar funções virtuais comuns (não mostradas neste exemplo). Alguns dos objetos podem ser escalonados, e isso é expresso pela presença de uma implementação da interface IScalable.

Listar o nome de interface com o nome de classe base de TextObject indica que TextObject implementa a interface. Isso significa que TextObject precisa ter funções que combinem cada função na interface. Os membros de interface não têm acesso a modificadores; a classe que implementa a interface ajusta a visibilidade do membro de interface.

Quando um objeto implementa uma interface, a referência a ela pode ser obtida distribuindo para a interface. Então, isso pode ser usado para chamar as funções na interface.

Este exemplo poderia ter sido feito com métodos abstratos, movendo os métodos ScaleX() e ScaleY() para DiagramObject e tornando-os virtuais. A seção "Diretrizes de design", mais adiante neste capítulo, discutirá quando usar um método abstrato e quando usar uma interface.

Como trabalhar com interfaces

Tipicamente, o código não sabe se um objeto suporta uma interface, assim, ele precisa verificar se o objeto implementa a interface antes de fazer a distribuição.

```csharp
using System;
interface IScalable
{
          void ScaleX(float factor);
          void ScaleY(float factor);
}
public class DiagramObject
{
          public DiagramObject() {}
}
public class TextObject: DiagramObject, IScalable
{
          public TextObject(string text)
          {
               this.text = text;
          }
               // implementing IScalable.ScaleX()
          public void ScaleX(float factor)
          {
               Console.WriteLine("ScaleX: {0} {1}", text, factor);
               // scale the object here.
          }

               // implementing IScalable.ScapeY()
          public void ScaleY(float factor)
          {
               Console.WriteLine("ScaleY: {0} {1}", text, factor);
               // scale the object here.
          }

          private string text;
}
class Test
{
          public static void Main()
          {
               DiagramObject[] dArray = new DiagramObject[100];

               dArray[0] = new DiagramObject();
               dArray[1] = new TextObject("Text Dude");
               dArray[2] = new TextObject("Text Backup");

               // array gets initialized here, with classes that
               // derive from DiagramObject. Some of them implement
               // IScalable.

               foreach (DiagramObject d in dArray)
               {
                    if (d is IScalable)
                    {
                         IScalable scalable = (IScalable) d;
```

```
                    scalable.ScaleX(0.1F);
                    scalable.ScaleY(10.0F);
            }
        }
    }
}
```

Antes que a distribuição seja feita, o tipo é verificado para garantir que a distribuição será bem sucedida. Se for bem sucedida, o objeto é distribuído para a interface e as funções de escala são chamadas.

Infelizmente, essa construção verifica o tipo do objeto duas vezes; uma como parte do operador *is*, e uma como parte da distribuição. Isso é desperdício, visto que a distribuição nunca pode falhar.

Outra forma disso seria reestruturar o código com manuseio de exceção, mas isso não é uma boa idéia, pois tornaria o código mais complexo e o manuseio de exceção geralmente seria reservado para condições excepcionais. Também não está claro se seria mais rápido, visto que o manuseio de exceção tem algum código extra.

O operador as

C# oferece um operador especial para essa situação, o operador as. Usando o operador *as*, um loop pode ser reescrito como a seguir:

```
using System;
interface IScalable
{
        void ScapeX(float factor);
        void ScaleY(float factor);
}
public class DiagramObject
{
        public DiagramObject() {}
}
public class TextObject: DiagramObject, IScalable
{
public TextObject(string text)
{
        this.text = text;
}
            // implementing IScalable.ScaleX()
        public void ScaleX(float factor)
        {
            Console.WriteLine("ScaleX: {0} {1}", text, factor);
            // scale the object here.
        }
```

```csharp
            // implementing IScalable.ScaleY()
            public void ScaleY(float factor)
            {
                Console.WriteLine("ScaleY: {0} {1}", text, factor);
                // scale the object here.
            }

            private string text;
}
class Test
{
            public static void Main()
            {
                DiagramObject[] dArray = new DiagramObject[100];

                dArray[0] = new DiagramObject();
                dArray[1] = new TextObject("Text Dude");
                dArray[2] = new TextObject{"Text Backup");

                // array gets initialized here, with classes that
                // derive from DiagramObject. Some of them implement
                // Iscalable.

                foreach (DiagramObject d in dArray)
                {
                    IScalable scalable = d as IScalable;
                    if (scalable != null)
                    {
                        scalable.ScaleX(0.1F);
                        scalable.ScaleY(10.0F);
                    }
                }
            }
}
```

O operador *as* verifica o tipo operacional à esquerda e, se ele puder ser convertido explicitamente para o operacional à direita, o resultado do operador é o objeto convertido ao operacional à direita. Se a conversão falhar, o operador retorna nulo.

Ambos os operadores, *is* e *as*, também podem ser usados com classes.

Interfaces e herança

Ao converter um objeto para uma interface, a hierarquia de herança é buscada, até encontrar uma classe que relaciona a interface em sua lista base. Ter só as funções certas não é o bastante:

```csharp
using System;
interface IHelper
{
            void HelpMeNow();
```

```
}
public class Base: IHelper
{
        public void HelpMeNow()
        {
            Console.WriteLine("Base.HelpMeNow()");
        }
}
        // Does not implement IHelper, though it has the right
        // form.
public class Derived: Base
{
        public new void HelpMeNow()
        {
            Console.WriteLine("Derived.HelpMeNow()");
        }
}
class Test
{
        public static void Main()
        {
            Derived der = new Derived();
            der.HelpMeNow();
            IHelper helper = (IHelper) der;
            helper.HelpMeNow();
        }
}
```

Este código dá a seguinte saída:

```
Derived.HelpMeNow()
Base.HelpMeNow()
```

Ele não chama a versão Derived de HelpMeNow() quando chamando através da interface, ainda que Derived tenha uma função da forma certa, pois Derived não implementa a interface.

Diretivas de design

Ambas as classes, interfaces e abstratas têm comportamentos semelhantes e podem ser usadas em situações semelhantes. No entanto, devido a como elas trabalham, as interfaces fazem sentido em algumas situações e as classes abstratas em outras. Eis algumas diretivas para determinar se uma capacidade deve ser expressa como uma classe interface ou uma abstrata.

A primeira coisa a verificar é se o objeto deve ser adequadamente expresso usando o relacionamento "is-a". Em outras palavras, é a capacidade de um objeto, e as classes derivadas seriam exemplos daquele objeto?

Uma outra maneira de olhar isso é relacionar qual tipo de objetos iriam querer usar essa capacidade. Se a capacidade fosse útil através de uma faixa de objetos diferentes que não são realmente relacionados uns aos outros, uma interface é a escolha apropriada.

> **Cuidado:**
> *Pelo fato de que só pode haver uma classe base no mundo .NET Runtime, essa decisão é bastante importante. Se uma classe base é necessária, os usuários ficarão muito desapontados se eles já tiverem uma classe base e forem incapazes de usar o recurso.*

Ao usar interfaces, lembre-se de que não há versão de suporte para uma interface. Se uma função é acrescentada a uma interface depois que os usuários estão usando-na, o seu código será rompido no tempo de execução e suas classes não implementarão adequadamente a interface até que as modificações adequadas sejam feitas.

Implementações múltiplas

Diferente de objeto herança, uma classe pode implementar mais de uma interface.

```
interface IFoo
{
        void ExecuteFoo();
}
interface IBar
{
        void ExecuteBar();
}

class Tester: IFoo, IBar
{
        public void ExecuteFoo() {}
        public void ExecuteBar() {}
}
```

Isso funciona bem se não houver colisões de nome entre as funções nas interfaces. Mas se, por exemplo, for apenas um pouco diferente, pode haver um problema:

```
// error
interface IFoo
{
        void Execute();
}

interface IBar
```

```csharp
{
        void Execute();
}
class Tester: IFoo, IBar
{
        // IFoo or IBar implementation?
        public void Execute() {}
}
```

Tester.Execute() implementa IFoo.Execute() ou IBar.Execute()?

É ambíguo, portanto, o compilador reportar um erro. Se o usuário controlou qualquer das interfaces, o nome em uma delas poderia ser mudado, o que não é uma grande solução; por que IFoo deveria mudar o nome de sua função só porque IBar tem o mesmo nome?

Mais seriamente, se IFoo e IBar vierem de diferentes fabricantes, eles não podem ser mudados.

O .NET Runtime e C# suportam uma técnica conhecida como implementação explícita de interface, o que permite a uma função especificar qual membro interface está implementando.

Implementação explícita de interface

Para especificar qual interface um membro função está implementando, qualifique o membro função, colocando o nome da interface diante do membro nome.

Eis o exemplo anterior, revisado para usar a implementação explícita de interface:

```csharp
using System;
interface IFoo
{
        void Execute();
}

interface IBar
{
        void Execute();
}

class Tester: IFoo, IBar
{
        void IFoo.Execute()
        {
            Console.WriteLine("IFoo.Execute implementation");
        }
        void IBar.Execute()
        {
            Console.WriteLine("IBar.Execute implementation");
        }
```

```
        }
class Test
{
          public static void Main()
          {
                    Tester tester = new Tester();

                    IFoo iFoo = (IFoo) tester;
                    iFoo.Execute();

                    IBar iBar = (IBar) tester:
                    iBar.Execute();
          }
}
```

Isto imprime:

IFoo.Execute implementation
IBar.Execute implementation

Isso é o que esperávamos. Mas, o que faz o seguinte teste classe?

```
// error
using System;
interface IFoo
{
          void Execute();
}

interface IBar
{
          void Execute();
}

class Tester: IFoo, IBar
{
          void IFoo.Execute()
          {
                    Console.WriteLine("IFoo.Execute implementation");
          }
          void IBar.Execute()
          {
                    Console.WriteLine("IBar.Execute implementation");
          }
}
class Test
{
```

```
        public static void Main()
        {
                Tester tester = new Tester();
                tester.Execute();
        }
}
```

IFoo.Execute() é chamado ou IBar.Execute()?

A resposta é que nenhum é chamado. Não há modificador de acesso nas implementações de IFoo.Execute() e IBar.Execute() na classe Tester e, portanto, as funções são privadas e não podem ser chamadas.

Neste caso, esse comportamento não é devido ao fato do modificador público não ter sido usado na função, é porque modificadores de acesso são proibidos em implementações explícitas de interface, para que a única forma de uma interface ser acessada seja distribuindo o objeto para a interface apropriada.

Para expor uma das funções, é acrescentado ao Tester uma função de encaminhamento:

```
using System;
interface IFoo
{
        void Execute();
}

interface IBar
{
        void Execute();
}
class Tester: IFoo, IBar
{
        void IFoo.Execute()
        {
            Console.WriteLine("IFoo.Execute implementation");
        }
        void IBar.Execute()
        {
            Console.WriteLine("IBar.Execute implementation");
        }

        public void Execute()
        {
            ((IFoo)this).Execute();
        }
}
class Test
```

```
{
            public static void Main()
            {
                    Tester tester = new Tester();
                    tester.Execute();
            }
}
```

Agora, chamar a função Execute() em uma cópia de Tester encaminhará para Tester.IFoo.Execute().

Essa ocultação pode ser usada com outros objetivos, conforme detalhado na próxima seção.

Implementação de ocultação

Pode haver casos onde faz sentido ocultar a implementação de uma interface dos usuários de uma classe, seja porque ela não é útil, ou apenas para reduzir a porção membro. Fazer isso pode tornar um objeto muito mais fácil de usar. Por exemplo:

```
using System:
class DrawingSurface
{

}
interface IRenderIcon
{
            void DrawIcon(DrawingSurface surface, int x, int y);
            void DragIcon(DrawingSurface surface, int x, int y, int x2, int y2);
            void ResizeIcon(DrawingSurface surface, int xsize, int ysize);
}
class Employee: IRenderIcon
{
            public Employee(int id, string name)
            {
                  this.id = id;
                  this.name = name;
            }
            void IRenderIcon.DrawIcon(DrawingSurface surface, int x, int y)
            {
            }
            void IRenderIcon.DragIcon(DrawingSurface surface, int x, int y,
                                                             int x2, int y2)
            {
            }
```

```
            void IRenderIcon.ResizeIcon(DrawingSurface surface, int xsize,
                                        int ysize)
            {
            }
            int id;
            string name;
}
```

Se a interface tivesse sido implementada normalmente, as funções membro DrawIcon(), DragIcon() e ResizeIcon() seriam visíveis como parte de Employee, o que poder ser confuso aos usuários da classe. Implementando-as através de implementação explícita, elas só podem ser acessadas através da interface.

Interfaces baseadas em interfaces

As interfaces também podem ser reunidas em combinação para formar novas interfaces. As interfaces ISortable e ISerializable podem ser combinadas e novos membros podem ser acrescentados.

```
using System.Runtime.Serialization;
using System;
interface IComparableSerializable :
      IComparable, ISerializable
{
      string GetStatusString();
}
```

Uma classe que implementa IComparableSerializable precisaria implementar todos os membros em IComparable, ISerializable, e a função GetStatusString() introduzida em IComparableSerializable.

CAPÍTULO 11

Como fazer revisão usando new e override

Projetos de software raramente existem como uma única versão de código que nunca é revisado, a menos que o software nunca veja a luz do dia. Na maioria dos casos, o escritor de biblioteca de software vai querer mudar algumas coisas e o cliente precisará adaptar-se a tais mudanças.

Lidar com tais aspectos é conhecido como fazer revisão e é uma das coisas mais difíceis de fazer em software. Uma razão pela qual é tão difícil é que exige um pouco de planejamento e previsão; as áreas que podem mudar precisam ser determinadas e o design precisa ser modificado para permitir a mudança.

Uma outra razão pela qual fazer revisão é difícil é que a maioria dos ambientes de execução não oferece muita ajuda ao programador. Em C++, código compilado tem conhecimento interno do tamanho e do layout de todas as classes enterradas nele. Com cuidado, algumas revisões podem ser feitas à classe, sem forçar todos os usuários a recompilar, mas as restrições são bastante severas. Quando a compatibilidade é quebrada, todos os usuários precisam recompilar para usar a nova versão. Isso pode não ser tão mau, embora instalar uma nova versão de uma biblioteca possa levar outros aplicativos que usam uma versão mais antiga da biblioteca a parar de funcionar.

Ambientes gerenciados que não expõem informações de membro classe ou layout nos metadados saem-se melhor ao fazer revisão, mas ainda é possível escrever código que revisa pobremente.

Um exemplo de revisão

O código a seguir apresenta uma simples cena de revisão. O programa usa uma classe chamada Control, que é oferecida por outra empresa.

```
public class Control
{
}
public class MyControl: Control
{
}
```

Durante a implementação de MyControl, é acrescentada a função virtual Foo():

```
public class Control
{

}
public class MyControl: Control
{
        public virtual void Foo() {}
}
```

Isso funciona bem, até que uma informação de upgrade (atualização) chega dos fornecedores do objeto Control. A nova biblioteca inclui uma função virtual Foo() no objeto Control.

```
public class Control
{
                // newly added virtual
            public virtual void Foo() {}
}
public class void Foo() {}
}
```

Aquele Control que usa Foo() como o nome da função é apenas uma coincidência. No mundo C++, o compilador irá supor que a versão de Foo() em MyControl faz o que uma sobregravação virtual de Foo() em Control deveria fazer, e chamará cegamente a versão em MyControl.

O que é ruim.

No mundo Java, isso também acontecerá, mas as coisas podem ser um pouco piores; se a função virtual não tiver os mesmos parâmetros e tipo de retorno, o carregador classe considerará Foo() em MyControl como uma sobregravação inválida de Foo() em Control, e a classe falhará para carregar no tempo de execução.

Capítulo 11 - Como fazer revisão usando new e override

Em C# e no .NETRuntime, uma função definida com virtual é sempre considerada ser a raiz de um despacho virtual. Se uma função é introduzida em uma classe base que pode ser considerada uma função base virtual de uma função existente, o comportamento de tempo de execução não é mudado.

No entanto, quando a classe é compilada a seguir, o compilador gerará um aviso, solicitando que o programador especifique a sua pretensão de revisão. Voltando ao exemplo, para especificar que o comportamento padrão de não considerar a função uma sobregravação persiste, o modificador new é acrescentado na frente da função:

```
class Control
{
        public virtual void Foo() {}
}
class MyControl: Control
{
        // not an override
        public new virtual void Foo() {}
}
```

A presença de new suprimirá o aviso.

Se, por outro lado, a versão derivada for uma sobregravação da função na classe base, é usado o modificador override.

```
class Control
{
        public virtual void Foo() {}
}
class MyControl: Control
{
        // an override for Control.Foo()
        public override void Foo() {}
}
```

Isso diz ao compilador que a função realmente é uma sobregravação.

Cuidado

Neste momento, deve ter alguém lá atrás pensando: "Eu apenas colocarei new em todas as minhas funções virtuais e depois, nunca mais terei que lidar com a situação." Fazer isso não é encorajador, pois reduz o valor que a anotação new tem para alguém lendo o código. Se new só for usada quando necessário, o leitor pode encontrar a classe base e entender que a função não está sendo sobregravada. Se new for usada indiscriminadamente, o usuário terá que se referir à classe base cada vez, para ver se new tem significado.

CAPÍTULO 12

Declarações e fluxo de execução

As seguintes seções detalham as diferentes declarações que estão disponíveis dentro da linguagem C#.

Declarações de seleção

As declarações de seleção são usadas para realizar operações baseadas no valor de uma expressão.

If (se)

Em C# a declaração if requer que a condição dentro da declaração if avalie para uma expressão de tipo bool. Em outras palavras, o seguinte é ilegal:

```
// error
using System;
class Test
{
        public static void Main()
        {
            int value;

            if (value)      // invalid
                System.Console.WriteLine("true");
```

```
            if (value = = 0)  ;; must use this
                    System.Console.WriteLine("true");
        }
}
```

Switch (troca)

Declarações switch com freqüência são passíveis de erro; simplesmente é fácil demais, inadvertidamente, omitir uma declaração break ao final de um case, ou não observar que há queda ao ler o código.

C# se livra dessa possibilidade, exigindo que haja ou um break ao final de cada bloco case, ou um goto para outra rótulo case em switch.

```
using System;
class Test
{
        public void Process(int i)
        {
                switch (i)
                {
                        case 1:
                        case 2:
                                // code here handles both 1 and 2
                                Console.WriteLine("Low Number");
                                break;
                        case 3:
                                Console.WriteLine("3");
                                goto case 4;

                        case 4:
                                Console.WriteLine("Middle Number");
                                break;

                        default;
                                Console.WriteLine("Default Number");
                }
        }
}
```

C# também permite que a declaração switch seja usada com variáveis string:

```
using System;
class Test
{
        public void Process(string htmlTag)
        {
                switch (htmlTag)
                {
```

```
                case "P":
                    Console.WriteLine("Paragraph start');
                    break;
                case "DIV":
                    Console.WriteLine("Division");
                    break;
                case "FORM":
                    Console.WriteLine("Form Tag");
                    break;
                default:
                    Console.WriteLine("Unrecognized tag");
                    break;
            }
        }
    }
```

Não apenas é mais fácil escrever uma declaração switch do que uma série de declarações if, mas também é mais eficiente, pois o compilador usa um algoritmo eficiente para realizar a comparação.

Para pequenas quantidades de entradas[1] na troca, o compilador usa um recurso no .NET Runtime, conhecido como *string interning* (internando string). O tempo de execução mantém uma tabela interna de todas as strings constantes para que todas as ocorrências daquela string em um único programa tenham o mesmo objeto. Na troca, o compilador busca pela string switch na tabela de tempo de execução. Se ela não estiver lá, a string não pode ser um dos exemplos, assim, o exemplo default é chamado. Se ela for encontrada, uma busca seqüencial das strings de exemplo internas é feita, para encontrar uma combinação.

Para maiores quantidades de entradas no exemplo, o compilador gera uma função e tabela hash e usa a tabela hash para buscar eficazmente a string.[2]

Declarações de interação

Com freqüência, declarações de interação são conhecidas como declarações de seqüência e são usadas para realizar operações enquanto uma condição específica é verdadeira.

---

[1] A quantidade real é determinada com base nas alterações de desempenho de cada método.

[2] Se você não estiver familiarizado com resíduos, considere olhar a classe System.Collections.HashTable ou um bom livro de algoritmos.

While (enquanto)

Um loop while funciona conforme esperado; enquanto a condição é verdadeira, o loop é executado. Como a declaração if, a while requer uma condição booleana:

```
using System;
class Test
{
        public static void Main()
        {
                int n = 0;
                while (n < 10)
                {
                        Console.WriteLine("Number is {0}", n);
                        n++;
                }
        }
}
```

A declaração break pode ser usada para sair do loop while, e a declaração continue pode ser usada para pular a chave de fechamento do bloco while dessa interação e depois continuar com a próxima interação.

```
using System;
class Test
{
        public static void Main()
        {
                int n = 0;
                while (n < 10)
                {
                        if (n = = 3)
                        {
                                n++;
                                continue;
                        }
                        if (n = = 8)
                                break;
                        Console.WriteLine("Number is {0}", n);
                        n++;
                }
        }
}
```

Este código gerará a seguinte saída:

0
1
2
4

```
5
6
7
```

Do (fazer)

Um loop do funciona exatamente como um loop while, exceto que a condição é avaliada ao final do loop ao invés de no início do loop:

```
using System;
class Test
{
        public static void Main()
        {
                int n = 0;
                do
                {
                        Console.WriteLine("Number is {0}", n);
                        n++;
                } while (n < 10);
        }
}
```

Como o loop while, as declarações break e continue podem ser usadas para controlar o fluxo de execução no loop.

For (para)

Um loop for é usado para interagir em diversos valores. A variável loop pode ser declarada como parte da declaração for:

```
using System;
class Test
{
        public static void Main()
        {
                for (int n = 0; n < 10; n++)
                        Console.WriteLine("Number is {0}", n);
        }
}
```

O escopo da variável loop em um loop for é o escopo da declaração o bloco de declaração que segue for. Ele não pode ser acessado fora da estrutura loop.

```
// error
using System;
class Test
{
        public static void Main()
        {
```

```
            for (int n = 0; n < 10; n++)
            {
                if (n = = 8)
                    break;
                Console.WriteLine("Number is {0}", n);
            }
                // error; n is out of scope
                Console.WriteLine("Last Number is {0}", n);
        }
    }
```

Como com o loop while, as declarações break e continue podem ser usadas para controlar o fluxo de execução no loop.

Foreach (para cada)

Esse é um idioma de seqüência muito comum:

```
using System;
using System.Collections;
class MyObject
{
}
class Test
{
        public static void Process(ArrayList arr)
        {
            for (int nIndex = 0; nIndex < arr.Count; nIndex++)
            {
                // cast is required because ArrayList stores
                // object references
                MyObject current = (MyObject) arr[nIndex];
                Console.WriteLine("Item: {0}", current);
            }
        }
}
```

Isso funciona bem, mas requer que o programador garanta que o array na declaração for combine o array que é usado na operação de indexação. Se eles não combinarem, às vezes pode ser difícil rastrear o erro. Ele também requer uma declaração em uma variável índice separada, que acidentalmente poderia ser usada em outro lugar.

Também é uma grande quantidade de digitação.

Algumas linguagens, tal como Perl, oferecem uma montagem diferente para lidar com esse problema e C# também oferece tal montagem. O exemplo precedente pode ser reescrito como a seguir:

```
using System;
using System.Collections;
class MyObject
```

```
{
}
class Test
{
        public static void Process(ArrayList arr)
        {
                foreach (MyObject current in arr)
                {
                        Console.WriteLine("Item: {0}", current);
                }
        }
}
```

Isso é muito mais simples e não tem as mesmas oportunidades para erros. O tipo retornado pela operação índice em arr é explicitamente convertido para o tipo declarado em foreach. Isso é bom, porque os tipos coleção, tal como ArrayList, só podem armazenar valores de tipo object.

Foreach também funciona para objetos que não arrays. De fato, ele funciona para qualquer objeto que implemente as interfaces adequadas. Por exemplo, ele pode ser usado para interagir sobre as chaves de uma tabela hash:

```
using System;
using System.Collections;
class Test
{
        public static void Main()
        {
                Hashtable hash = new HashTable();
                hash.Add("Fred", "Flintstone");
                hash.Add("Barney", "Rubble");
                hash.Add("Mr.", "Slate");
                hash.Add("Wilma", "Flintstone");
                hash.Add("Betty", "Rubble");

                foreach (string firstName in hash.Keys)
                {
                        Console.WriteLine("{0} {1}", firstName, hash[firstName]);
                }
        }
}
```

Objetos definidos por usuário podem ser implementados para que possam ser interagidos usando foreach; veja a seção "Indexadores e foreach" no Capítulo 19, "Indexadores", para maiores informações.

Uma coisa que não pode ser feita em um loop foreach é mudar o conteúdo do contentor. Se o contentor suporta indexação, o conteúdo deve ser mudado através daquela rota, embora muitos contentores que capacitam uso de foreach não ofereçam indexação.

Como com outras montagens de seqüência, break e continue podem ser usadas com a declaração foreach.

Declarações de salto

As declarações de salto são usadas exatamente para fazer isso — saltar de uma declaração para outra.

Break (quebrar)

A declaração break é usada para quebrar a interação atual ou declaração switch e continuar a execução depois de tal declaração.

Continue

A declaração continue pula todas as linhas posteriores na declaração de interação atual e depois continua a executar a declaração de interação.

Goto (ir para)

A declaração goto pode ser usada para pular diretamente para um rótulo. Devido ao fato de que o uso de declarações goto ser amplamente considerada prejudicial[3], C# proíbe alguns de seus piores abusos. Uma goto não pode ser usado para pular em um bloco de declaração, por exemplo. O único lugar onde o seu uso é recomendado é na troca de declarações, ou para transferir controle para fora de um loop aninhado, embora eles possam ser usados em outros lugares.

Return (retornar)

A declaração return retorna a função chamada e, opcionalmente, retorna também um valor.

Atribuição absoluta

A atribuição absoluta regula e evita que o valor de uma variável não atribuída seja observado. Suponha que esteja escrito o seguinte:

```
// error
using System;
class Test
{
```

---

[3] Veja "GO TO considered harmful", de Edsger W. Dijkstra, em http://www.net.org/html/history/detail/1968-goto.html.

```
            public static void Main()
            {
                int n;
                Console.WriteLine("Value of n is {0}", n);
            }
}
```

Quando isso é compilado, o compilador reportará um erro, pois o valor de n é usado antes dele ter sido inicializado.

Da mesma forma, operações não podem ser feitas com uma variável classe antes dele ser inicializado:

```
// error
using System;
class MyClass
{
            public MyClass(int value)
            {
                this.value = value;
            }
            public int Calculate()
            {
                return(value * 10);
            }
            public int  value;
}
class Test
{
            public static void Main()
            {
                MyClass mine;

                Console.WriteLine("{0}", mine.value);           // error
                Console.WriteLine("{0}", mine.Calculate());     // error
                mine = new MyClass(12);
                Console.WriteLine("{0}", mine.value);           // okay now...
            }
}
```

Estruturas funcionam de forma ligeiramente diferente quando é considerada a atribuição absoluta. O tempo de execução sempre irá garantir que elas estejam zeradas, mas o compilador ainda verificará, para ter certeza de que elas foram inicializadas em um valor antes de serem usadas.

Uma estrutura é inicializada através de uma chamada a um construtor ou ajustando todos os membros de uma cópia antes de ser usada:

```
using System;
struct Complex
{
```

```csharp
        public Complex(float real, float imaginary)
        {
            this.real = real;
            this.imaginary = imaginary;
        }
        public override string ToString()
        {
            return(String.Format("({0}, {0})", real, imaginary));
        }

        public float  real;
        public float  imaginary;
}

class Test
{
        public static void Main()
        {
            Complex  myNumber1;
            Complex  myNumber2;
            Complex  myNumber3;

            myNumber1 = new Complex();
            Console.WriteLine("Number 1: {0}", myNumber1);

            myNumber2 = new Complex(5.0F, 4.0F);
            Console.WriteLine("Number 2: {0}", myNumber2);

            myNumber3.real = 1.5F;
            myNumber3.imaginary = 15F;
            Console.WriteLine("Number 3: {0}", myNumber3);
        }
}
```

Na primeira seção, myNumber1 é inicializado pela chamada a new. Lembre-se de que para estruturas, não há construtor padrão; assim, essa chamada não faz nada; ela simplesmente tem o efeito lateral de marcar a cópia como inicializada.

Na segunda seção, myNumber2 é inicializado por uma chamada normal ao construtor.

Na terceira seção, myNumber3 é inicializado por valores atribuídos a todos os membros da cópia. Obviamente, isso só pode ser feito se os membros forem públicos.

Atribuição absoluta e arrays

Os arrays funcionam um pouco diferentemente em declaração absoluta. Em arrays de ambos os tipos, referência e valor (classes e estruturas), um elemento de um array *pode* ser acessado, mesmo se ele não tiver sido inicializado.

Por exemplo, suponha que haja um array de Complex:

```
using System;
struct Complex
{
          public Complex(float real, float imaginary)
          {
              this.real = real;
              this.imaginary = imaginary;
          }
          public override string ToString()
          {
              return(String.Format("({0}, {0})", real, imaginary));
          }

          public float   real;
          public float   imaginary;
}
class Test
{
          public static void Main()
          {
              Complex[]  arr = new Complex[10];
              Console.WriteLine("Element 5: {0}", arr[5]);        // legal
          }
}
```

Devido ao fato de que as operações podem ser realizadas em um array — tal como Reverse() — o compilador não pode rastrear a atribuição absoluta em todas as situações e pode levar a erros espúrios. Portanto, não deve ser tentado.

CAPÍTULO 13

Escopo de variável local

Em C#, variáveis locais só podem ter determinados nomes que lhes permitam ser identificadas individualmente em determinado escopo. Se um nome tiver mais de um significado em um escopo e não houver modo de distinguir o nome, a declaração mais interna do nome será um erro e precisará ser mudado. Considere o seguinte:

```
using System;
class MyObject
{
        public MyObject(int x, int y)
        {
             this.x = x;
             this.y = y;
        }
        int x;
        int y;
}
```

No construtor, x refere-se ao parâmetro nomeado x, pois os parâmetros tomam precedência sobre variáveis membros. Para acessar a variável cópia chamada x, ela precisa ser definida com this., o que indica que ela precisa ser uma variável cópia.

A montagem precedente é preferida para renomear o construtor parâmetros e as variáveis membros, para evitar o conflito de nome.

Na situação a seguir, não há modo de nomear ambas as variáveis e a declaração interna, portanto, é um erro:

```csharp
// error
using System;
class MyObject
{
          public void Process()
          {
               int  x = 12;
               for (int y = 1; y < 10; y++)
               {
                      // no way to name outer x here.
                      int x = 14;
                      Console.WriteLine("x = {0}", x);
               }
          }
}
```

Porque a declaração interna de x ocultaria a declaração externa de x, se ela não fosse permitida.

C# tem a sua restrição para aperfeiçoar a legibilidade e maneabilidade de código. Se essa restrição não estivesse no lugar, seria difícil determinar qual versão da variável estava sendo usada — ou mesmo *se haviam* múltiplas versões — dentro de um escopo aninhado.

CAPÍTULO 14

Operadores

A expressão de sintaxe de C# é baseada na expressão de sintaxe de C++.

Operador de precedência

Quando uma expressão contém múltiplos operadores, a precedência dos operadores controla a ordem na qual os elementos da expressão são avaliados. A precedência padrão pode ser mudada, agrupando elementos com parênteses.

```
int   value = 1 + 2 * 3;       // 1 + (2 * 3) = 7
            value = (1 + 2) * 3;   // (1 + 2) * 3 = 9
```

Em C#, todos os operadores binários são associativos à esquerda, o que significa que as operações são realizadas da esquerda para a direita, exceto em operadores de atribuição e condicional (?:), que são realizados da direita para a esquerda.

A tabela a seguir resume todos os operadores na precedência, de mais alto para mais baixo.

Categoria	Operadores
Principal	(x) x.y f(x) a[x] x++ x- - new typeof sizeof checked unchecked
Unário	+ - ! ~ ++x --x (T)x
Multiplicativo	* / %
Aditivo	+ -
Troca	<< >>
Relacional	< > <= >= is
Igualdade	== !=

(Continuação)

Categoria	Operadores
Lógico AND	&
Lógico XOR	^
Lógico OR	|
Condicional AND	&&
Condicional OR	||
Condicional	?:
Atribuição	= *= /= %= += -= <<= >>= &= ^= |=

Operadores internos

Para operações numéricas em C#, existem operadores internos para os tipos int, uint, long, ulong, float, doublé e decimal. Já que eles não são operadores internos para outros tipos, as expressões precisam primeiro ser convertidas para um dos tipos para os quais há um operador antes da operação ser realizada.

Isso significa que quando as operações são feitas com tipos numéricos que podem ser implicitamente convertidos para tipos daqueles int que são "menores" do que int-, o resultado precisará ser distribuído para armazenar no mesmo tipo.

```
// error
class Test
{
          public static void Main()
          {
                short   s1 = 15;
                short   s2 = 16;
                short sum = (short) (s1 + s2);      // cast is required

                int i1 = 15;
                int i2 = 16;
                int isum = i1 + i2;           // no cast required
          }
}
```

Operadores definidos por usuário

Os operadores definidos por usuário podem ser declarados por classes e funcionam da mesma maneira que funcionam os operadores internos. Veja o Capítulo 25, "Sobrecarga de operador", para maiores informações.

Promoções numéricas

Veja o Capítulo 15, "Conversões", para informações sobre as regras de promoção numérica.

Operadores aritméticos

As seguintes seções resumem as operações aritméticas que podem ser realizadas em C#. Os tipos de ponto de flutuação têm regras muito específicas que precisam seguir[1], para detalhes completos, veja o CLR. Se executadas em um contexto marcado, as expressões aritméticas em tipos de não flutuação podem atirar as exceções.

Adição unária (=)

Para adição unária, o resultado é simplesmente o valor do operando.

Subtração unária (-)

A subtração unária só funciona em tipos para os quais há uma representação negativa válida e ela retorna o valor do operando subtraído de zero.

Adição (+)

Em C#, o sinal + é usado tanto para adição quando para concatenação de string.

Adição numérica

Os dois operandos são acrescentados juntos. Se a expressão é avaliada em um contexto marcado e a soma está fora da faixa do tipo de resultado, é atirado um OverflowException. Isso é demonstrado pelo seguinte código:

```
using System;
class Test
{
        public static void Main()
        {
               byte val1 = 200;
               byte val2 = 201;
               byte sum = (byte) (val1 + val2);   // no exception
               checked
               {
                      byte sum2 = (byte) (val1 + val2); // exception
               }
        }
}
```

---

[1] Eles estão de acordo com a aritmética IEEE (Institute of Electrical and Electronics Engineers — órgão regulador de padrões de computação e comunicações) 754.

Concatenação de string

A concatenação de string pode ser realizada entre duas strings, ou entre uma string e um operador de tipo object.[2] Se um dos operados for nulo, uma string vazia é substituída por aquele operando.

Os operandos que não são de tipo string serão automaticamente convertidos a uma string, chamando o método virtual ToString() no objeto.

Subtração (-)

O segundo operando é subtraído do primeiro operando. Se a expressão é avaliada em um contexto marcado e a diferença está fora da faixa do tipo de resultado, é atirado um OverflowException.

Multiplicação (*)

Os dois operandos são multiplicados juntos. Se a expressão é avaliada em um contexto marcado e o resultado está fora da faixa do tipo de resultado, é atirado um OverflowException.

Divisão (/)

O primeiro operando é dividido pelo segundo operando. Se o segundo operando é zero, é atirada uma exceção DivideByZero.

Resto (%)

O resultado x % y é computado como x – (x / y) * y. Se y é zero, é atirada uma exceção DivideByZero.

Cópias (<< e >>)

Para cópias à esquerda, os bits de ordem mais alta são descartados e as posições de bit vazio de ordem mais baixa são ajustadas para zero.

Para cópias à direita com uint ou ulong, os bits de ordem baixa são descartados e as posições de bit vazio de ordem alta são ajustadas para zero.

Para cópias à direita com int ou long, os bits de ordem baixa são descartados e as posições de bit vazio de ordem alta são ajustadas para zero se x não for negativo, e ' se x for negativo.

---

[2] Visto que qualquer tipo pode converter para objeto, isso significa qualquer tipo.

Aumento e diminuição (++ e - -)

O operador de aumento incrementa o valor de uma variável em 1 e o operador de diminuição decrementa o valor da variável em 1.[3]

Ambos, aumento e diminuição podem ser usados como um operador prefixo, onde a variável é modificada antes de ser lida, ou como um operador pós fixo, onde o valor é retornado antes de ser modificado.

Por exemplo:

```
int         k = 5;
int         value = k++;        // value is 5
            value = --k;        // value is still 5
            value = ++k;        // value is 6
```

Operadores relacional e lógico

Os operadores relacionais são usados para comparar dois valores e os operadores lógicos são usados para realizar operações em valores referentes a bit.

Negativa lógica (!)

O operador ! é usado para retornar a negativa de um valor booleano.

Operadores relacionais

C# define as seguintes operações relacionais:

Operação	Descrição
a = = b	retorna verdadeiro se a for igual a b
a != b	retorna verdadeiro se a não for igual a b
a < b	retorna verdadeiro se a for menor do que b
a <= b	retorna verdadeiro se a for menor do que ou igual a b
a > b	retorna verdadeiro se a for maior do que b
a >= b	retorna verdadeiro se a for maior ou igual a b

Esses operadores retornam um resultado de tipo bool.

---

[3] Em código inseguro, os cursores aumentam e diminuem, pelo tamanho do objeto apontado.

Ao realizar uma comparação entre dois objetos tipo referência, o compilador precisa primeiro verificar os operadores relacionais definidos nos objetos. Se ele não encontrar operador aplicável, e o relacional for == ou !=, o operador relacional apropriado será chamado a partir do objeto classe. Esse operador compara se os dois operandos são o mesmo objeto, não se eles têm o mesmo valor.

Para tipos de valor, o processo é o mesmo, exceto que o operador relacional interno para tipos de valor compara cada um dos campos na estrutura, e retorna verdadeiro se todos os valores forem idênticos.

Para o tipo string, os operadores relacionais são sobrecarregados para que == e != comparem os valores das strings, sem as referências.

Operadores lógicos

C# define os seguintes operadores lógicos:

Operador	Descrição
&	Quanto a bit E dos dois operandos
|	Quanto a bit OU dos dois operandos
^	Exclusivo quanto a bit OU (XOR) dos dois operandos
&&	Lógico E dos dois operandos
||	Lógico OU dos dois operandos

Os operadores &, | e ^ normalmente são usados em tipos de dados inteiros, embora eles também possam ser aplicados ao tipo bool.

Os operadores && e || diferem das versões de caractere único, onde eles realizam avaliação de circuito curto. Na expressão

```
a && b
```

b só é avaliado se a for verdadeiro. Na expressão

```
a || b
```

b só é avaliado se a for falso.

Operador condicional (?:)

Às vezes chamado de operador ternário ou de interrogação, o operador condicional seleciona a partir de duas expressões baseadas em uma expressão booleana.

```
int value = (x < 10) ? 15 : 5;
```

Neste exemplo, é avaliada a expressão de controle (x < 10). Se ela é verdadeira, o valor do operador é a primeira expressão após o ponto de interrogação, ou 15 neste caso. Se a expressão de controle é falsa, o valor do operador é a expressão seguida de ponto e vírgula, neste caso 5.

Operadores de atribuição

Os operadores de atribuição são usados para atribuir um valor a uma variável. Existem duas formas: a atribuição simples e a composta.

Atribuição simples

A atribuição simples é feita em C# usando o sinal de igual "=". Para a atribuição ser bem sucedida, o lado direito da atribuição precisa ser um tipo que pode ser implicitamente convertido ao tipo da variável do lado esquerdo da atribuição.

Atribuição composta

Os operadores de atribuição composta realizam alguma operação além da atribuição simples. Os operadores compostos são os seguintes:

+= -= *= /= %= &= = ^= <<= >>=

x <op>= y

é avaliado exatamente como se fosse escrito como

x = x <op> y

com duas exceções:
- x só é avaliado uma vez e tal avaliação é usada para ambas, a operação e a designação.
- Se x contém uma função chamada ou referência array, ele só é realizado uma vez.

Sob as regras normais de conversão, se x e y, ambos forem inteiros curtos, avaliar

x = x + 3;

produziria um erro de tempo de compilação, pois a adição é feita em valores int e o resultado int não é implicitamente convertido para um short. Entretanto, neste caso, porque short pode ser implicitamente convertido para int, é possível escrever:

x = 3;

a operação é permitida.

Operadores de tipo

Ao invés de lidar com os valores de um objeto, os operadores de tipo são usados para lidar com o tipo de um objeto.

typeof

O operador typeof retorna o tipo de objeto, que é uma cópia da classe System.Type. Typeof é usado para evitar precisar criar uma cópia de um objeto só para obter o objeto type. Se já existe uma cópia, um objeto type pode ser obtido chamando a função GetType() na cópia.

Uma vez que o objeto type é obtido em um tipo, ele pode ser consultado usando reflexão para obter informações sobre o tipo. Veja a seção intitulada "Reflexão mais profunda", no Capítulo 31, "Mergulho em C#", para maiores informações.

is

O operador *is* é usado para determinar se um objeto referência pode ser convertido a um tipo ou interface específico. O uso mais comum desse operador é determinar se um objeto suporta uma interface específica:

```
using System;
interface IAnnoy
{
        void PokeSister(string name);
}
class Brother: IAnnoy
{
        public void PokeSister(string name)
        {
             Console.WriteLine("Poking {0}", name);
        }
}
class BabyBrother
{
}
class Test
{
        public static void AnnoyHer(string sister, params object[] annoyers)
        {
             foreach (object - in annoyers)
             {
                 if (o is IAnnoy)
                 {
                      IAnnoy annoyer = (IAnnoy) o;
                      annoyer.PokeSister(sister);
                 }
```

```
            }
        }
        public static void Main()
        {
            Test.AnnoyHer("Jane", new Brother(), new BabyBrother());
        }
}
```

Este código produz a seguinte saída:

```
Poking: Jane
```

Neste exemplo, a classe Brother implementa a interface IAnnoy, e a classe BabyBrother não. A função AnnoyHer() caminha através de todos os objetos que são passados a ela, verifica se um objeto suporta IAnnoy e depois chama a função Pokesister() se o objeto suportar a interface.

as

O operador as é muito semelhante ao operador is, porém ao invés de apenas determinar se um objeto é um tipo ou interface específico, ele também realiza a conversão específica àquele tipo ou interface. Se o objeto não puder ser convertido àquele tipo ou interface, o operador retorna nulo. Usar as é mais eficaz do que o operador *is*, visto que o operador *as* só precisa verificar o tipo do objeto uma vez, enquanto que o exemplo usando is verifica o tipo quando o operador é usado, e novamente quando é realizada a conversão.

No exemplo anterior, estas linhas

```
if (o is IAnnoy)
{
    IAnnoy annoyer = (IAnnoy) o;
    annoyer.PokeSister(sister);
}
```

poderiam ser substituídas por estas:

```
IAnnoy annoyer = o as IAnnoy;
if (Annoyer != null)
    annoyer.PokeSister(sister);
```

CAPÍTULO 15

Conversões

Em C#, as conversões são divididas em conversões implícitas e explícitas. As conversões implícitas são aquelas que serão sempre bem sucedidas; a conversão sempre pode ser realizada sem perda de dados.[1] Em tipos numéricos, isso significa que o tipo de destino pode representar totalmente a faixa do tipo de origem. Por exemplo, um short pode ser implicitamente convertido para um int, pois a faixa short é um subconjunto da faixa int.

Tipos numéricos

Para os tipos numéricos, há uma amplidão de conversões implícitas para todos os tipos numéricos assinados e não assinados. A Figura 15-1 mostra a hierarquia de conversão. Se um caminho de setas pode ser seguido a partir de um tipo de origem para um tipo de destino, há uma conversão implícita da origem para o destino. Por exemplo, há conversões implícitas de sbyte para short, de byte para decimal e de ushort para long.

Observe que o caminho tomado de um tipo de origem para um tipo de destino na figura não representa como é feita a conversão; ele simplesmente indica que ela pode ser feita. Em outras palavras, a conversão de byte para long é feita em uma única operação, não pela conversão através de ushort e uint.

```
class Test
{
        public static void Main()
        {
                // all implicit
                sbyte v = 55;
                short v2 = v;
                int v3 = v2;
```

---

[1] A conversão de int, uint ou long para float e de long para double pode resultar em uma perda de precisão, mas não resultará em uma perda de magnitude.

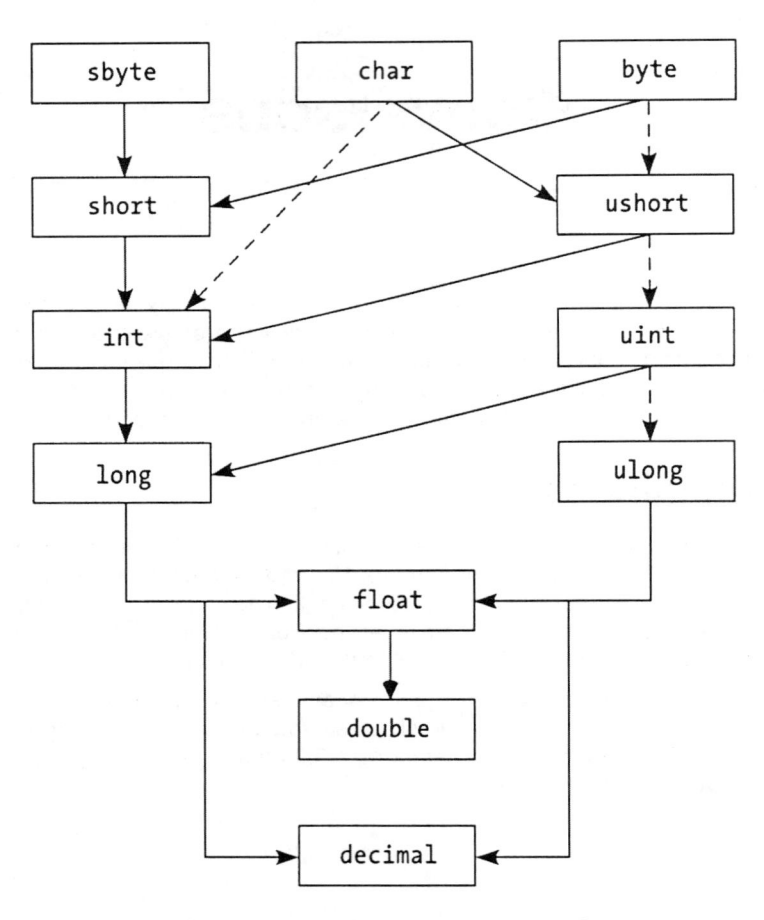

```
            long v4 = v3;
                // explicit to "smaller" types
            v3 = (int) v4;
            v2 = (short) v3;
            v = (sbyte) v2;
        }
}
```

Figura 15-1. A hierarquia de conversão C#.

Conversões e membro lookup (de busca)

Ao considerar membros sobrecarregados, o compilador pode ter que escolher entre diversas funções. Considere o seguinte:

```
using System;
class Conv
{
        public static void Process(sbyte value)
        {
            Console.WriteLine("sbyte {0}", value);
        }
        public static void Process(short value)
        {
            Console.WriteLine("short {0}", value);
        }
        public static void Process(int value)
        {
            Console.WriteLine("int {0}", value);
        }
}
class Test
{
        public static void Main()
        {
            int   value1 = 2;
            sbyte value2 = 1;
            Conv.Process(value1);
            Conv.Process(value2);
        }
}
```

O código anterior produz a seguinte saída:

```
int 2
sbyte 1
```

Na primeira chamada a Process(), o compilador só poderia combinar o parâmetro int a uma das funções, aquela que tomou um parâmetro int.

Entretanto, na segunda chamada, o compilador tem três versões a partir das quais escolher, tomando sbyte, short ou int. Para selecionar uma versão, primeiro ele tenta combinar exatamente o tipo. Neste caso, ele pode combinar sbyte, assim é que a versão é chamada.

Se a versão sbyte não estivesse lá, ele selecionaria a versão short, pois um short pode ser convertido implicitamente para um int. Em outras palavras, short é "mais próximo a" sbyte na hierarquia de conversão e, portanto, é preferido.

A regra precedente lida com muitos casos, mas não com o seguinte:

```csharp
using System;
class Conv
{
        public static void Process(short value)
        {
            Console.WriteLine("short {0}", value);
        }
        public static void Process(ushort value)
        {
            Console.WriteLine("ushort {0}", value);
        }
}
class Test
{
        public static void Main()
        {
            byte  value = 3;
            Conv.Process(value);
        }
}
```

Aqui, a regra anterior não permite ao compilador escolher uma função sobre a outra, pois essas não são conversões implícitas em qualquer direção entre ushort e short.

Neste caso, há uma outra regra que é satisfeita, que diz que, se houver uma única seta de conversão implícita para um tipo assinado, ele será preferido sobre todas as conversões de tipos não assinados. Graficamente, isso é representado na Figura 15-1 pelas setas pontilhadas; o compilador escolherá uma única seta sólida sobre qualquer quantidade de setas pontilhadas.

Essa regra só se aplica ao caso onde há uma única seta de conversão para o tipo assinado. Se a função que tomar uma short foi mudada para tomar uma int, não haveria uma "melhor" conversão e um erro de ambigüidade seria relatado.

Conversões numéricas explícitas

Conversões explícitas — aquelas usando a sintaxe de distribuição — são as conversões que operam na direção oposta das conversões implícitas. Converter de short para long é implícito e, portanto, converter de long para short é, portanto, uma conversão explícita.

Vendo de outra forma, uma conversão numérica explícita pode resultar em um valor que é diferente do que o original:

```
using System;
class Test
{
        public static void Main()
        {
                uint value1 = 312;
                byte value2 = (byte) value1;
                Console.WriteLine("Value2: {0}", value2);
        }
}
```

O código anterior resulta na seguinte saída:

56

Na conversão para byte, a parte menos significativa (avaliada a menor) de uint é colocada no valor byte. Em muitos casos, o programador ou sabe que a conversão será bem sucedida ou depende desse comportamento.

Conversões checked (marcadas)

Em outros casos, pode ser útil verificar se a conversão foi bem sucedida. Isso é feito executando a conversão em um contexto marcado:

```
using System;
class Test
{
        public static void Main()
        {
            checked
            {
                uint value1 = 312;
                byte value2 = (byte) value1;
                Console.WriteLine("Value: {0}", value2);
            }
        }
}
```

Quando é feita uma conversão numérica explícita em um contexto checked, se o valor de origem não se ajustar no tipo de dados de destino, é atirada uma exceção.

A declaração checked cria um bloco no qual as conversões são marcadas para sucesso. Se uma conversão é marcada ou não, ela é determinada por ocasião da compilação, a posição marcada não se aplica ao código na função chamada a partir de dentro do bloco checked.

Marcar conversões para sucesso tem um pequeno prejuízo de desempenho, portanto, pode não ser apropriado para software lançado. No entanto, pode ser útil marcar todas as conversões numéricas explícitas ao desenvolver software. O compilador C# fornece uma opção /checked que gerará conversões marcadas para todas as conversões numéricas explícitas. Essa poção pode ser usada enquanto desenvolvendo software e depois pode ser desativada para aperfeiçoar o desempenho do software lançado.

Se o programador depender do comportamento desmarcado, ativar /checked pode ocasionar problemas. Nesse caso, a declaração unchecked pode ser usada, para indicar que nunca nenhuma das conversões em um bloco devem ser marcadas para conversões.

Às vezes é útil ser capaz de especificar a posição marcada de uma única declaração; nesse caso, o operador checked ou unchecked pode ser especificado no início de uma expressão:

```
using System;
class Test
{
        public static void Main()
        {
            uint value1 = 312;
            byte value2;

            value2 = unchecked(byte) value1;    // never checked
            value2 = (byte) value1;             // checked if /checked
            value2 = checked((byte) value1);    // always checked
        }
}
```

Neste exemplo, a primeira conversão nunca será marcada, a segunda conversão será marcada se a declaração /checked estiver presente e a terceira conversão sempre será marcada.

Conversões de classes (tipos referência)

As conversões envolvendo classes são semelhantes àquelas envolvendo valores numéricos, exceto que objetos conversões lidam com distribuição e baixam a hierarquia de herança objeto ao invés de conversões para cima e para baixo na hierarquia de tipo numérico.

Como com conversões numéricas, as conversões implícitas são aquelas que sempre serão bem sucedidas, e as conversões explícitas aquelas que podem falhar.

A classe base de um objeto

Uma referência a um objeto pode ser convertida implicitamente a uma referência da classe base de um objeto. Note que isso *não* converte o objeto do tipo da classe base; apenas a referência é para o tipo de classe base. O exemplo a seguir ilustra isso:

Capítulo 15 - Conversões

```csharp
using System;
public class Base
{
        public virtual void WhoAmI()
        {
             Console.WriteLine("Base");
        }
}
public class Derived: Base
{
        public override void WhoAmI()
        {
             Console.WriteLine("Derived");
        }
}
public class Test
{
        public static void Main()
        {
             Derived d = new Derived();
             Base b = d;

             b.WhoAmI();
             Derived d2 = (Derived) b;

             object o = d;
             Derived d3 = (Derived) o;
        }
}
```

Este código produz a seguinte saída:

Derived

Inicialmente, é criada uma nova cópia de Derived e a variável d contém uma referência àquele objeto. A referência d então é convertida a uma referência para o tipo base Base. O objeto referenciado por ambas as variáveis, no entanto, ainda é um Derived; isso é mostrado, pois quando a função virtual WhoAmI() é chamada, a versão de Derived é chamada. Também é possível converter a referência Base d de volta para uma referência de tipo Derived, ou converter a referência Derived para uma referência object e voltar.

Converter para o tipo base é uma conversão implícita, porque, conforme discutido no Capítulo 1, "Os fundamentos da orientação a objeto", uma classe derivada é sempre um exemplo da classe base. Em outras palavras, Derived is-a (é uma) Base.

Quando há um relacionamento "could-be" (seria possível) entre classes são possíveis conversões explícitas. Já que Derived é derivado de Base, qualquer referência a Base realmente poderia ser uma referência Base a um objeto Derived e, portanto, a conversão pode ser tentada. Em tempo de execução, o tipo atual do objeto referenciado pela referência Base (b no exemplo anterior) será marcado para ver se ele realmente é uma referência a Derived. Se não for, uma exceção será atirada na conversão.

Já que object é o tipo base final, qualquer referência a uma classe pode ser implicitamente convertida a uma referência ao objeto, e uma referência a object pode ser explicitamente convertida a uma referência de qualquer classe de tipo.

A Figura 15-2 mostra graficamente o exemplo anterior.

```
  referência Derived d        referência Base b         objeto referência o
              \                      |                      /
               \                     |                     /
                _____ tipo: Derived _____/
```

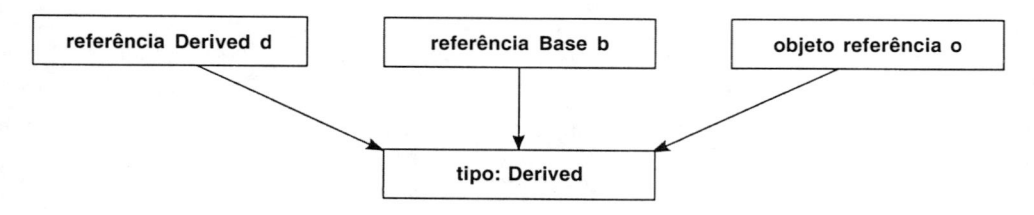

Figura 15-2. Referências diferentes da mesma cópia.

Para uma interface que o objeto implementa

A implementação de interface é de alguma forma, como herança de classe. Se uma classe implementa uma interface, pode ser usada uma conversão implícita para converter de uma referência para uma cópia da classe para a interface. Essa conversão é implícita, pois é conhecida por ocasião da compilação que ela opera.

Novamente, a conversão para uma interface não muda o tipo subjacente de um objeto. Uma referência a uma interface, portanto, pode ser explicitamente convertida de volta a uma referência a um objeto que implementa a interface, visto que a interface referência "could-be" referenciando uma cópia do objeto especificado.

Na prática, converter de volta a partir da interface a um objeto é uma operação raramente usada, se o for.

Para uma interface que o objeto pode implementar

A conversão implícita de um objeto referência para uma interface referência, discutida na seção anterior, não é o caso comum. Uma interface é especialmente útil em situações onde não é sabido se um objeto implementa uma interface.

O seguinte exemplo implementa uma rotina de busca de depuração que usa uma interface, se disponível:

```csharp
using System;
interface IDebugDump
{
        string DumpObject();
}
```

```csharp
class Simple
{
        public Simple(int value)
        {
            this.value = value;
        }
        public override string ToString()
        {
            return(value.ToString());
        }
        int value;
}
class Complicated: IDebugDump
{
        public Complicated(string name)
        {
            this.name = name;
        }
        public override string ToString()
        {
            return(name);
        }
        string IDebugDump.DumpObject()
        {
            return(String.Format(
                "{0}\nLatency: {0}\nRequests: {1}\nFailures: {0}\n",
                new object[] {name, latency, requestCount, failedCound} ));
        }
        string name;
        int latency = 0;
        int requestCount = 0;
        int failedCound = 0;
}
class Test
{
        public static void DoConsoleDump(params object[] arr)
        {
            foreach (object o in arr)
            {
                IDebugDump dumper = o as IDebugDump;
                if (dumper != null)
                    Console.WriteLine("{0}", dumper.DumpObject());
                else
                    Console.WriteLine("{0}", o);
            }
        }
```

```
            public static void Main()
            {
                Simple s = new Simple(13);
                Complicated c = new Complicated("Tracking Test");
                DoConsoleDump(s, c);
            }
}
```

Neste exemplo, existem funções de despejo que podem relacionar objetos e suas posições internas. Alguns objetos têm uma posição interna complicada e precisam passar de volta algumas ricas informações, enquanto que outros podem ser obtidos com informações retornadas pelas suas funções ToString().

Isso é bem expressado pela interface IDebugDump, que é usada para gerar a saída se uma implementação da interface que estiver presente.

Este exemplo usa o operador *as*, o qual retornará a interface se o objeto o implementar, e nulo se não.

De um tipo de interface para outro

Uma referência a uma interface pode ser convertida implicitamente a uma referência a uma interface na qual ela está baseada. Ela pode ser convertida explicitamente a uma referência para qualquer interface na qual ela não esteja baseada. Isso seria bem sucedido apenas se a interface referência fosse uma referência a um objeto que também implementasse a outra interface.

Conversões de estruturas (tipos valor)

A única conversão interna lidando com estruturas é uma conversão implícita a partir de uma estrutura para uma interface que a implementa. A cópia da estrutura será encaixotada à referência, e depois convertida para a interface referência apropriada. Não há conversão explícita de uma interface para uma estrutura.

CAPÍTULO 16

Arrays

Arrays em C# são objetos referenciados; eles são alocados fora do espaço heap ao invés de na pilha. Os elementos de um array são armazenados como ditado pelo elemento tipo; se o elemento tipo for uma referência tipo (tal como string), o array armazenará referências a strings. Se o elemento for um valor tipo (tal como um tipo numérico ou um tipo struct), os elementos são diretamente armazenados dentro do array. Em outras palavras, um array de um valor tipo não contém cópias encaixotadas.

Array são declarados usando a seguinte sintaxe:

```
<type>[] identifier;
```

O valor inicial de um array é nulo. Um objeto array é criado usando new:

```
int[] store = new int[50];
string[] names = new string[50];
```

Quando um array é criado, inicialmente ele contém os valores padrão dos tipos que estão no array. Para o array store, cada elemento é um int com o valor 0. Para o array names, cada elemento é uma string com o valor null.

Inicialização de array

Arrays podem ser inicializados da mesma forma que eles são criados. Durante a inicialização, o new int[x] pode ser omitido e o compilador determinará o tamanho do array a alocar, a partir da quantidade de itens na lista de inicialização:

```
int[] store = {0, 1, 2, 3, 10, 12};
```

A linha anterior é equivalente a isto:

```
int[] store = new int[6] {0, 1, 2, 3, 10, 12};
```

Arrays multidimensionais e dentados

Para indexar elementos em mais de uma dimensão, um array multidimensional ou dentado pode ser usado.

Arrays multidimensionais

Arrays multidimensionais têm mais de uma dimensão:

```
int[,] matrix = new int[4, 2];
matrix[0, 0] = 5;
matrix[3, 1] = 10;
```

O array matrix tem uma primeira dimensão de 5 e uma segunda dimensão de 2. Esse array poderia ser inicializado usando a seguinte declaração:

```
int[,] matrix = {{1, 1}, {2, 2}, {3, 5}, {4, 5}};
```

O array matrix tem uma primeira dimensão de 4 e uma segunda dimensão de 2.

Arrays multidimensionais às vezes são chamados de arrays retangulares, pois os elementos podem ser escritos em uma tabela retangular (para dimensões <= 2). Quando o array matrix é alocado, é obtida uma única quantidade apreciável do heap para armazenar todo o array. Ele pode ser representado pela Figura 16-1.

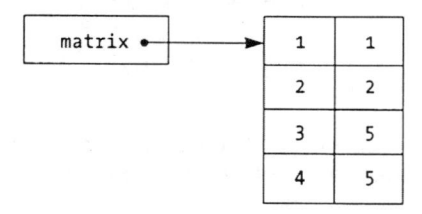

Figura 16-1. Armazenagem em um array multidimensional.

Arrays dentados

Um array dentado é simplesmente um array de arrays e é chamado de array "jagged" (dentado), pois ele tem que ser quadrado. Por exemplo:

```
int[] [] matrix = new int[3] [];
matrix[0] = new int[10];
matrix[1] = new int[11];
```

```
matrix[2] = new int[2];
matrix[0][3] = 4;
matrix[1][1] = 8;
matrix[2][0] = 5;
```

O array matrix aqui só tem uma única dimensão de 3 elementos. Seus elementos são arrays inteiros. O primeiro elemento é um array de 10 inteiros, o segundo de 11 inteiros e o terceiro é um array de 2 inteiros.

Visto que os elementos de arrays dentados são arrays, quando o array dentado de nível alto é alocado, cada elemento é inicializado para nulo. Portanto, cada elemento precisa ser inicializado para um array válido. Por causa disso, não há sintaxe de inicialização para os elementos de um array dentado. Entretanto, em caixa bidimensional, o código anterior pode ser reescrito como:

```
int[] matrix = {new int[5], new int[4], new int[2]};
matrix[0] [3] = 4;
matrix[1] [1] = 8;
matrix[2] [0] = 5;
```

Esse array poderia ser representado pela Figura 16-2. A variável matrix é uma referência a um array de 3 referências para arrays de inteiros. Quatro alocações heap foram necessárias para esse array.

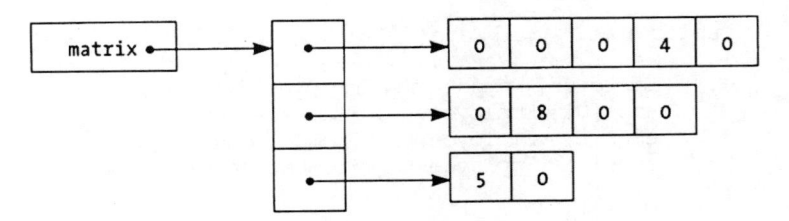

Figura 16-2. Armazenagem em um array dentado.

Arrays de tipos referência

Os arrays de tipo referência podem ser, de alguma forma, confusos, pois os elementos do array são inicializados para nulo ao invés de para o elemento tipo. Por exemplo:

```
class Employee
{
          public void LoadFromDatabase(int employeeID)
          {
                    // load code here
          }
}
class Test
```

```
        {
                public static void Main()
                {
                        Employee[] emps = new Employee[3];
                        emps[0].LoadFromDatabase(15);
                        emps[1].LoadFromDatabase(35);
                        emps[2].LoadFromDatabase(255);
                }
        }
}
```

Quando LoadFromDatabase() é chamado, uma exceção nula será gerada, porque os elementos referenciados nunca foram ajustados e, portanto, ainda são nulos.

A classe pode ser reescrita como a seguir:

```
class Employee
{
        public static Employee LoadFromDatabase(int employeeID)
        {
                Employee emp = new Employee();
                // load code here
                return(emp);
        }
}
class Test
{
        public static void Main()
        {
                Employee[] emps = new Employee[3];
                emps[0] = Employee.LoadFromDatabase(15);
                emps[1] = Employee.LoadFromDatabase(35);
                emps[2] = Employee.LoadFromDatabase(255);
        }
}
```

Isto nos permite criar uma cópia e carregá-la, e depois salvá-la no array.

O motivo pelo qual arrays não são inicializados é pelo desempenho. Se o compilador fez a inicialização, ele precisaria fazer a mesma inicialização para cada elemento e, se aquela não fosse a inicialização correta, todas aquelas alocações seriam perdidas.

Conversões de array

Conversões são permitidas entre arrays baseados no número de dimensões e nas conversões disponíveis entre os tipos elemento.

Uma conversão implícita é permitida a partir do array S para o array T, se os arrays tiverem o mesmo número de dimensões, os elementos de S têm uma conversão implícita de referência para o tipo de elemento de T, e ambos, S e T, são tipos referência. Em outras palavras, se houver um array de referências classe, ele pode ser convertido para um array de um tipo base da classe.

Conversões explícitas têm as mesmas exigências, exceto que os elementos de S precisam ser explicitamente conversíveis ao tipo elemento de T.

```
using System;
class Test
{
        public static void PrintArray(object[] arr)
        {
            foreach (object obj in arr)
                Console.WriteLine("Word: {0}", obj);
        }
        public static void Main()
        {
            string s = "I will not buy this record, it is scratched.";
            char[] separators = {' '};
            string[] words = s.Split(separators);
            PrintArray(words);
        }
}
```

Neste exemplo, o array string de palavras pode ser passado como um array object, pois cada elemento string pode ser convertido a object.

Tipo System.Array

Já que arrays em C# são baseados no tipo System.Array .NET Runtime, existem diversas operações que podem ser feitas com eles que não são tradicionalmente suportadas por tipos array.

Classificação e busca

A habilidade de fazer classificação e busca é montada no tipo System.Array. A função Sort() classificará os itens de um array, e as funções IndexOf(), LastIndexOf() e BinarySearch() são usadas para buscar itens no array.

Essas funções funcionar para os tipos internos. Para capacitá-las para classes ou estruturas definidas por usuário, veja o Capítulo 27, "Como fazer amigos com .NET Frameworks".

Reverse (reverso)

Chamar Reverse() simplesmente inverte todos os elementos do array:

```
using System;
class Test
{
        public static void Main()
```

```
        {
                int[] arr = {5, 6, 7};
                Array.Reverse(arr);
                foreach (int value in arr)
                {
                        Console.WriteLine("Value: {0}", value);
                }
        }
}
```

Isto produz a seguinte saída:

```
7
6
5
```

CAPÍTULO 17

Strings

Todas as strings em C# são cópias do tipo System.String em Common Language Runtime. Por causa disso, existem muitas operações internas disponíveis, que trabalham com strings. Por exemplo, a classe String define uma função de indexador que pode ser usada para interagir com os caracteres da string:

```
using System;
class Test
{
        public static void Main()
        {
                string s = "Test String";

                for (int index = 0; index < s.Length; index++)
                        Console.WriteLine("Char: {0}", s[index]);
        }
}
```

Operações

A classe string é um exemplo de um tipo imutável, o que significa que os caracteres contidos na string não podem ser modificados pelos usuários da string. Todas as operações que são realizadas pela classe string retornam uma versão modificada da string, ao invés de modificar a cópia na qual o método é chamado.

A classe String suporta os seguintes métodos de comparação e busca:

Item	Descrição
Compare()	Compara duas strings
CompareOrdinal()	Compara duas regiões de strings usando uma comparação ordinal
CompareTo()	Compara a cópia atual com outra cópia
EndsWith()	Determina se existe uma substring no final de uma string
StartsWith()	Determina se existe uma substring no início de uma string
IndexOf()	Retorna a posição da primeira ocorrência de uma substring
LastIndexOf()	Retorna a posição da última ocorrência de uma substring

A classe String suporta os seguintes métodos de modificação:

Item	Descrição
Concat()	Concatena duas ou mais strings a objetos juntos. Se objetos são passados, a função ToString() é chamada neles.
CopyTo()	Copia um número especificado de caracteres de um local nessa string para um array
Insert()	Retorna uma nova string com uma substring inserida em um local específico
Join()	Une um array de strings com um separador entre cada elemento array
PadLeft()	Alinha à esquerda uma string em um campo
PadRight()	Alinha à direita uma string em um campo
Remove()	Apaga caracteres de uma string
Replace()	Substitui todas as cópias de um caractere por um caractere diferente
Split()	Cria um array de strings, separando uma string em qualquer ocorrência de um ou mais caracteres
Substring()	Extrai uma substring de uma string
ToLower()	Retorna uma versão em minúscula de uma string
ToUpper()	Retorna uma versão em maiúscula de uma string
Trim()	Remove espaço em branco de uma string
TrimEnd()	Remove uma string de caracteres do final de uma string
TrimStart()	Remove uma string de caracteres do início de uma string

Como converter objetos em strings

A função object.ToString() é sobregravada pelos tipos internos para oferecer uma maneira fácil de converter de um valor para uma representação string daquele valor. Chamar ToString() produz a representação padrão de um valor; uma diferente representação pode ser obtida chamando String.Format(). Veja a seção sobre formatação no Capítulo 30, "Visão geral de .NET Frameworks", para mais informações.

Um exemplo

A função split (dividir) pode ser usada para quebrar uma string em substrings com separadores.

```
using System;
class Test
{
        public static void Main()
        {
            string s = "Oh, I hadn't thought of that";
            char[] separators = new char[] {' ', ','};
            foreach (string sub in s.Split(separators))
            {
                Console.WriteLine("Word: {0}", sub);
            }
        }
}
```

Este exemplo produz a seguinte saída:

```
Word: Oh
Word:
Word: I
Word: hadn't
Word: thought
Word: of
Word: that
```

O caractere separador de array define quais caracteres a string interromperá. A função Split() retorna um array de strings e a declaração foreach interage sobre o array e o imprime.

Neste caso, a saída não é particularmente útil, pois a string ", " é quebrada duas vezes. Isso pode ser corrigido, usando as classes de expressão regular.

StringBuilder

Embora a função String.Format() possa ser usada para criar uma string com base nos valores de outras strings, não é a maneira mais eficaz de unir strings. O tempo de execução oferece a classe StringBuilder para facilitar esse processo.

A classe StringBuilder suporta as seguintes propriedades e métodos:

Propriedade	Descrição
Capacity	Recupera ou ajusta o número de caracteres que StringBuilder pode conter
[]	O indexador StringBuilder é usado para obter ou ajustar um caractere em uma posição específica
Length	Recupera ou ajusta o comprimento
MaxCapacity	Recupera a capacidade máxima de StringBuilder

Método	Descrição
Append()	Anexa a representação string de um objeto
AppendFormat()	Anexa uma representação string de um objeto, usando uma string de formato específico para o objeto
EnsureCapacity()	Garante que StringBuilder tem espaço suficiente para um número específico de caracteres
Insert()	Insere a representação string de um objeto específico na posição especificada
Remove()	Remove os caracteres especificados
Replace()	Substitui todas as cópias de um caractere por um novo caractere

O exemplo a seguir demonstra como a classe StringBuilder pode ser usada para criar uma string a partir de strings separadas.

```
using System;
using System.Test;
class Test
{
          public static void Main()
          {
          string s = "I will not buy this record, it is scratched";
                    char[] separators = new char[] {' ', ','};
                    StringBuilder sb = new StringBuilder();
                    int number = 1;
                    foreach (string sub in s.Split(separators))
                    {
                        sb.AppendFormat("{0}: {1}", number++, sub);
                    }
                    Console.WriteLine("{0}", sb);
          }
}
```

Este código criará uma string com palavras numeradas e produzirá a seguinte saída:

```
1: I 2: will 3: not 4: buy 5: this 6: record 7: 8: it 9: is 10: scratched
```

Já que a chamada a split() especificou ambos, o espaço e a vírgula, como separadores, ela considera haver uma palavra entre a vírgula e o espaço seguinte, o que resulta em uma entrada vazia.

Expressões regulares

Se as funções de busca descobrirem na classe String que não são fortes o bastante, o espaço de nome System.Text contém uma classe expressão regular chamada Regex. Expressões regulares oferecem um método poderoso para fazer busca e/ou substituir funções.

Enquanto que existem alguns exemplos de uso de expressões regulares nesta seção, uma descrição detalhada delas está além do escopo deste livro. Existem diversos livros de expressões regulares disponíveis, e o assunto também é coberto na maioria dos livros sobre Perl.

A classe expressão regular usa uma técnica bastante interessante para obter desempenho máximo. Ao invés de interpretar a expressão regular de cada combinação, ela escreve um programa curto no ar, para implementar a expressão regular combinada, e então aquele código é executado.[1]

O exemplo anterior, usando Split(), pode ser revisado para usar uma expressão regular, ao invés de caracteres únicos, para especificar como a divisão deve ocorrer. Isso removerá a palavra em branco que foi encontrada no exemplo anterior.

```
// file: regex.cs
// compile with: csc /r:system.text.regularexpressions.dll regex.cs
using System;
using System.Text.RegularExpressions;
class Test
{
          public static void Main()
          {
                    string s = "Oh, I hadn't thought of that";
                    Regex regex = new Regex(@"( |, )");
                    char[] separators = new char[] {' ', ','};
                    foreach (string sub in regex.Split(s))
                    {
                              Console.WriteLine("Word: {0}", sub);
                    }
          }
}
```

Este exemplo produz a seguinte saída:

```
Word: Oh
Word: I
Word: hadn't
```

---

[1] O programa é escrito usando a linguagem .NET intermediária — o mesmo que C# produz como saída de uma compilação.

```
Word: thought
Word: of
Word: that
```

Na expressão regular, a string é dividida por um espaço ou em uma vírgula, seguida por um espaço.

Análise mais completa

Usar expressões regulares para aperfeiçoar a função de Split() realmente não demonstra o seu poder. O exemplo a seguir usa expressões regulares para analisar um arquivo de registro IIS. Aquele arquivo de registro se parece mais ou menos com:

```
#Software: Microsoft Internet Information Server 4.0
#Version: 1.0
#Date: 1999-12-31 00:01:22
"Fields: time c-ip cs-method cd-uri-stem sc-status
00:01:31 157.56.214.169 GET /Default.htm 304
00:02:55 157.56.214.169 GET /docs/project/overview.htm 200
```

O seguinte código analisará isso de uma forma mais útil.

```
// file logparss e.cs
// compile with: csc logparse.cs /r:system.net.dll /r:system.text.regularexpressions.dll
using System;
using System.Net;
using System.IO;
using System.Text.RegularExpressions;
using System.Collections;

class Test
{
        public static void Main(string[] args)
        {
                if (args.length == 0) //we need a file to parse
                {
                        Console.WriteLine("No log file specified.");
                }
                else
                        ParseLogFile(args[0]);
        }
        public static void ParseLogFile(string filename)
        {
                if (!System.IO.File.FileExists(filename))
                {
                        Console.WriteLine("The file specified does not exist.");
```

Capítulo 17 - Strings | 143

```
        }
        else
        {
            FileStream f = new FileStrem(filename, FileMode.Open);
            StreamReader stream = new StreamReader(f);

            string line;
            line = stream.ReadLine();     // header line
            line = stream.ReadLine();     // version line
            line = stream.ReadLine();     // Date line

            Regex  regexDate= new Regex(@"\:\s(?<date>[^\s]+)\s");
            March  match = regexDate.Match(line);
            string date = "";
            if (match.Length != 0)
                date = match.Group("date").ToString();

            line = stream.ReadLine();     // Fields line

            Regex  regexLine =
                new Regex(             // match digit or :
                    @"(?<time>\d|\:)+)\s" +
                        // match digit or .
                    @"(?<ip>(\d|\.)+)\s" +
                        // match any non-white
                    @"(?<method>\S+)\s" +
                        // match any non-white
                    @"(?<uri>\S+)\s" +
                        // match any non-white
                    @"(?<status>\d+)");
            // read through the lines, add an
            // IISLogRow for each line
            while ((line = stream.ReadLine()) "= null)
            {
                //Console.WriteLine(line);
                match = regexLine.Match(line);
                if (match.Length "= 0)
                {
                    Console.WriteLine("date: {0} {1}", date,
                                    match.Group("time"));
                    Console.WriteLine("IP Address: {0}",
                                    match.Group("ip"));
                    Console.WriteLine("Method: {0}",
                                    match.Group("method"));
                    Console.WriteLine("Status: {0}",
                                    match.Group("status"));
                    Console.WriteLine("URI: {0}\n",
                                    match.Group("uri"));
                }
```

```
            }
            f.Close();
        }
    }
}
```

A estrutura geral deste código deve ser familiar. Há duas expressões regulares usadas neste exemplo. A string de data e a expressão regular usada para combiná-la são como a seguir:

```
#Date: 1999-12-31 00:01:22
\:\s(?<date>[^\s]+\s
```

No código, as expressões regulares normalmente são escritas usando a sintaxe de string textual, visto que a sintaxe de expressão regular também usa o caractere de barra invertida. Expressões regulares são mais facilmente lidas se elas forem quebradas em elementos separados. Isto

```
\:
```

combina o ponto e vírgula (:). A barra invertida (\) é necessária porque o ponto e vírgula por si só significam algo mais. Isto

```
\s
```

combina um caractere único de espaço em branco (tab ou espaço). Na parte a seguir

```
(?<date>[~\s]+)
```

?<date> nomeia o valor que será combinado, assim, ele pode ser extraído mais tarde. O [~\s] é chamado de grupo caractere, com o caractere ^ significando "nenhum dos seguintes caracteres". Portanto, esse grupo combina qualquer caractere sem espaço em branco. Finalmente, o caractere + significa combinar uma ou mais ocorrências da descrição anterior (sem espaço em branco). Os parênteses são usados para delimitar como combinar a string extraída. No exemplo anterior, essa parte da expressão combina 1999-12-31.

Para combinar mais cuidadosamente, o especificador \d (dígito) poderia ter sido usado, com toda a expressão escrita como:

```
\:\s(?<date>\d\d\d\d-\d\d-\d\d)\s
```

Aquilo cobre a expressão regular simples. Uma expressão regular mais complexa é usada para combinar cada linha do arquivo de registro. Devido à regularidade da linha, Split() também poderia ter sido usado, mas aquilo não teria sido tão ilustrativo. As cláusulas da expressão regular são como a seguir:

```
(?<time>(\d|\:)+)\s         // match digit or : to extract time
(?<ip>(\d|\.)+)\s           // match digit or . to get IP address
(?<method>\S+)\s            // any non-whitespace for method
(?<uri>\S+)\s               // any non-whitespace for uri
(?status>\d_)               // any digit for status
```

CAPÍTULO 18

Propriedades

Alguns meses atrás, eu estava escrevendo algum código quando me vi em uma situação onde um dos campos em uma classe (Filename) poderia ser derivado de outra (Name). Portanto, decidi usar a propriedade idiom (ou design padrão) em C++ e escrevi uma função getFilename() para o campo que era derivado de outro. Depois, tive que percorrer todo o código e substituir a referência ao campo com chamadas a getFilename(). Isso demorou algum tempo, visto que o projeto era bastante grande.

Também me lembro que quando eu quis obter o nome de arquivo, tive que chamar a função membro getFilename() para obtê-lo, ao invés de apenas fazer referência ao membro nome de arquivo da classe. Isso torna o modelo um pouco mais difícil de pegar; ao invés de Filename ser apenas um campo, tenho que me lembrar que na verdade, estou chamando uma função, sempre que preciso acessá-lo.

C# acrescenta propriedades como cidadãos de primeira classe da linguagem. Ao usuário de uma classe, as propriedades parecem ser campos, mas elas usam uma função membro para obter o valor atual e ajustar um novo valor. Você pode separar o modelo usuário (um campo) do modelo implementação (uma função membro), o que reduz a quantidade de conexão entre uma classe e os usuários de uma classe, permitindo mais flexibilidade no design e na manutenção.

No .NET Runtime, as propriedades são implementadas usando um padrão de nomeação e um pouco de metadados extras vinculando as funções membro da propriedade nome. Isso permite às propriedades aparecerem como propriedades em algumas linguagens e simplesmente, como funções membro em outras linguagens.

Propriedades são pesadamente usadas na .NET Base Class Library (biblioteca de classe base .NET); de fato, existem poucos (se existirem) campos públicos.

Accessors (acessadores)

Uma propriedade consiste de uma declaração de propriedade e um ou dois blocos de código — conhecido como acessadores — que lidam com a obtenção ou a instalação da propriedade. Eis um exemplo simples:

```
class Test
{
        private string name;

        public string Name
        {
            get
            {
                return name;
            }
            set
            {
                name = value;
            }
        }
}
```

Essa classe declara uma propriedade chamada Name, e define ambos, um obtentor e um instalador para aquela propriedade. O obtentor simplesmente retorna o valor da variável privada, e o instalador atualiza a variável interna através de um parâmetro especial chamado value. Sempre que o instalador é chamado, a variável value contém o valor à qual a propriedade deve ser ajustada. O tipo de value é igual ao tipo da propriedade.

As propriedades podem ter um obtentor, um instalador ou ambos. Uma propriedade que só tem um obtentor é chamada de propriedade apenas de leitura; e uma propriedade que só tem um instalador é chamada de uma propriedade apenas de escrita.

Propriedades e herança

Como funções membro, as propriedades também podem ser declaradas usando os modificadores: virtual, override ou abstract. Esses modificadores são colocados na propriedade e afetam ambos os acessadores.

Quando uma classe derivada declara uma propriedade com o mesmo nome que na classe base, ela oculta toda a propriedade; não é possível ocultar apenas um obtentor ou instalador.

Uso de propriedades

As propriedades separam a interface de uma classe da implementação de uma classe. Isso é útil em casos onde a propriedade é derivada de outros campos, e também para fazer inicialização lenta e apenas recuperar um valor, se o usuário realmente precisar dele.

Suponha que um fabricante de automóvel quisesse ser capaz de produzir um relatório que listasse algumas informações atuais sobre a produção de automóveis.

```
using System;
class Auto
{
        public Auto(int id, string name)
        {
            this.id = id;
            this.name = name;
        }

            // query to find # produced
        public int ProductionCount
        {
            get
            {
                if (productionCount = = -1)
                {
                    // fetch count from database here.
                }
                return(productionCount);
            }
        }
        public int SalesCount
        {
            get
            {
                if (salesCount = = -1)
                {
                    // query each dealership for data
                }
                return(salesCount);
            }
        }
        string name;
        int id;
        int productionCount = -1;
        int salesCount = -1;
}
```

Ambas as propriedades, ProductionCount e SalesCount, são inicializadas para −1, e a cara operação de calculá-las é deferida até que de fato, seja necessária.

Efeitos laterais
ao ajustar valores

As propriedades também são muito úteis para fazer algo além de simplesmente ajustar um valor quando o instalador é chamado. Uma cesta de compras poderia atualizar o valor total quando o usuário mudasse a contagem de um item, por exemplo:

```csharp
using System;
using System.Collections;
class Basket
{
        internal void UpdateTotal()
        {
              total = 0;
              foreach (BasketItem item in items)
              {
                    total += item.Total;
              }
        }

        ArrayList   items = new ArrayList();
        Decimal   total;
}
class BasketItem
{
        BasketItem(Basket basket)
        {
              this.basket = basket;
        }
        public int Quantity
        {
              get
              {
                    return(quantity);
              }
              set
              {
                    quantity = value;
                    basket.UpdateTotal();
              }
        }
        public Decimal Price
        {
              get
              {
                    return(price);
              }
```

```
              set
              {
                  price = value;
                  basket.UpdateTotal();
              }
          }
          public Decimal Total
          {
              get
              {
                  // volume discount; 10% if 10 or more are purchased
                  if (quantity >= 10)
                      return(quantity * price * 0.90m);
                  else
                      return(quantity * price);
              }
          }
          int          quantity;    // count of the item
          Decimal      price;       // price of the item
          Basket       basket;      // reference back to the basket
}
```

Neste exemplo, a classe Basket contém um array de BasketItem. Quando o preço ou a quantidade de um item é atualizada, uma atualização é disparada de volta à classe Basket, e a cesta caminha através de todos os itens para atualizar o total da cesta.

Essa interação também poderia ser implementada mais geralmente, usando eventos, o que é coberto no Capítulo 23, "Eventos".

Propriedades estáticas

Além de membros propriedade, C# também permite a definição de propriedades estáticas, que pertencem a toda a classe, ao invés de a uma cópia específica da classe. Como funções membro estáticas, as propriedades estáticas não podem ser declaradas com os modificadores: virtual, abstract ou override.

Quando campos readonly foram discutidos no Capítulo 8, "Outras coisas de classe", houve uma caixa que inicializou alguns campos estáticos apenas de leitura. A mesma coisa pode ser feita com propriedades estáticas sem precisar inicializar os campos até que necessário. O valor também pode ser fabricado, quando necessário e não armazenado. Se criar o campo é caro e seja possível que ele seja novamente usado, então o valor deve ser armazenado em um campo privado. Se ele for barato de criar, ou improvável que seja usado novamente, ele pode ser criado conforme necessário.

```
class Color
{
          public Color(int red, int green, int blue)
          {
                  this.red = red;
```

```
            this.green = green;
            this.blue = blue;
    }

    int    red;
    int    green;
    int    blue;

    public static Color Red
    {
        get
        {
            return(new Color(255, 0, 0));
        }
    }
    public static Color Green
    {
        get
        {
            return(new Color(0, 255, 0));
        }
    }
    public static Color Blue
    {
        get
        {
            return(new Color(0, 0, 255));
        }
    }
}

class Test
{
    static void Main()
    {
        Color background = Color.Red;
    }
}
```

Quando o usuário deseja um dos valores de cor predefinida, o obtentor na propriedade cria uma cópia com a cor apropriada no ar e retorna aquela cópia.

Propriedade eficiência

Voltando ao primeiro exemplo neste capítulo, vamos considerar a eficiência do código quando executado:

```
class Test
{
        private string   name;

        public string Name
        {
            get
            {
                return name:
            }
            set
            {
                name = value;
            }
        }
}
```

Isto pode parecer ser um design ineficiente, pois uma chamada a função membro é acrescentada onde, normalmente, seria um campo de acesso. Entretanto, não há motivo para que o ambiente de tempo de execução subjacente não possa alinhar os acessadores como faria qualquer outra função simples, portanto, com freqüência[1] não há penalidade de desempenho em escolher uma propriedade, ao invés de um simples campo. A oportunidade de ser capaz de rever a implementação posteriormente sem mudar a interface pode ser valiosa, assim, as propriedades geralmente são uma melhor escolha do que campos para membros públicos.

Permanece um pequeno retrocesso de usar propriedades; elas não são suportadas originalmente por todas as linguagens .NET, assim, outras linguagens podem precisar chamar diretamente as funções do acessador, o que é um pouco mais complicado do que usar campos.

---

[1] A versão Win32 de .NET Runtime realiza o alinhamento de acessadores comuns, embora outros ambientes não o tenham feito.

CAPÍTULO 19

Indexadores

As vezes, faz sentido ser capaz de indexar um objeto como se ele fosse um array. Isso pode ser feito escrevendo um indexador para o objeto, o que pode ser tido como um array inteligente. Como uma propriedade se parece com um campo, mas tem acessadores para realizar operações de obter e instalar, um indexador se parece com um array, mas tem acessadores para realizar operações de indexação de array.

Como indexar com um índice inteiro

Uma classe que contém um banco de dados de linha pode implementar um indexador para acessar as colunas na linha:

```
using System;
using System.Collections;
class DataValue
{
        public DataValue(string name, object data)
        {
            this.name = name;
            this.data = data;
        }
        public string Name
        {
            get
            {
                return(name);
            }
            set
```

```
			{
				name = value;
			}
		}
		public object Data
		{
			get
			{
				return(data);
			}
			set
			{
			data = value;
			}
		}
		string name;
		object data;
	}
class DataRow
{
		public DataRow()
		{
			row = new ArrayList();
		}

		public void Load()
		{
			/* load code here */
			row.Add(new DataValue("Id", 5551212));
			row.Add(new DataValue("Name", "Fred"));
			row.Add(new DataValue("Salary", 2355.23m));

		}

		public object this[int column]
		{
			get
			{
				return(row[column - 1]);
			}
			set
			{
				row[column - 1] = value;
			}
		}
		ArrayList   row;
}
```

```
class Test
{
    public static void Main()
    {
        DataRow row = new DataRow();
        row.Load();
        DataValue  val = (DataValue) row[0];
        Console.WriteLine("Column 0: {0}", val.Data);
        val.Data = 12;    // set the ID
    }
}
```

A classe DataRow tem funções para carregar em uma linha de dados, funções para salvar os dados e uma função indexador para fornecer acesso aos dados. Em uma classe real, a função Load() carregaria dados de um banco de dados.

A função indexador é escrita da mesma maneira que uma propriedade é escrita, exceto que ela toma um parâmetro de indexação. O indexador é declarado usando o nome this, visto que ele não tem nome.

Uma classe pode ter mais do que um indexador. Para a classe DataRow, pode ser útil ser capaz de usar o nome da coluna para indexação:

```
using System;
using System.Collections;
class DataValue
{
    public DataValue(string name, object data)
    {
        this.name = name;
        this.data = data;
    }
    public string Name
    {
        get
        {
            return(name);
        }
        set
        {
            name = value;
        }
    }
    public object Data
    {
        get
        {
            return(data);
        }
        set
```

```csharp
            {
                data = value;
            }
        }
        string   name;
        object data;
    }
}
class DataRow
{
        public DataRow()
        {
            row = new ArrayList();
        }

        public void Load()
        {
            /* load code here */
            row.Add(new DataValue("Id", 5551212));
            row.Add(new DataValue("Name", "Fred"));
            row.Add(new DataValue("Salary", 2335.23m));
        }

        public object this[int column]
        {
            get
            {
                return(row[column - 1]);
            }
            set
            {
                row[column - 1] = value;
            }
        }
        int FindColumn(string name)
        {
            for (int index = 0; index < row.Count; index++)
            {
                DataValue dataValue = (DataValue) row[index];
                if (dataValue.Name == name)
                    return(index);
            }
            return(-1);
        }
        public object this[string name]
        {
            get
            {
                return this[FindColumn(name)];
            }
            set
```

```
            {
                    this[FindColumn(name)] = value;
            }
      }
      ArrayList   row;
}
class Test
{
      public static void Main()
      {
            DataRow row = new DataRow();
            row.Load();
            DataValue val = (DataValue) row["Id"];
            Console.WriteLine("Id: {0}", val.Data);
            Console.WriteLine("Salary: {0}".
            ((DataValue) row["Salary"]).Data);
            ((DataValue)row["Name"]).Data = "Barney";     // set the name
            Console.WriteLine("Name: {0}", ((DataValue) row["Name"]).Data);
      }
}
```

O indexador string usa a função FindColumn() para encontrar o índice do nome, e depois usa o indexador int para fazer a coisa apropriada.

Indexadores podem ter mais do que um parâmetro, para simular um array virtual multidimensional.

Indexadores e foreach

Se um objeto pode ser tratado como um array, com freqüência é conveniente interagir através dele, usando a declaração foreach. Para habilitar o uso de foreach, e montagens semelhantes em outras linguagens .BET. a interface IEnumerable precisa ser implementada pelo objeto. Essa interface tem um único membro, chamado GetEnumerator(), o qual retorna uma referência a uma interface IEnumerator, que tem funções membro que são usadas para realizar a enumeração.

A interface IEnumerator pode ser diretamente implementada pela classe contentora, ou pode ser implementada por uma classe privada. É preferível a implementação privada, visto que ela simplifica a classe coleção.

O exemplo a seguir amplia o exemplo anterior para habilitar foreach:

```
using System;
using System.Collections;
class DataValue
```

```csharp
        {
            public DataValue(string name, object data)
            {
                this.name = name
                this.data = data;
            }
            public string Name
            {
                get
                {
                    return(name);
                }
                set
                {
                    name = value;
                }
            }
            public object Data
            {
                get
                {
                    return(data);
                }
                set
                {
                    data = value;
                }
            }
            string  name;
            object data;
}
class DataRow: IEnumerable
}
            class DataRowEnumerator: IEnumerator
            {
                public DataRowEnumerator(DataRow dataRow)
                {
                    this.dataRow = dataRow;
                    index = -1;
                }
                public bool MoveNext()
                {
                    index++;
                    if (index >= dataRow.row.Count)
                        return(false);
                    else
                        return(true);
                }
                public void Reset()
```

```
        {
            index = -1;
        }
        public object Current
        {
            get
            {
                return(dataRow.row[index]);
            }
        }
        DataRow   dataRow;
        int                 index;
    }
    public DataRow()
    {
        row = new ArrayList();
    }
    public void Load()
    {
        /* load code here */
        row.Add(new DataValue("Id", 5551212));
        row.Add(new DataValue("Name", "Fred"));
        row.Add(new DataValue("Salary", 2355.23m));
    }

    public object this[int column]
    {
        get
        {
            return(row[column -1]);
        }
        set
        {
            row[column - 1] = value;
        }
    }
    int FindColumn(string name)
    {
        for (int index = 0; index < row.Count; index++)
        {
            DataValue dataValue = (DataValue) row[index];
            if (dataValue.Name == name)
                return(index);
        }
        return(-1);
    }
    public object this[string name]
    {
        get
```

```
                {
                        return this[FindColumn(name)];
                }
                set
                {
                        this[FindColumn(name)] = value;
                }
        }
        public IEnumerator GetEnumerator()
        {
                return((IEnumerator) new DataRowEnumerator(this));
        }
        ArrayList row;
}
class Test
{
        public static void Main()
        {
                DataRow row = new DataRow();
                row.Load();
                foreach (DataValue dataValue in row)
                {
                        Console.WriteLine("{0}: {1}",
                                dataValue.Name, dataValue.Data);
                }
        }
}
```

Um loop foreach em Main() é reescrito pelo compilador como a seguir:

```
IEnumerator enumerator = row.GetEnumerator();
while (enumerator.GetNext())
{
        DataValue dataValue =
                (DataValue) enumerator.Current;
        Console.WriteLine("{0}: {1}",
                dataValue.Name, dataValue.Data)
}
```

Diretivas de design

Os indexadores só devem ser usados em situações onde a abstração faz sentido. Normalmente, isso depende se o objeto é um contentor para algum outro objeto.

Os indexadores devem ter ambos, um obtentor e um instalador, como arrays são objetos de leitura/escrita. Se o indexador tiver apenas um obtentor, considere substitui-lo por um método.

CAPÍTULO 20

Enumeradores

Os enumeradores são úteis quando um valor no programa só pode ter um conjunto específico de valores. Um controle que possa ser apenas uma de quatro cores, ou um pacote de rede que só suporte dois protocolos são situações onde um enumerador pode aperfeiçoar o código.

Um enumerador de estilo de linha

No exemplo a seguir, uma classe de linha desenhada usa um enumerador para declarar os estilos de linha que ela pode desenhar:

```
using System;
public class Draw
{
        public enum LineStyle
        {
            Solid,
            Dotted,
            DotDash,
        }

        public void DrawLine(int x1, int y1, int x2, int y2, LineStyle
          lineStyle)
        {
            switch (lineStyle)
            {
                case LineStyle.Solid:
                    // draw solid
                    break;
```

```
                    case LineStyle.Dotted:
                        // draw dotted
                        break;

                    case LineStyle.DotDash:
                        // draw dotdash
                        break;

                    default:
                        throw(new ArgumentException("Invalid line
                            style"));
                }
        }
}
class Test
{
        public static void Main()
        {
                Draw.draw = new Draw();
                draw.DrawLine(0, 0, 10, 10, Draw.LineStyle.Solid);
                draw.DrawLine(5, 6, 23, 3, (Draw.LineStyle) 35);
        }
}
```

O enum LineStyle define os valores que podem ser especificados para o enum e então, esse mesmo enum é usado na chamada à função para especificar o tipo de linha a desenhar.

Enquanto que enums previnem a especificação acidental de valores fora da faixa enum, os valores que podem ser especificados para um enum não são limitados aos identificadores especificados na declaração enum. A segunda chamada a DrawLine() é legal, assim, um valor enum passado em uma função ainda precisa ser validado para garantir que ele está na faixa de valores válidos. A classe Draw atira uma exceção de argumento inválido se o argumento for inválido.

Tipos base de enumerador

Cada enumerador tem um tipo subjacente que especifica quanta armazenagem está alocada para aquele enumerador. Os tipos de base válidos para os enumeradores são byte, sbyte, short, ushort, int, uint, long e ulong. Se o tipo base não for especificado, o tipo base padroniza para int. O tipo base é especificado listando o tipo base depois do nome enum:

```
enum SmallEnum : byte
{
            A,
            B,
            C,
            D,
}
```

Especificar o tipo base pode ser útil, se tamanho for uma preocupação, ou se o número de entradas exceder ao número de possíveis valores em int.

Inicialização

Por padrão, o valor do primeiro membro enum é ajustado para 0 e aumentado para cada membro subseqüente. Valores específicos podem ser especificados junto com o membro nome:

```
enum Values
{
         A = 1,
         B = 5,
         C = 3,
         D = 42
}
```

Valores computados também podem ser usados, desde que eles só dependam de valores já definidos no enum:

```
enum Values
{
         A = 1,
         B = 2,
         C = A + B,
         D = A * C + 33
}
```

Se um enum for declarado sem um valor 0, isso pode levar a problemas, visto que 0 é o valor padrão inicializado para o enum:

```
enum Values
{
         A = 1,
         B = 2,
         C = A + B,
         D = A * C + 33
}
class Test
{
         public static void Member(Values value)
         {
              // do some processing here
         }
         public static void Main()
```

```
        {
                Values value = 0;
                Member(value);
        }
}
```

Um membro com o valor 0 deve ser sempre definido como parte de um enum.

Enums de sinalizadores de bits

Enums também podem ser usados como sinalizadores de bits, especificando um valor bit para cada bit. Eis uma definição típica:

```
[Flags]
enum BitValues
{
        NoBits = 0,
        Bit1 = 0x00000001,
        Bit2 = 0x00000002,
        Bit3 = 0x00000004,
        Bit4 = 0x00000008,
        Bit5 = 0x00000010,
        AllBits = 0xFFFFFFFF
}
class Test
{
        public static void Member(BitValues value)
        {
                // do some processing here
        }
        public static void Main()
        {
                Member(BitValues.Bit1 | BitValues.Bit2);
        }
}
```

O atributo [Flags] antes da definição enum é usado para que os designers e browsers possam apresentar uma interface diferente para enums, que são enums sinalizadores. Em tais enums, faria sentido permitir ao usuário usar OR (ou) em diversos bits juntos, o que não faria sentido para enums não sinalizados.

A função Main() une dois valores ORs e depois passa o valor para a função membro.

Conversões

Tipos enum podem ser convertidos aos seus tipos subjacentes e retornar com uma conversão explícita:

```
enum Values
{
          A = 1,
          B = 5,
          C = 3,
          D = 42
}
class Test
{
          public static void Main()
          {
               Values v = (Values) 2;
               int ival = (int) v;
          }
}
```

A única exceção a isso é que o *o* literal pode ser convertido a um tipo enum sem uma distribuição. Isso é permitido para que o seguinte código possa ser escrito:

```
public void DoSomething(BitValues bv)
{
          if (bv == 0)
          {

          }
}
```

A declaração if teria que ser escrita como

```
     if (bv == (BitValues) 0)
```

se esta exceção não estivesse presente. Isso não é ruim para este exemplo, mas poderia ser desagradável no uso atual se o enum estivesse profundamente aninhado na hierarquia:

```
     if (bv == (CornSoft.PlotLibrary.Drawing.LineStyle.BitValues) 0)
```

O que é um bocado de digitação.

CAPÍTULO 21

Atributos

Na maioria das linguagens de programação, algumas informações são expressas através de declaração e outras informações são expressas através de código. Por exemplo, na seguinte declaração de membro classe

```
public int Test;
```

o compilador e o tempo de execução reservarão espaço para uma variável inteira e ajustarão a sua proteção para que ela seja visível em qualquer lugar. Isso é um exemplo de informação assertiva; isso é bom por causa da economia de expressão e porque o compilador lida com os detalhes para nós.

Tipicamente, os tipos de declarações assertivas são predefinidos pelo designer da linguagem e não podem ser expandidos pelos usuários da linguagem. Um usuário que deseja associar um campo de banco de dados específico com um campo de uma classe, por exemplo, precisa inventar uma forma de expressar aquele relacionamento na linguagem, uma maneira de armazenar o relacionamento e uma maneira de acessar as informações por ocasião de execução. Em uma linguagem como C++, um macro que armazena as informações em um campo que é parte do objeto poderia ser definido. Tais esquemas funcionam, mas eles são passíveis de erro e não são generalizados. Eles também são feios.

O .NET Runtime suporta atributos, que são simplesmente anotações que são colocadas em elementos de código fonte, tais como classes, membros, parâmetros etc. Os atributos podem ser usados para mudar o comportamento no tempo de execução, oferecer informações de transação sobre um objeto ou apresentar informações organizacionais a um designer. As informações de atributo são armazenadas com os metadados do elemento e podem ser facilmente recuperadas no tempo de execução, através de um processo conhecido como reflexão.

C# usa um atributo condicional para controlar quando funções membro são chamadas. Um uso para o atributo condicional se pareceria com isto:

```
using System.Diagnostics;
class Test
{
          [Conditional("DEBUG")]
          public void Validate()
          {
          }
}
```

A maioria dos programadores usará atributos predefinidos muito mais freqüentemente do que escreverá uma classe atributo.

Como usar atributos

Suponha que, para um projeto que um grupo está fazendo, seja importante controlar as revisões de código que foram feitas nas classes, para que pudesse ser determinado quando foram terminadas as revisões de código. As informações de revisão de código seriam armazenadas em um banco de dados, o que permitiria consultas fáceis sobre posição, ou seriam armazenadas em comentários, o que facilitaria ver o código e as informações ao mesmo tempo.

Ou um atributo poderia ser usado, o que permitiria ambos os tipos de acesso.

Para fazer isso, é necessária uma classe atributo. Uma classe atributo define o nome de um atributo, como ele pode ser criado e as informações que serão armazenadas. Os detalhes arenosos de definir classes atributo serão cobertos na seção intitulada "Um atributo seu".

A classe atributo se parecerá com isto:

```
using System;
[AttributeUsage(AttributeTargets.Class)]
public class CodeReviewAttribute: System.Attribute
{
          public CodeReviewAttribute(string reviewer, string date)
          {
                    this.reviewer = reviewer;
                    this.date = date;
          }
          public string Comment
          {
                    get
                    {
                              return(comment);
                    }
                    set
```

```
            {
                    comment = value;
            }
        }
        public string Date
        {
            get
            {
                return(date);
            }
        }
        public string Reviewer
        {
            get
            {
                return(reviewer);
            }
        }
        string reviewer;
        string date;
        string comment;
}
[CodeReview("Eric", "01-12-2000", Comment="Bitchin' Code")]
class Complex
{
}
```

O atributo AttributeUsage antes da classe especifica que este atributo só pode ser colocado em classes. Quando um atributo é usado em um elemento programa, o compilador verifica se o uso daquele atributo naquele elemento programa é permitido.

A convenção de nomeação para atributos é anexar Attribute ao final do nome da classe. Isso facilita dizer quais classes são classes atributo e quais são classes normais. Todos os atributos precisam derivar de System.Attribute.

A classe define um único construtor, que toma um revisor e uma data como parâmetros, e também tem a string pública Comment.

Quando o compilador chega ao uso de atributo na classe Complex, primeiro ele busca por uma classe derivada do Attribute nomeado CodeReview. Ele não encontra um, assim, em seguida, busca por uma classe chamada CodeReviewAttribute, que ele encontra.

A seguir, ele verifica se o atributo é permitido na classe.

Depois, verifica se há um construtor que combine os parâmetros que especificamos no uso do atributo. Se ele encontra um, é criada uma cópia do objeto — o construtor é chamado com os valores especificados.

Se houverem parâmetros nomeados, ele combina o nome do parâmetro com um campo ou propriedade na classe atributo e depois, ajusta o campo ou propriedade ao valor especificado.

Depois que isso é feito, a posição atual da classe atributo é salva nos metadados para o elemento programa para o qual foi especificada.

Pelo menos, é o que acontece *logicamente*. Na verdade, apenas *parece* que acontece assim; veja a observação "Coleta de atributo", para uma descrição de como ele é implementado.

Mais alguns detalhes

Alguns atributos só podem ser usados uma vez em um certo elemento. Outros, conhecidos como atributos de multiuso, podem ser usados mais de uma vez. Por exemplo, isso pode ser usado para aplicar diversos atributos diferentes de segurança em uma única classe. A documentação sobre o atributo descreverá se um atributo é de uso único ou múltiplo.

Na maioria dos casos, é claro que o atributo aplica-se a um elemento programa específico. Entretanto, considere o seguinte caso:

```
class Test
{
         [MarshalAs(UnmanagedType.LPWSTR)]
         string GetMessage();
}
```

Na maioria dos casos, um atributo naquela posição se aplicaria à função membro, mas esse atributo está, de fato, relacionado ao tipo de retorno. Como o compilador pode dizer a diferença?

Existem diversas situações nas quais isso pode acontecer:
- método versus valor de retorno
- evento versus campo ou propriedade
- delegado versus valor de retorno
- propriedade versus acessador versus valor de retorno de obtentor versus valor de parâmetro de instalador

Para cada uma dessas situações, há um caso que é muito mais comum do que o outro caso, e torna-se o caso padrão. Para especificar um atributo para o caso não-padrão, o elemento que o atributo aplica precisa ser especificado:

```
class Test
{
         [return:ReturnsHResult]
         public void Execute() {}
}
```

O return: indica que esse atributo deve ser aplicado ao valor de retorno.

O elemento pode ser especificado, mesmo se não houver ambigüidade. Os identificadores são como a seguir:

Especificador	Descrição
assembly (grupo)	Atributo está no grupo
module (módulo)	Atributo está no módulo
type (tipo)	Atributo está na classe ou estrutura
method (método)	Atributo está em um método
property (propriedade)	Atributo está em uma propriedade
event (evento)	Atributo está em um evento
field (campo)	Atributo está em um campo
param (parâmetro)	Atributo está em um parâmetro
return (retorno)	Atributo está no valor de retorno

Os atributos que são aplicados a grupos ou módulos precisam ocorrer depois de quaisquer cláusulas using e antes de qualquer código.

```
using System;
[assembly:CLSCompliant(true)]

class Test
{
        Test() {}
}
```

Este exemplo aplica o atributo ClsCompliant a todo o grupo. Todos os atributos ao nível de grupo declarados em qualquer arquivo que esteja no grupo são agrupados juntos e anexados ao grupo.

Para usar um atributo predefinido, comece por encontrar o construtor que melhor combine as informações a serem apresentadas. A seguir, escreva o atributo, passando parâmetro para o construtor. Finalmente, use a sintaxe de parâmetro nomeado para passar informações adicionais que não eram parte dos parâmetros do construtor.

Para mais exemplos sobre uso de atributo, veja o Capítulo 29, "Interop".

Coleta de atributo

Há alguns motivos pelos quais realmente não funciona a maneira como é descrita, e eles estão relacionados ao desempenho. Para o compilador de fato criar o objeto atributo, o ambiente .NET Runtime precisaria estar sendo executado, assim, cada compilação precisaria inicializar o ambiente e cada compilador precisaria executar como um executável gerenciado.

Além disso, o objeto criação não é realmente necessário, visto que só vamos armazenar as informações afastadas.

Portanto, o compilador valida aquilo que *poderia* criar o objeto, chamar o construtor e ajustar os valores de quaisquer parâmetros nomeados. Os parâmetros atributo são então apanhados em um punhado de informações binárias, que são despachados com os metadados do objeto.

Um atributo seu

Para definir classes atributo e refleti-las no tempo de execução existem mais alguns aspectos a considerar. Esta seção discutirá algumas coisas a considerar ao projetar um atributo.

Existem duas coisas importantes a determinar ao escrever um atributo. A primeira são os elementos programa aos quais o atributo pode ser aplicado, e a segunda são as informações que serão armazenadas pelo atributo.

Uso de atributo

Colocar o atributo AttributeUsage em uma classe atributo controla onde o atributo pode ser usado. Os possíveis valores para o atributo estão relacionados no enumerador AttributeTargets e são como a seguir:

Valor	Significado
Assembry	O grupo de programa
Module	O arquivo de programa atual
Class	Uma classe
Struct	Uma estrutura
Enum	Um enumerador
Constructor	Um construtor
Method	Um método (função membro)
Property	Uma propriedade
Field	Um campo

(Continuação)

Valor	Significado
Event	Um evento
Interface	Uma interface
Parameter	Um método de parâmetro
Return	O método de valor de retorno
Delegate	Um delegado
All	Em qualquer lugar
ClassMembers	Classe, Estrutura, Enum, Construtor, Método, Propriedade, Campo, Evento, Delegado, Interface

Como parte do atributo AttributeUsage, um destes pode ser especificado, ou uma lista deles pode ser ORed colocado.

O atributo AttributeUsage também é usado para especificar se um atributo é de uso único ou de múltiplo uso. Isso é feito com o parâmetro denominado AllowMultiple. Tal atributo se pareceria com isto:

```
[AttributeUsage(AttributeTargets.Method | AttributeTargets.Event,
            AllowMultiple = true)]
```

Parâmetros de atributo

As informações que o atributo armazenará devem ser divididas em dois grupos: as informações que são exigidas para cada uso e os itens opcionais.

As informações que são exigidas para cada uso devem ser obtidas através do construtor da classe atributo. Isso força o usuário a especificar todos os parâmetros, quando usarem o atributo.

Os itens opcionais devem ser implementados como parâmetros nomeados, o que permite ao usuário especificar quais itens opcionais são apropriados.

Se um atributo tem maneiras diferentes através das quais ele pode ser criado, com diferentes informações exigidas, construtores separados podem ser declarados para cada uso. Não use construtores separados como uma alternativa a itens opcionais.

Tipos de
parâmetro atributo

O formato de pegar atributo só suporta um sub conjunto de todos os tipos .NET Runtime e, portanto, apenas alguns tipos podem ser usados como parâmetros atributo. Os tipos permitidos são os seguintes:
- bool, byte, char, double, float, int, long, short, string
- object
- System.Type

- Uma enum que tem acessibilidade pública (não aninhada dentro de algo não público)
- Um array unidimensional de um dos tipos acima

Como refletir em atributos

Uma vez que atributos são definidos em algum código, é útil ser capaz de encontrar os valores atributo. Isso é feito através de reflexão.

O código a seguir mostra uma classe atributo, o aplicativo do atributo a uma classe e a reflexão na classe para recuperar o atributo.

```
using System;
using System.Reflection;
[AttributeUsage(AttributeTargets.Class)]
public class CodeReviewAttribute: System.Attribute
{
        public CodeReviewAttribute(string reviewer, string date)
        {
             this.reviewer = reviewer;
             this.date = date;
        }
        public string Comment
        {
            get
            {
                return(comment);
            }
            set
            {
                comment = value;
            }
        }
        public string Date
        {
            get
            {
                return(date);
            }
        }
        public string Reviewer
        {
            get
            {
                return(reviewer);
            }
        }
        string reviewer;
        string date;
        string comment;
```

```
}
[CodeReview("Eric", "01-12-2000", Comment="Bitchin' Code)]
class Complex
{
}

class Test
{
           public static void Main()
           {
                  System.Reflection.MemberInfo info;
                  info = typeoff(Complex);
                  object[] atts;
                  atts = info.CustomAttributes(typeoff(CodeReviewAttribute));
                  if (atts.GetLength(0) != 0)
                  {
                         CodeReviewAttribute att = (CodeReviewAttribute) atts[0];
                         Console.WriteLine("Reviewer: {0}", att.Reviewer);
                         Console.WriteLine("Date: {0}", att.Date);
                         Console.WriteLine("Comment: {0}", att.Comment);
                  }
           }
}
```

A função Main() obtém primeiro o tipo do objeto associado ao tipo Complex. Depois, ela carrega todos os atributos que são do tipo CodeReviewAttribute. Se o array de atributos tiver quaisquer entradas, o primeiro elemento é distribuído para um CodeReviewAttribute, e então o valor é impresso. Só pode haver uma entrada no array, pois CodeReviewAttribute é de uso único.

Este exemplo produz a seguinte saída:

```
Reviewer = Eric
Date: 01-12-2000
Comment: Bitchin' Code
```

GetCustomAttribute() também pode ser chamado sem um tipo, para obter todos os atributos personalizados em um objeto.

> **Nota**
>
> O "CustomAttributes" no exemplo anterior refere-se a atributos que são armazenados em um atributo geral, parte dos metadados de um objeto. Alguns atributos .NET Runtime não são armazenados como atributos personalizados no objeto, mas são convertidos para bits de metadados no objeto. A reflexão de tempo de execução não suporta visualizar esses atributos através de reflexão. Essa restrição pode ser encaminhada em futuras versões do tempo de execução.

CAPÍTULO 22

Delegados

Delegados são semelhantes a interfaces, pois eles especificam um contrato entre um chamador e um implementador. Ao invés de especificar toda uma interface, um delegado simplesmente especifica a forma de uma única função. Também, as interfaces são criadas no momento da compilação, enquanto que os delegados são criados no tempo de execução.

Como usar delegados

A especificação do delegado determina a forma da função e, para criar uma cópia do delegado, é preciso usar uma função que combine com aquela forma. Às vezes, os delegados são referidos como "indicadores seguros de função". Diferente da função indicadores, no entanto, os delegados em C# podem chamar mais do que uma função; se forem acrescentados dois delegados juntos, o resultado é um delegado que chama ambos os delegados.

Devido à sua origem mais dinâmica, os delegados são úteis quando o usuário pode querer mudar o comportamento. Por exemplo, se uma classe coleção implementa classificação, ela pode querer suportar diferentes ordens de classificação. A classificação poderia ser controlada com base em um delegado que define a função de comparação.

```
using System;
public class Container
{
          public delegate int CompareItemsCallback(object obj1, object obj2);
          public void Sort(CompareItemsCallback compare)
          {
                // not a real sort, just shows what the
                // inner loop code might do
                int x = 0;
                int y = 1;
                object    item1 = arr[x];
                object    item2 = arr[y];
```

```csharp
                int order = compare(item1, item2);
        }
        object[]   arr = new object[1];    // items in the collection
}
    public class Employee
    {
        Employee(string name, int id)
        {
            this.name = name;
            this.id = id;
        }
        public static int CompareName(object obj1, object obj2)
        {
            Employee emp1 = (Employee) obj1;
            Employee emp2 = (Employee) obj2;
            return(String.Compare(emp1.name, emp2.name));
        }
        public static int CompareId(object obj1, object obj2)
        {
            Employee emp1 = (Employee) obj1;
            Employee emp2 = (Employee) obj2;
                if (emp1.id > emp2.id)
                    return(1);
                if (emp1.id < emp2.id)
                    return(-1);
                else
                    return(0);
        }
        string   name;
        int   id;
    }
    class Test
{
        public static void Main()
        {
            Container employees = new Container();
            // create and add some employees here
                // create delegate to sort on names, and do the sort
            Container.CompareItemsCallback sortByName =
                new Container.CompareItemsCallback(Employee.
                   CompareName);
            employees.Sort(sortByName);
                // employees is now sorted by name
        }
}
```

O delegado definido na classe Container toma os dois objetos para serem comparados como parâmetros e retorna um inteiro que especifica a classificação dos dois objetos. Duas funções estáticas são declaradas, que combinam esse delegado (todos os delegados precisam ser funções estáticas) como parte da classe Employee, com cada função descrevendo um tipo diferente de classificação.

Quando o contentor precisa ser classificado, um delegado pode ser passado no que descreve a classificação que deve ser usada e a função de classificação fará a classificação. Bem, faria, se de fato fosse implementada.

Delegados como membros estáticos

Um retrocesso dessa abordagem é que o usuário que deseja usar a classificação precisa criar uma cópia do delegado com a função apropriada. Seria melhor se eles não tivessem que fazer isso e que pudesse ser feito definindo os delegados apropriadas como membros estáticos de Employee:

```
using System;
public class Container
{
        public delegate int CompareItemsCallback(object obj1, object obj2);
        public void Sort(CompareItemsCallback compare)
        {
            // not a real sort, just shows what the
            // inner loop code might do
            int x = 0;
            int y = 1;
            object    item1 = arr[x];
            object    item2 = arr[y];
            int order = compare(item1, item2);
        }
        object[]   arr = new object[1];     // items in the collection
}
class Employee
{
        Employee(string name, int id)
        {
            this.name = name;
            this.id = id;
        }
        public static readonly Container.CompareItemsCallback SortByName =
            new Container.CompareItemsCallback(CompareName);
        public static readonly Container.CompareItemsCallback SortById =
            new Container.CompareItemsCallback(CompareId);

        public static int CompareName(object obj1, object obj2)
        {
            Employee emp1 = (Employee) obj1;
            Employee emp2 = (Employee) obj2;
            Return(String.Compare(emp1.name, emp2.name));
        }
```

```
            public static int CompareId(object obj1, object obj2)
            {
                Employee emp1 = (Employee) obj1;
                Employee emp2 = (Employee) obj2;

                if (emp1.id > emp.id)
                    return(1);
                if (emp1.id < emp2.id)
                    return(-1);
                else
                    return(0);
            }
            string name;
            int id;
}
class Test
{
            public static void Main()
            {
                Container employees = new Container();
                // create and add some employees here

                employees.Sort(Employee.SortByName);
                // employees is now sorted by name
            }
}
```

Isso é muito mais fácil. Os usuários de Employee não precisam saber como criar o delegado – eles só precisam referir-se ao membro estático.

Delegados como propriedades estáticas

No entanto, uma coisa não muito boa, é que o delegado *sempre* é criado, mesmo se ele nunca for usado. Isso é um pouco de desperdício. Seria melhor se o delegado fosse criado no ar, quando necessário. Isso pode ser feito substituindo as funções estáticas por propriedades:

```
using System;
class Container
{
            public delegate int CompareItemsCallback(object obj1, object obj2);
            public void SortItems(CompareItemsCallback compare)
            {
                // not a real sort, just shows what the
                // inner loop code might do...
                int x = 0;
                int y = 1;
                object   item1 = arr[x];
```

```
                    object   item2 = arr[y];
                    int order = compare(item1, item2);
            }
            object[] arr;    // items in the collection
}
class Employee
{
            Employee(string name, int id)
            {
                this.name = name;
                this.id = id;
            }
            public static Container.CompareItemsCallback SortByName
            {
                get
                {
                    return(new Container.CompareItemsCallback
                       (CompareName));
                }
            }
            public static Container.CompareItemsCallback SortById
            {
                get
                {
                    return(new Container.CompareItemsCallback(CompareId));
                }
            }
            static int CompareName(object obj1, object obj2)
            {
                Employee emp1 = (Employee) obj1;
                Employee emp2 = (Employee) obj2;
                return(String.Compare(emp1.name, emp2.name));
            }
            static int CompareId(object obj1, object obj2)
            {
                Employee emp1 = (Employee) obj1;
                Employee emp2 = (Employee) obj2;

                if (emp1.id > emp2.id)
                    return(1);
                if (emp1.id < emp2.id)
                    return(-1);
                else
                    return(0);
            }
            string  name;
            int   id;
}
class Test
{
```

```
            public static void Main()
            {
                Container employees = new Container();
                // create and add some employees here

                employees.SortItems(Employee.SortByName);
                    // employees is now sorted by name
            }
}
```

Com esta versão, ao invés de Employee.SortByName ser um delegado, é uma função que retorna um delegado que pode classificar por nome.

Inicialmente, este exemplo tinha os membros delegados estáticos privados SortByName e SortById, e a propriedade criou o membro estático que não tinha sido necessário antes. Isso funcionaria bem se a criação do delegado fosse, de alguma forma, cara e o delegado fosse ser usado novamente.

No entanto, neste caso é muito mais fácil criar o delegado no ar e apenas retorná-lo ao usuário. Assim que a função Sort em Container for feita com o delegado, ela será disponibilizada para coleção pelo coletor de resíduos.

Nota

Este exemplo é apenas ilustrativo. Para implementar uma classe coleção que faz classificação, as técnicas usadas por Frameworks são muito mais fáceis. Veja o Capítulo 27, "Como fazer amigos com o .NET Frameworks", para mais informações.

CAPÍTULO 23

Eventos

Uma classe pode usar um evento para notificar outra classe (ou outras classes) com algo que aconteceu. Os eventos usam o idioma "editoração-assinatura"; uma classe edita o evento que ela pode apresentar, e classes que estão interessadas em um evento específico podem se associar ao evento.

Eventos são usados com freqüência em interfaces gráficas de usuário para notificação de que o usuário fez uma seleção, mas eles são bem adequados para qualquer operação assíncrona, tal como um arquivo sendo mudado, ou uma mensagem e-mail sendo recebida.

A rotina que um evento chamará é definida por um delegado. Para tornar eventos mais fáceis de se lidar, o design convencional para eventos diz que o delegado sempre toma dois parâmetros. O primeiro parâmetro é o objeto que apresentou o evento, e o segundo, é um objeto que contém as informações sobre o evento. Esse objeto é sempre derivado da classe EventArgs.

Um evento de e-mail novo

Eis um exemplo de eventos.

```
using System;
class NewEmailEventArgs: EventArgs
{
        public NewEmailEventArgs(string subject, string message)
        {
            this.subject = subject;
            this.message = message;
        }
        public string subject
```

```csharp
        {
            get
            {
                return(subject);
            }
        }
        public string Message
        {
            get
            {
                return(message);
            }
        }
        string subject;
        string message;
}
class EmailNotify
{
        public delegate void NewMailEventHandler(object sender,
            NewEmailEventArgs e);
        public event NewMailEventHandler OnNewMailHandler;

        protected void OnNewMail(NewEmailEventArgs e)
        {
            if (OnNewMailHandler != null)
                OnNewMailHandler(this, e);
        }
        public void NotifyMail(string subject, string message)
        {
            NewEmailEventArgs e = new NewEmailEventArgs(subject, message);
            OnNewMail(e);
        }
}
class MailWatch
{
        public MailWatch(EmailNotify emailNotify)
        {
            this.emailNotify = emailNotify;
            emailNotify.OnNewMailHandler +=
                new EmailNotify.NewMailEventHandler(IHaveMail);
        }
        void IHaveMail(object sender, NewEmailEventArgs e)
        {
            Console.WriteLine("New Mail: {0}\n[1]",
                e.Subject, e.Message);
        }
        EmailNotify emailNotify;
}
class Test
{
```

```
        public static void Main()
        {
                EmailNotify emailNotify = new EmailNotify();
                MailWatch mailWatch = new MailWatch(emailNotify);
                emailNotify.NotifyMail("Hello!", "Welcome to Events!!!");
        }
}
```

A classe NewEmailEventArgs contém as informações que são passadas quando o evento NewEmail é apresentado.

A classe EmailNotify é responsável por lidar com o evento; ela declara o delegado que define quais parâmetros são passados quando o evento é apresentado e também define o próprio evento. A função OnNewMail() é usada para apresentar o evento, e a função auxiliar NotifyMail() toma as informações de evento, as empacota em uma cópia de NewEmailEventArgs e chama OnNewMail() para apresentar o evento.

A classe MailWatch é um cliente da classe EmailNotify. Ela toma uma cópia da classe EmailNotify e prende a função IHaveMail() ao evento OnNewMailHandler.

Finalmente, a função Main() cria cópias de EmailNotify e MailWatch e depois, chama a função NotifyMail() para apresentar o evento.

O campo evento

No exemplo anterior, o campo evento é EmailNotify.OnNewMailHandler. Dentro da classe que contém o campo evento, não há restrições de uso.

Entretanto, fora da declaração de EmailNotify, um campo evento só pode ser usado do lado esquerdo das operações += e -=; caso contrário o campo não pode ser examinado ou modificado.

Eventos de multidistribuição

Eventos em C# são de múltipla distribuição, o que significa que apresentar um evento pode chamar múltiplos delegados com informações de evento. A ordem na qual os delegados são chamados não é definida, e se um delegado atirar uma exceção, pode resultar em outros delegados não sendo chamados.

Eventos espaçados

A maioria das classes implementará eventos usando campos evento, conforme feito no exemplo anterior. Se uma classe implementar diversos eventos, mas apenas uma pequena fração deles for usada uma vez, reservar um campo separado para cada evento pode ser um desperdício de espaço. Isso pode acontecer com um controle de interface de usuário que suporta muitos eventos.

Nessa situação, uma classe pode declarar propriedades evento ao invés de campos evento, e usar um mecanismo particular para armazenar os delegados subjacentes. O exemplo a seguir revê o exemplo anterior, usando propriedades evento ao invés de campos evento.

```csharp
using System;
using System.Collections;
class NewEmailEventArgs: EventArgs
{
          public NewEmailEventArgs(string subject, string message)
          {
               this.subject = subject;
               this.message = message;
          }
          public string object
          {
               get
               {
                    return(subject);
               }
          }
          public string Message
          {
               get
               {
                    return(message);
               }
          }
          string subject;
          string  message;
}
class EmailNotify
{
          public delegate void NewMailEventHandler(object sender,
             NewEmailEventArgs e);

          protected Delegate GetEventHandler(object key)
          {
               return((Delegate) handlers[key]);
          }
          protected void SetEventHandler(object key, Delegate del)
          {
               handlers.Add(key, del);
          }
          public event NewMailEventHandler  OnNewMailHandler
          {
               get
               {
                    return((NewMailEventHandler)
                    GetEventHandler(onNewMailKey));
```

Capítulo 23 - Eventos | 189

```
        }
        set
        {
            SetEventHandler(onNewMailKey, value);
        }
    }

    public void OnNewMail(NewEmailEventArgs e)
    {
        if (OnNewMailHandler != null)
            OnNewMailHandler(this, e);
    }
    public void NotifyMail(string subject, string message)
    {
        NewEmailEventArgs e = new NewEmailEventArgs(subject, message);
        OnNewMail(e);
    }
    Hashtable  handlers = new Hashtable();
        // unique key for this event
    static readonly object onNewMailKey = new object();
}
class MailWatch
{
    public MailWatch(EmailNotify emailNotify)
    {
        this.emailNotify = emailNotify;
        emailNotify.OnNewMailHandler +=
            new EmailNotify.NewMailEventHandler(IHaveMail);
    }
    void IHaveMail(object sender, NewEmailEventArgs e)
    {
        Console.WriteLine("New Mail: {0}\n{1}",
            e.Subject, e.Message);
    }
    EmailNotify emailNotify;
}
class Test
{
    public static void Main()
    {
        EmailNotify emailNotify = new EmailNotify();
        MailWatch mailWatch = new MailWatch(emailNotify);
        emailNotify.NotifyMail("Hello!", "Welcome to Events!!!");
    }
}
```

A classe EmailNotify agora tem uma propriedade chamada NewMailEventHandler, ao invés de ter um evento do mesmo nome. A propriedade armazena o delegado em uma tabela hash, ao invés de colocá-lo em um campo evento, e depois usa o objeto estático apenas de leitura onNewMailKey para garantir que a propriedade encontra o delegado apropriado. Pelo fato de que objetos referência são garantidos pelo sistema de serem únicos, criar um objeto estático apenas de leitura é uma boa maneira de gerar uma chave única no tempo de execução.

Nessa situação, usar uma tabela hash é claramente uma proposição de perda, visto que ela tomará mais espaço do que a versão anterior. Esse idioma é mais valioso quando há uma hierarquia de objetos – tal como controles que derivam da classe base Control – que tem muitos eventos espaçados. A classe Control implementa GetEventHandler() e SetEventHandler(), e todos os controles que derivam dela podem usá-la para implementar os seus delegados.

Observe que isso só é uma vitória se existirem cópias múltiplas de cada controle presentes de uma vez. Se não existirem, o espaço usado pela chave estática apenas de leitura tornará negativa a economia de espaço no objeto.

CAPÍTULO 24

Conversões definidas por usuário

C# permite que conversões sejam definidas entre classes ou estruturas e outros objetos no sistema. As conversões definidas por usuário são sempre funções estáticas, as quais podem tomar como um parâmetro ou retornar como um valor de retorno o objeto no qual elas são declaradas. Isso significa que conversões não podem ser declaradas entre dois tipos existentes, o que torna a linguagem mais simples.

Um simples exemplo

Este exemplo implementa uma estrutura que lida com numerais romanos. Ele também pode ser escrito como uma classe.

```
using System;
using System.Text;
struct RomanNumeral
{
        public RomanNumeral(short value)
        {
            if (value > 5000)
                throw(new ArgumentOutOfRangeException());

            this.value = value;
        }
        public static explicit operator RomanNumeral(short value)
        {
            RomanNumeral retval;
            retval = new RomanNumeral(value);
            return(retval);
```

```csharp
        }
        public static implicit operator short(RomanNumeral roman)
        {
            return(roman.value);
        }

        static string NumberString(
        ref int value, int magnitude, char letter)
        {
            StringBuilder numberString = new StringBuilder();

            while (value >= magnitude)
            {
                value -= magnitude;
                numberString.Append(letter);
            }
            return(numberString.ToString());
        }

        public static implicit operator string(RomanNumeral roman)
        {
            int                temp = roman.value;

            StringBuilder retval = new StringBuilder();

            retval.Append(RomanNumeral.NumberString(ref temp, 1000, 'M'));
            retval.Append(RomanNumeral.NumberString(ref temp, 500, 'D'));
            retval.Append(RomanNumeral.NumberString(ref temp, 100, 'C'));
            retval.Append(RomanNumeral.NumberString(ref temp, 50, 'L'));
            retval.Append(RomanNumeral.NumberString(ref temp, 10, 'X'));
            retval.Append(RomanNumeral.NumberString(ref temp, 5, 'V'));
            retval.Append(RomanNumeral.NumberString(ref temp, 1, 'I'));

            return(retval.ToString());
        }

        private short value;
}
class Test
{
        public static void Main()
        {
            RomanNumeral numeral = new RomanNumeral(12);

            numeral = (RomanNumeral) 165;

            Console.WriteLine("Roman as int: {0}", (int)numeral);
            Console.WriteLine("Roman as string: {0}", (string)numeral);

            short s = numeral;
        }
}
```

Esta estrutura declara um construtor que pode tomar um valor short e também declara uma conversão de um inteiro para um RomanNumeral. A conversão é declarada como uma conversão explicit, pois ela pode atirar uma exceção se o número for maior do que a magnitude suportada pela estrutura. Há uma conversão para short que é declarada implicit, porque o valor em um RomanNumeral sempre se ajustará em um short. E finalmente, há uma conversão para string, que dá a versão em romanos do número.[1]

Quando é criada uma cópia desta estrutura, o construtor pode ser usado para ajustar o valor. Uma conversão explícita pode ser usada para converter o valor inteiro para um RomanNumeral. Para obter a versão em romanos do RomanNumeral, o seguinte deve ser escrito:

```
Console.WriteLine(roman);
```

Se isso for feito, o compilador relata que está presente uma conversão ambígua. A classe inclui conversões implícitas para ambos, short e string; já Console.WriteLine() tem sobrecargas que tomam ambas as versões, assim o compilador não sabe qual chamar.

No exemplo, uma distribuição explicit é usada para desfazer o equívoco, mas é um pouco feia. Visto que essa estrutura deve ser usada principalmente para imprimir a notação em romanos, provavelmente faz sentido mudar a conversão para inteiro, para ser explícita, para que a conversão para string seja apenas uma implicit.

Pré e pós-conversões

No exemplo anterior, os tipos básicos que foram convertidos para e de RomanNumeral eram combinações exatas dos tipos que foram declarados na própria estrutura. As conversões definidas por usuário também podem ser usadas em situações onde os tipos de origem ou destino não são combinações exatas com os tipos nas funções de conversão.

Se os tipos de origem ou destino não são combinações exatas, então o padrão apropriado (isto é, interno) de conversão precisa estar presente para converter do tipo de origem para o tipo de origem da conversão definida pelo usuário e/ou do tipo de destino de conversão definida pelo usuário, e o tipo de conversão (implicit ou explicit) também precisa ser compatível.

Talvez um exemplo seja um pouco mais claro. No exemplo anterior, a linha

```
short s = numeral;
```

chama diretamente a conversão implícita definida pelo usuário. Visto que esse é um uso implícito da conversão definida pelo usuário, também pode haver outra conversão implícita ao final:

```
int = numeral;
```

---

[1] Não, essa estrutura não trata de belezas como substituir "IIII" por "IV", nem lida com a conversão de string em romanos para um short. O restante da implementação é deixado como um exercício para o leitor.

Aqui, a conversão implícita de RomanNumeral para short é realizada, seguida pela conversão implícita de short para long.

No caso explícito, houve a seguinte conversão no exemplo:

```
numeral = (RomanNumeral) 165;
```

Visto que o uso é explicit, é usada a conversão explícita de int para RomanNumeral. Também, uma conversão adicional explícita pode acontecer antes que a conversão definida pelo usuário seja chamada:

```
long bigvalue = 166;
short smallvalue = 12;
numeral = (RomanNumeral) bigvalue;
numeral = (RomanNumeral) smallvalue;
```

Na primeira conversão, o valor long é convertido pela conversão explícita para um inteiro, e depois é chamada a conversão definida pelo usuário. A segunda conversão é semelhante, exceto que uma conversão implícita é realizada antes da conversão explícita definida pelo usuário.

Conversões entre estruturas

As conversões definidas pelo usuário que podem lidar com classes ou estruturas, ao invés de tipos básicos funcionam de maneira semelhante, exceto que existem mais algumas situações a considerar. Visto que a conversão de usuário pode ser definida pelo tipo de origem ou de destino, há um pouco mais de trabalho de design para fazer, e a operação é um pouco mais complexa. Para detalhes, veja a seção "Como funciona", mais adiante neste capítulo.

Em acréscimo a RomanNumeral no exemplo da última seção, uma estrutura que lida com números binários pode ser acrescentada:

```
using System;
using System.Text;
struct RomanNumeral
{
        public RomanNumeral(short value)
        {
            if (value > 5000)
                throw(new ArgumentOutOfRangeException());

            this.value = value;
        }
        public static explicit operator RomanNumeral(short value)
        {
            RomanNumeral   retval;
```

```csharp
            retval = new RomanNumeral(value);
            return(retval);
        }

        public static implicit operator short(RomanNumeral roman)
        {
            return(roman.value);
        }

        static string NumberString(
        ref int value, int magnitude, char letter)
        {
            StringBuilder   numberString = new StringBuilder();

            while (value >= magnitude)
            {
                value -= magnitude;
                numberString.Append(letter);
            }
            return(numberString.ToString());
        }
        public static implicit operator string (RomanNumeral roman)
        {
            int                 temp = roman.value;
            StringBuilder retval = new StringBuilder();

            retval.Append(RomanNumeral.NumberString(ref temp, 1000, 'M'));
            retval.Append(RomanNumeral.NumberString(ref temp, 500, 'D'));
            retval.Append(RomanNumeral.NumberString(ref temp, 100, 'C'));
            retval.Append(RomanNumeral.NumberString(ref temp, 50, 'L'));
            retval.Append(RomanNumeral.NumberString(ref temp, 10, 'X'));
            retval.Append(RomanNumeral.NumberString(ref temp, 5, 'V'));
            retval.Append(RomanNumeral.NumberString(ref temp, 1, 'I'));

            return(retval.ToString());
        }

        private short value;
}
struct BinaryNumeral
{
        public BinaryNumeral(int value)
        {
            this.value = value;
        }
        public static implicit operator BinaryNumeral(int value)
        {
            BinaryNumeral   retval = new BinaryNumeral(value);
            return(retval);
        }
```

```csharp
            public static implicit operator int(BinaryNumeral binary)
            {
                return(binary.value);
            }

            public static implicit operator string(BinaryNumeral binary)
            {
                StringBuilder   retval = new StringBuilder();

                return(retval.ToString());
            }

            private int value;
}
class Test
{
            public static void Main()
            {
                RomanNumeral    roman = new RomanNumeral(12);
                BinaryNumeral   binary;
                binary = (BinaryNumeral)(int)roman;
            }
}
```

As classes podem ser usadas juntas, mas, visto que elas realmente não sabem uma a respeito da outra, requer um pouco mais de digitação. Para converter de um RomanNumeral para um BinaryNumeral requer primeiro converter para um int.

Seria bom escrever a função Main() como

```csharp
binary = roman;
roman = (RomanNumeral) binary;
```

e fazer os tipos se parecerem com tipos internos, com a exceção que RomanNumeral tem uma faixa menor do que binário e, portanto, exigirá uma conversão explícita naquela seção.

Para obter isso, é necessária uma conversão definida pelo usuário, na classe RomanNumeral ou BinaryNumeral. Nesse caso, ela vai à classe RomanNumeral, pelas razões que devem tornar-se claras na seção "Diretivas de design", deste capítulo.

As classes são modificadas como a seguir, acrescentando duas conversões:

```csharp
using System;
using System.Text;
struct RomanNumeral
{
            public RomanNumeral(short value)
            {
                if (value > 5000)
                    throw(new ArgumentOutOfRangeException());
```

```
            this.value = value;
    }
    public static explicit operator RomanNumeral(short value)
    {
            RomanNumeral   retval
            retval = new RomanNumeral(value);
            return(retval);
    }

    public static implicit operator short(RomanNumeral roman)
    {
            return(roman.value);
    }

    static string NumberString(
    ref int value, int magnitude, char letter)
    {
            StringBuilder      numberString = new StringBuilder();

            while (value >= magnitude)
            {
                  value -= magnitude;
                  numberString.Append(letter);
            }
            return(numberString.ToString());
    }

    public static implicit operator string(RomanNumeral roman)
    {
            int         temp = roman.value;

            StringBuilder retval - new StringBuilder();

            retval.Append(RomanNumeral.NumberString(ref temp, 1000, 'M'));
            retval.Append(RomanNumeral.NumberString(ref temp, 500, 'D'));
            retval.Append(RomanNumeral.NumberString(ref temp, 100, 'C'));
            retval.Append(RomanNumeral.NumberString(ref temp, 50, 'L'));
            retval.Append(RomanNumeral.NumberString(ref temp, 10, 'X'));
            retval.Append(RomanNumeral.NumberString(ref temp, 5, 'V'));
            retval.Append(RomanNumeral.NumberString(ref temp, 1, 'I'));

            return(retval.ToString());
    }
    public static implicit operator BinaryNumeral(RomanNumeral roman)
    {
            return(new BinaryNumeral((short) roman));
    }
```

```csharp
            public static explicit operator RomanNumeral(BinaryNumeral binary)
            {
                return(new RomanNumeral((short) binary));
            }

            private short value;
}
struct BinaryNumeral
{
            public BinaryNumeral(int value)
            {
                this.value = value;
            }
            public static implicit operator BinaryNumeral(int value)
            {
                BinaryNumeral    retval = new BinaryNumeral(value);
                return(retval);
            }

            public static implicit operator int(BinaryNumeral binary)
            {
                return(binary.value);
            }

            public static implicit operator string(BinaryNumeral binary)
            {
                StringBuilder    retval = new StringBuilder();

                return(retval.ToString());
            }

            private int value:
}
class Test
{
            public static void Main()
            {
                RomanNumeral    roman = new RomanNumeral(122);
                BinaryNumeral    binary;
                binary = roman;
                roman = (RomanNumeral) binary;
            }
}
```

Com essas conversões acrescentadas, as conversões entre dois tipos agora podem ocorrer.

Classes e pré
e pós-conversões

Como com tipos básicos, as classes também podem ter conversões padrão que ocorrem antes ou depois da conversão definida pelo usuário, ou mesmo antes *e* depois. Entretanto, as únicas conversões padrão que lidam com classes são conversões para uma classe base ou derivada, portanto, aquelas são as únicas consideradas.

Para conversões implícitas, é bastante simples, e a conversão acontece em três etapas:

1. Uma conversão de uma classe derivada para a classe de origem da conversão definida pelo usuário é opcionalmente realizada.
2. Acontece a conversão definida pelo usuário.
3. É realizada, opcionalmente, uma conversão da classe de destino da conversão definida pelo usuário para uma classe base.

Para ilustrar isso, o exemplo será modificado para usar classes ao invés de estruturas, e uma nova classe que deriva de RomanNumeral será acrescentada:

```
using System:
using System.Text;
class RomanNumeral
{
          public RomanNumeral(short value)
          {
               if (value > 5000)
                    throw(new ArgumentOutOfRangeException());
               this.value = value;
          }
          public static explicit operator RomanNumeral(short value)
          {
               RomanNumeral retval;
               retval = new RomanNumeral(value);
               return(retval);
          }

          public static implicit operator short) RomanNumeral roman)
          {
               return(roman.value);
          }

          static string NumberString(
          ref int value, int magnitude, char letter)
          {
               StringBuilder  numberString = new StringBuilder();

               while (value >= magnitude)
```

```csharp
            {
                value -= magnitude;
                numberString.Append(letter);
            }
            return(numberString.ToString());
        }

        public static implicit operator string(RomanNumeral roman)
        {
            int    temp = roman.value;

            StringBuilder retval = new StringBuilder();

            retval.Append(RomanNumeral.NumberString(ref temp, 1000, 'M'));
            retval.Append(RomanNumeral.NumberString(ref temp, 500, 'D'));
            retval.Append(RomanNumeral.NumberString(ref temp, 100, 'C'));
            retval.Append(RomanNumeral.NumberString(ref temp, 50, 'L'));
            retval.Append(RomanNumeral.NumberString(ref temp, 10, ''));
            retval.Append(RomanNumeral.NumberString(ref temp, 5, 'V'));
            retval.Append(RomanNumeral.NumberString(ref temp, 1, 'I'));

            return(retval.ToString());
}
        public static implicit operator BinaryNumeral(RomanNumeral roman)
        {
            return(new BinaryNumeral((short) roman));
        }

        public static implicit operator RomanNumeral(BinaryNumeral binary)
        {
            return(new RomanNumeral((short)(int) binary));
        }

        private short value;
}
class BinaryNumeral
{
        public BinaryNumeral(int value)
        {
            this.value = value;
        }
        public static implicit operator BinaryNumeral(int value)
        {
            BinaryNumeral  retval = new BinaryNumeral(value);
            return(retval);
        }

        public static implicit operator(int BinaryNumeral binary)
        {
            return(binary.value);
        }
```

```csharp
            public static implicit operator string(BinaryNumeral binary)
            {
                StringBuilder   retval = new StringBuilder();

                return(retval.ToString());
            }

            private int value;
}
class RomanNumeralAlternate : RomanNumeral
{
            public RomanNumeralAlternate(short value) : base(value)
            {
            }

            public static implicit operator string(RomanNumeralAlternate
               roman)
            {
                return("NYI");
            }
}
class Test
{
            public static void Main()
            {
                    // implicit conversion section
                RomanNumeralAlternate  roman;
                roman = new RomanNumeralAlternate(55);

                BinaryNumeral binary = roman;
                    // explicit conversion section
                BinaryNumeral binary2 = new BinaryNumeral(1500);
                RomanNumeralAlternate roman2;

                roman2 = (RomanNumeralAlternate) binary2;
            }
}
```

A operação da conversão implicit para BinaryNumeral é como esperado; ocorre uma conversão implícita de roman a partir de RomanNumeralAlternate para RomanNumeral, e depois a conversão definida pelo usuário de RomanNumeral para BinaryNumeral é realizada.

A seção de conversão explicit pode ter algumas pessoas arranhando as suas cabeças. A função definida pelo usuário de BinaryNumeral para RomanNumeral retorna um RomanNumeral, e a pós-conversão para RomanNumeralAlternate pode nunca acontecer.

A conversão deveria ser reescrita como a seguir:

```csharp
using system;
using System.Text;
class RomanNumeral
```

```csharp
{
        public RomanNumeral(short value)
        {
            if (value > 5000)
                throw(new ArgumentOutOfRangeException());
            this.value = value;
        }
        public static implicit operator short(RomanNumeral roman)
        {
            return(roman.value);
        }

        static string NumberString(
        ref int value, int magnitude, char letter)
        {
            StringBuilder  numberString = new StringBuilder();

            while (value >= magnitude)
            {
                value -= magnitude;
                numberString.Append(letter);
            }
            return(numberstring.ToString());
        }

        public static implicit operator string(RomanNumeral roman)
        {
            int         temp = roman.value;

            StringBuilder retval = new StringBuilder();

            retval.Append(RomanNumeral.NumberString(ref temp, 1000, 'M'));
            retval.Append(RomanNumeral.NumberString(ref temp, 500, 'D'));
            retval.Append(RomanNumeral.NumberString(ref temp, 100, 'C'));
            retval.Append(RomanNumeral.NumberString(ref temp, 50, 'L'));
            retval.Append(RomanNumeral.NumberString(ref temp, 10, 'X'));
            retval.Append(RomanNumeral.NumberString(ref temp, 5, 'V'));
            retval.Append(RomanNumeral.NumberString(ref temp, 1, 'I'));

            return(retval.ToString());
        }
        public static implicit operator BinaryNumeral(RomanNumeral roman)
        {
            return(new BinaryNumeral((short) roman));
        }

        public static explicit operator RomanNumeral(BinaryNumeral binary)
        {
            int       val = binary;
            if (val >= 1000)
                return((RomanNumeral)
                    new RomanNumeralAlternate((short) val));
```

```csharp
                else
                    return(new RomanNumeral((short)val));
        }
        private short value;
}
class BinaryNumeral
{
        public BinaryNumeral(int value)
        {
            this.value = value;
        }
        public static implicit operator BinaryNumeral(int value)
        {
            BinaryNumeral   retval = new BinaryNumeral(value);
            return(retval);
        }

        public static implicit operator int(BinaryNumeral binary)
        {
            return(binary.value):
        }

        public static implicit operator string(BinaryNumeral binary)
        {
            StringBuilder   retval = new StringBuilder();
            return(retval.ToString());
        }
        private int value;
}
class RomanNumeralAlternate : RomanNumeral
{
        public RomanNumeralAlternate(short value) : base(value)
        {
        }

        public static implicit operator string(RomanNumeralAlternate roman)
        {
            return("NYI");
        }
}
class Test
{
        public static void Main()
        {
                // implicit conversion section
            RomanNumeralAlternate   roman;
            roman = new RomanNumeralAlternate(55);
            BinaryNumeral binary = roman;
```

```
            // explicit conversion section
            BinaryNumeral binary2 = new BinaryNumeral(1500);
            RomanNumeralAlternate roman2;

            roman2 = (RomanNumeralAlternate) binary2;
        }
    }
```

Agora, o operador de conversão definida pelo usuário não retorna um RomanNumeral, ele retorna uma referência RomanNumeral a um objeto, e é perfeitamente legal àquilo ser uma referência a um tipo derivado. Estranho, talvez, mas legal. Com a versão revisada da função de conversão, a conversão explicit de BinaryNumeral para RomanNumeralAlternate pode ocorrer, dependendo se a referência RomanNumeral é uma referência a um objeto RomanNumeral ou um objeto RomanNumeralAlternate.

Diretivas de design

Ao projetar conversões definidas por usuário, as seguintes diretivas devem ser consideradas.

Conversões implícitas são conversões seguras

Ao definir conversões entre tipos, as únicas conversões que devem as implícitas são aquelas que não perdem quaisquer dados e não atiram exceções.

Isto é importante, pois as conversões implícitas podem ocorrer sem ficar óbvio que ocorreu uma conversão.

Definir a conversão no tipo mais complexo

Basicamente, isso não significa amontoar um tipo simples com conversões em uma mais complexa. Para conversões para e de tipos sistema, não há opção, senão definir a conversão como parte da classe, visto que a origem não está disponível.

Entretanto, ainda que a origem *estivesse* disponível, seria realmente estranho definir as conversões de int para BinaryNumeral ou RomanNumeral na classe int.

Às vezes, como no exemplo, as classes são semelhantes umas às outras, e não há uma classe mais simples óbvia. Em tal caso, pegue uma classe e ponha ambas as conversões lá.

Uma conversão para e de uma hierarquia

Em meus exemplos, havia apenas uma única conversão do tipo definido pelo usuário para os tipos numéricos, e uma conversão dos tipos numéricos para o tipo definido pelo usuário. Geralmente, é uma boa prática fazer isso e depois usar as conversões internas para mover entre os tipos de destino. Ao escolher o tipo numérico para converter de ou para, escolha aquele que tem o tamanho mais natural para o tipo.

Por exemplo, na classe BinaryNumeral, há uma conversão implícita para int. Se o usuário quiser um tipo menor, tal como short, facilmente pode ser feita uma distribuição.

Se houverem múltiplas conversões disponíveis, as regras de sobrecarga serão efetivadas, e o resultado pode nem sempre ser intuitivo para o usuário da classe. Isso é especialmente importante ao se lidar com ambos os tipos, assinado e não assinado.

Acrescentar conversões somente quando necessário

Conversões extraordinárias só tornam a vida do usuário mais difícil.

Conversões que operam em outras linguagens

Algumas das linguagens .NET não suportam a sintaxe de conversão, e chamar funções conversão — que têm nomes estranhos — pode ser difícil ou impossível.

Para tornar as classes mais facilmente utilizáveis a partir dessas linguagens, deve ser oferecida a alternância de versões das conversões. Por exemplo, se um objeto suporta uma conversão para string, ele também deve suportar chamar ToString() naquela função. Eis como deve ser feito na classe RomanNumeral:

```
using System;
using System.Test;

class RomanNumeral
{
        public RomanNumeral(short value)
        {
            if (value > 5000)
                throw(new ArgumentOutOfRangeException());

            this.value = value;
        }
        public static explicit operator RomanNumeral(short value)
        {
            RomanNumeral     retval
```

```csharp
        retval = new RomanNumeral(value);
        return(retval);
    }

    public static implicit operator short(RomanNumeral roman)
    {
        return(roman.value);
    }

    static string NumberString(
    ref int value, int magnitude, char letter)
    {
        StringBuilder    numberString = new StringBuilder();

        while (value >= magnitude)
        {
            value -= magnitude;
            numberString.Append(letter);
        }
        return(numberString.ToString());
    }

    public static implicit operator string(RomanNumeral roman)
    {
        int       temp = roman.value;

        StringBuilder retval = new StringBuilder();

        retval.Append(RomanNumeral.NumberString(ref temp, 1000, 'M'));
        retval.Append(RomanNumeral.NumberString(ref temp, 500, 'D'));
        retval.Append(RomanNumeral.NumberString(ref temp, 100, 'C'));
        retval.Append(RomanNumeral.NumberString(ref temp, 50, 'L'));
        retval.Append(RomanNumeral.NumberString(ref temp, 10, 'X'));
        retval.Append(RomanNumeral.NumberString(ref temp, 5, 'V'));
        retval.Append(RomanNumeral.NumberString(ref temp, 1, 'I'));

        return(retval.ToString());
    }
    public short ToShort()
    {
        return((short)this);
    }
    public override string ToString()
    {
        return((string)this);
    }

    private short value;
}
```

A função ToString() é uma invasão, pois ela passa por cima da versão ToString() em object.

Como funciona

Para terminar a seção sobre conversões definidas pelo usuário, existem alguns detalhes de como o compilador vê conversões que garantem um pouco de explicação. Aqueles que estão realmente interessados em detalhes sangrentos podem encontrá-los em C# Language Reference.[2]

Esta seção pode ser tranqüilamente pulada.

Busca de conversão

Ao buscar por conversões candidatas definidas pelo usuário, o compilador buscará a classe de origem e todas as suas classes base, e a classe de destino e todas as suas classes base.

Isso leva a um caso interessante:

```
public class S
{
        public static implicit operator T(S s)
{
// conversion here
return(new T());
}
}

public class TBase
{
}

public class T: TBase
{

}
public class Test
{
        public static void Main()
        {
            S myS = new S();
            TBase tb = (TBase) myS;
        }
}
```

Neste exemplo, o compilador encontrará a conversão de S para T e, porque o uso é explícito, irá combiná-la para a conversão para TBase, o que apenas ocorrerá se o T retornado pela conversão for realmente apenas um TBase.

---

[2] A C# Language Reference pode ser encontrada em http://msdn.microsoft.com/vstudio/nextgen/technology/csharpdownload.asp.

Revendo um pouco as coisas, removendo a conversão de S e acrescentando-a para T, obtemos isto:

```
// error
class S
{
}
class TBase
{
}
class T: TBase
{
        public static implicit operator T(S s)
        {
                return(new T());
        }
}
class Test
{
        public static void Main()
        {
                S myS = New S();
                TBase tb = (TBase) myS;
        }
}
```

Este código não compila. A conversão é de S para TBase, e o compilador não pode encontrar a definição da conversão, porque a classe T não é buscada.

CAPÍTULO 25

Sobrecarga de operador

A sobrecarga de operador permite que os operadores sejam definidos em uma classe ou estrutura, para que ela possa ser usada com a sintaxe de operador. Isso é mais útil em tipos de dados, onde há uma boa definição do que um operador específico significa, permitindo assim, uma economia de expressão para o usuário.

A sobrecarga de operadores relacionais (= =, !=, >, <. >=, <=) é coberta na seção que cobre a sobrecarga da função Equals() de .NET Frameworks, no Capítulo 27, "Como fazer amigos com .NET Frameworks".

Sobrecarga de operadores de conversão é coberta no Capítulo 24, "Conversões definidas pelo usuário".

Operadores unários

Todos os operadores unários são definidos como funções estáticas, que tomam um único operador da classe ou tipo de estrutura, e retornam um operador daquele tipo. Os seguintes operadores podem ser sobrecarregados:

```
+ - ! ~++ - - truefalse
```

Os primeiros seis operadores unários sobrecarregados são chamados quando a operação correspondente é chamada em um tipo. Os operadores true e false estão disponíveis para tipos booleanos, onde

```
if (a == true)
```

não é equivalente a

```
if (! (a == false))
```

Isso acontece em tipos SQL, os quais têm uma posição nula que nem é verdadeira, nem falsa. Nesse caso, o compilador usará os operadores sobrecarregados true e false para avaliar corretamente tais declarações. Esses operadores precisam retornar o tipo bool.

Não há maneira de discriminar entre operação pré e pós-aumento e diminuição. Porque os operadores são funções estáticas ao invés de funções membro, esta distinção não é importante.

Operadores binários

Todos os operadores binários tomam dois parâmetros, pelo menos um dos quais precisa ser a classe ou o tipo de estrutura onde o operador é declarado. Um operador binário pode retornar qualquer tipo, porém, tipicamente, retornaria o tipo da classe ou estrutura onde ele é definido.

Os seguintes operadores binários podem ser definidos:

+ - * / % & | ^ << >> (operadores relacionais)

Um exemplo

A seguinte classe implementa alguns dos operadores de sobrecarga:

```
using System;
struct RomanNumeral
{
        public RomanNumeral(int value)
        {
            this.value = value;
        }
        public override string ToString()
        {
            return(value.ToString());
        }
        public static RomanNumeral operator -(RomanNumeral roman)
        {
            return(new RomanNumeral(-roman.value));
        }
        public static RomanNumeral operator +(
        RomanNumeral    roman1,
        RomanNumeral    roman2)
        {
            return(new RomanNumeral{
                roman1.value + roman2.value));
        }

        public static RomanNumeral operator ++(
        RomanNumeral    roman)
        {
            return(new RomanNumeral(roman.value + 1));
```

```
            }
            int value;
    }
}
class Test
{
            public static void Main()
            {
                RomanNumeral    roman1 = new RomanNumeral(12);
                RomanNumeral    roman2 = new RomanNumeral(125);

                Console.WriteLine("Increment: {0}", roman1++);
                Console.WriteLine("Addition: {0}", roman1 + roman2);
            }
}
```

Este exemplo gera a seguinte saída:

```
Increment: 12
Addition: 138
```

Restrições

Não é possível sobrecarregar acesso membro, chamada membro (chamada a função), ou os operadores +, &&, ||, ?: ou o operador new. Isso por garantia de simplicidade; enquanto que um pode fazer coisas interessantes com tais sobrecargas, aumenta enormemente a dificuldade de entender o código, visto que os programadores teriam que lembrar sempre qual chamada membro (por exemplo) estaria fazendo algo especial.[1] New não pode ser sobrecarregado, pois o .NET Runtime é responsável pelo gerenciamento de memória, e no idioma C#, new significa apenas "dê-me uma nova cópia de".

Também não é possível sobrecarregar os operadores compostos de designação +=, *=, etc, pois eles são sempre expandidos à simples operação e uma designação. Isso evita casos onde um seria definido e outro não, ou (arrepio) eles seriam definidos com significados diferentes.

Diretivas de design

A sobrecarga de operador é um recurso que só deve ser usado quando necessário. Por "necessário", quero dizer que ela torna as coisas mais fáceis e mais simples para o usuário.

Bons exemplos de sobrecarga de operador seriam definir operações aritméticas em um número complexo ou classe matriz.

---

[1] Entretanto, alguém poderia argumentar que acesso membro pode ser sobrecarregado através de propriedades.

Maus exemplos seriam definir o operador de aumento (++) em uma classe string, para significar "aumentar cada caractere na string". Uma boa diretiva é que, a menos que um usuário típico entendesse o que o operador faz sem qualquer documentação, ele não deveria ser definido como um operador. Não faça novos significados para operadores.

Na prática, os operadores de igualdade (==) e a desigualdade (!=) são os que serão definidos com mais freqüência, visto que se isso não é feito, podem haver resultados inesperados.[2]

Se o tipo se comporta como um tipo de dados internos, tal como a classe BinaryNumeral, pode fazer sentido sobrecarregar mais operadores. A primeira vista, pode parecer que, uma vez que a classe BinaryNumeral de fato é apenas um inteiro imaginário, simplesmente ele poderia derivar da classe System.Int32 e conseguir os operadores de graça.

Isso não funcionaria por uma série de razões. Primeiro, os tipos valor não podem ser usados como classes base, e Int32 é um tipo valor. Segundo, mesmo que fosse possível, realmente não funcionaria em BinaryNumeral, porque um BinaryNumeral não é um inteiro; ele apenas suporta uma pequena parte da possível faixa inteira. Por causa disso, a derivação não seria uma boa escolha de design. A faixa menor significa que, mesmo se BinaryNumeral derivasse de int, não haveria uma conversão implícita de int para BinaryNumeral, e portanto, quaisquer expressões exigiriam distribuição.

Porém, mesmo se isso não fosse verdade, ainda não faria sentido, visto que todo o ponto de ter um tipo de dados, é ter algo que seja peso leve e uma estrutura seria uma escolha melhor do que uma classe. Claro, estruturas não podem derivar de outros objetos.

---

[2] Como vimos anteriormente, se o seu tipo é um tipo referência (classe), usar == comparará, para ver se as duas coisas que você está comparando referenciam o mesmo objeto, ao invés de ver se elas têm o conteúdo igual. Se o seu tipo for um tipo valor, == comparará o conteúdo do tipo valor, o que pode ser suficiente.

CAPÍTULO 26

Outros detalhes de linguagem

Este capítulo lida com alguns detalhes variados sobre a linguagem, inclusive como usar a função Main(), como funciona o pré-processador e como escrever valores literais.

A função Main

A versão mais simples da função Main() já será familiar, de outros exemplos:

```
using System;
class Test
{
        public static void Main()
        {
                Console.WriteLine("Hello, Universe!");
        }
}
```

Como retornar um status int

Com freqüência, será útil retornar um status da função Main(). Isso é feito declarando o tipo de retorno de Main() como um inteiro:

```
using System;
class Test
{
        public static int Main()
        {
```

```
            Console.WriteLine("Hello, Universe!");
            return(0);
    }
}
```

Parâmetros de linha de comando

Os parâmetros de linha de comando para um aplicativo podem ser acessados, declarando a função Main() com um array string como um parâmetro. Os parâmetros podem então ser processados, indexando o array.

```
using System;
class Test
{
        public static void Main(string[] args)
        {
                foreach (string arg in args)
                    Console.WriteLine("Arg: {0}", arg);
        }
}
```

Mains múltiplos

Com freqüência, é útil como finalidade de teste, incluir uma função static (estática) em uma classe que testa a classe, para garantir que ela faz a coisa certa. Em C#, essa função de teste static pode ser escrita como uma função Main(), o que facilita automatizar tais testes.

Se houver uma única função Main() encontrada durante uma compilação, o compilador C# a usará. Se houver mais de uma função Main(), a classe que contém a Main() desejada pode ser especificada na linha de comando, com a opção /main:<classname>.

```
// error
using System;
class Complex
{
        public static int Main()
        {
            // test code here
            Console.WriteLine("Console: Passed");
            return(0);
        }
}
class Test
{
        public static void Main(string[] args)
        {
                foreach (string arg in args)
                    Console.WriteLine(arg);
        }
}
```

Compilar este arquivo com /main:Complex usará a versão teste de Main(), enquanto que compilar com /main:Test usará a verdadeira versão de Main(). Compilá-la sem qualquer das duas resultará em um erro.

Pré-processamento

A coisa mais importante para lembrar sobre o pré-processador C# é que ele não existe. Os recursos do processador C/C++ são totalmente ausentes ou presentes de uma forma limitada. Na categoria ausente estão os arquivos include (incluir) e a habilidade de fazer substituição de texto com #define. O #ifdef e as diretivas associadas estão presentes, e são usadas para controlar a compilação de código.

Livrar-se da versão macro de #define permite ao programador entender mais claramente o que o programa está dizendo. Um nome que não é familiar precisa vir de um dos espaços de nome, e não há necessidade de caçar através de arquivos include para encontrá-lo.

Uma das maiores razões para essa mudança é que se livrar de pré-processamento e #include, habilita uma estrutura de compilação simplificada e, portanto, temos algumas melhorias impressionantes na velocidade de compilação.[1] Além disso, não há necessidade de escrever um arquivo de cabeçalho separado e mantê-lo em sync (sincronia) com o arquivo de implementação.

Quando os arquivos de origem C# são compilados, a ordem da compilação dos arquivos individuais não é importante[2], e é equivalente a eles todos estando em um grande arquivo. Não há necessidade de encaminhar declarações ou se preocupar com a ordem de #includes.

Diretivas de pré-processamento

As seguintes diretivas de pré-processamento são suportadas:

Diretiva	Descrição
identificador #define	Define um identificador. Note que um valor não pode ser ajustado para ele; ele pode ser simplesmente definido. Os identificadores também podem ser definidos através da linha de comando.
identificador #undef	Indefine um identificador.

---

[1] Quando eu instalei pela primeira vez o compilador em meu sistema, digitei um simples exemplo e o compilei e ele voltou rápido – tão rápido que fiquei convencido de que algo estava errado, e fui atrás de um desenvolvedor para assistência. É *muito* mais rápido do que são (ou podem ser) compiladores C++.

[2] Exceto pelo fato de que o arquivo de saída usará automaticamente o nome do primeiro compilando.

(Continuação)

Diretiva	Descrição
expressão #if	Código nessa seção é compilado se a expressão for verdadeira.
expressão #elif	Construção else-if. Se a diretiva anterior não foi tomada e a expressão for verdadeira, o código nessa seção é compilado.
#else	Se a diretiva anterior não foi tomada, o código nessa seção é compilado.
#endif	Marca o final de uma seção.

Eis um exemplo de como elas podem ser usadas:

```
#define DEBUGLOG
using System;
class Test
{
        public static void Main()
        {
                #if DEBUGLOG
                Console.WriteLine("In Main - Debug Enabled");
                #else
                Console.WriteLine("In Main - No Debug");
                #endif
        }
}
```

#define e #undef precisam preceder qualquer "código real" em um arquivo ou acontece um erro. O exemplo anterior não pode ser escrito como a seguir:

```
// error
using System;
class Test
{
        #define DEBUGLOG
        public static void Main()
        {
                #if DEBUGLOG
                Console.WriteLine("In Main - Debug Enabled");
                #else
                Console.WriteLine("In Main - No Debug");
                #endif
        }
}
```

Expressões de pré-processador

Os seguintes operadores podem ser usados em expressões de pré-processador:

Operador	Descrição
! ex	Expressão é verdadeira se ex for falso
ex == value	Expressão é verdadeira se ex for igual a value
ex != value	Expressão é verdadeira se ex não for igual a value
ex1 && ex2	Expressão é verdadeira se ambos, ex1 e ex2 forem verdadeiros
ex1 || ex2	Expressão é verdadeira se ex1 ou ex2 forem verdadeiros

Parênteses podem ser usados para agrupar expressões:

#if !(DEBUGLOG && (TESTLOG || USERLOG))

Se TESTLOG ou USERLOG for definida e DEBUGLOG for definida, então a expressão entre parênteses é verdadeira, o que é então negado pelo "!".

Outras funções do pré-processador

Além das funções #if e #define, existem algumas outras funções de pré-processador que podem ser usadas.

#warning e #error

#warning e #error permitem que alertas e erros sejam reportados durante o processo de compilação. Todo o texto seguinte a #warning e #error será a saída quando o compilador atinge aquela linha.

O seguinte poderia ser feito em uma seção de código:

#warning Check algorithm with John

Isto resultaria na string "Check algorithm with John" (verificar algoritmo com John) sendo saído quando a linha fosse compilada.

#line

Com #line, o programador pode especificar o nome do arquivo fonte e o número de linha que são reportados quando o compilador encontra erros. Tipicamente, isso seria usado com código fonte gerado por máquina, portanto, as linhas reportadas podem ser sincronizadas com uma nomeação diferente ou sistema de numeração.

Detalhes léxicos

Os detalhes léxicos da linguagem lidam com coisas que são importantes ao nível de caractere único: como escrever constantes numéricas, identificadores e outras entidades de baixo nível da linguagem.

Identificadores

Um identificador é um nome que é usado para algum elemento programa, tal como uma variável ou função.

Identificadores precisam ter uma letra ou um sublinhado como o primeiro caractere, e o restante do identificador também pode incluir caracteres numéricos.[3] Caracteres Unicode podem ser especificados usando \udddd, onde dddd especifica o valor hex do caractere Unicode.

Ao usar código que tenha sido escrito em outras linguagens, alguns nomes podem ser palavras chave C#. Para escrever tal nome, um caractere "em" (@) pode ser colocado antes do nome, o que simplesmente indica para C# que o nome não é uma palavra chave, mas um identificador.

Da mesma forma, use "@" para usar palavras chave como identificadores:

```
class Test
{
        public void @checked()
        {
        }
}
```

Esta classe declara uma função membro chamada checked.

Usar esse recurso para que os identificadores possam ser iguais aos identificadores internos não é recomendado, pois pode criar confusão.

Palavras chave

Palavras chave são palavras reservadas que não podem ser usadas como identificadores. As palavras chaves em C# são:

---

[3] De fato, é um pouco mais complicado do que isso, visto que C# tem suporte Unicode. Em resumo, letras podem ser qualquer caractere letra Unicode, e caracteres que não os sublinhados (_) também podem ser usados para combinações. Veja a C# Reference Language (http://msdn.microsoft.com/vstudio/nextgen/technology/csharpdownload.asp) para uma descrição completa.

Literais

abstract	base	bool	break	byte
case	catch	char	checked	class
const	continue	decimal	default	delegate
do	double	else	enum	event
explicit	extern	false	finally	fixed
float	for	foreach	goto	if
implicit	in	int	interface	internal
is	lock	long	namespace	new
null	object	operator	out	override
params	private	protected	public	readonly
ref	return	sbyte	sealed	short
sizeof	static	string	struct	switch
this	throw	true	try	typeof
uint	ulong	unchecked	unsafe	ushort
using	virtual	void	while	

Literais são a maneira na qual os valores são escritos nas variáveis.

Booleana

Existem duas literais booleanas: true e false.

Inteiro

Literais inteiros podem ser escritos, simplesmente escrevendo o valor numérico. Literais inteiros que são pequenos o bastante para se ajustar no tipo de dados int [4], são tratados como ints; se eles são grandes demais para se ajustar em um int, eles serão criados como o menor tipo de uint, long ou ulong, no qual a literal se ajustará.

Alguns exemplos de literal inteiro:

```
123
-15
```

Literais inteiros também podem ser escritos em formato hexadecimal, colocando "0x" na frente da constante:

```
0xFFFF
0x12AB
```

---

[4] Veja a seção "Tipos de dados básicos" no Capítulo 3, "C# Quickstart".

Real

Literais reais são usados para os tipos float, double e decimal. Literais float têm "f" ou "F" antes deles; literais double têm "d" ou "D" antes deles e literais decimal têm "m" ou "M" antes deles. Os literais reais sem um caractere tipo são interpretados como literais double.

Notação exponencial pode ser usada, anexando "e" seguido pelo exponente ao literal real.

Exemplos:

```
1.345           // double constant
-8.99e12F       // float constant
15.66m          // decimal constant
```

Caractere

Um caractere literal é um caractere único encerrado entre aspas simples, tal como 'x'. As seguintes seqüências de escape são suportadas:

Seqüência de escape	Descrição
\'	Aspa simples
\"	Aspas duplas
\\	Barra invertida
\0	Nulo
\a	Alerta
\b	Retorno
\f	Alimentação de formulário
\n	Nova linha
\r	Retorno de carro
\t	Tab (recuo)
\v	Recuo vertical
\xdddd	Caractere dddd, onde d é um dígito hexadecimal.

String

Literais string são escritas como uma seqüência de caracteres encerrados em aspas duplas, tal como "Hello". Todas as seqüências de caractere de escape são suportadas dentro de strings.

Strings não podem estender-se em linhas múltiplas, mas o mesmo efeito pode ser conseguido reunindo-as:

```
string = "What is your favorite color?" +
         "Blue. No, Red. ";
```

Quando este código é compilado, uma única constante string será criada, consistindo das duas strings concatenadas juntas.

Strings literais

Strings literais permitem que algumas strings sejam especificadas mais simplesmente.

Se uma string contém o caractere de barra invertida, tal como um nome de arquivo, uma string literal pode ser usada para desativar o suporte para seqüências de escape. Ao invés de escrever algo como

```
string s = "c:\\Program Files\\Microsoft Office\\Office";
```

pode ser escrito como o seguinte:

```
string s = @"c:\Program Files\Microsoft Office\Office";
```

A sintaxe string literal também é útil se o código é gerado por um programa e não há forma de restringir o conteúdo da string. Todos os caracteres podem ser representados dentro de tal string, embora qualquer ocorrência do caractere de aspas duplas precise ser dobrada:

```
string s = @"She Said, ""Hello""";
```

Além disso, as strings que são escritas com a sintaxe string literal podem estender-se por linhas múltiplas, e qualquer espaço em branco (espaços, recuos e novas linhas) é preservado.

```
using System;
class Test
{
            public static void Main()
            {
                    string s + @"
                    C: Hello, Miss?
                    O: What do you mean, "Miss'?
                    C: I'm Sorry, I have a cold. I wish to make a
complaint.";
                    Console.WriteLine(s);
            }
}
```

Comentários

Comentários em C# são demonstrados por uma barra dupla para um comentário de linha única, e /* e */ para demonstrar o inicio e o final de um comentário múltiplo.

```
// This is a single-line comment
/*
 * Multiple comment here
 */
```

C# também suporta um tipo especial de comentário que é usado para associar documentação com código; tais comentários são descritos na seção de documentação XML do Capítulo 31, "Mergulho em C#".

CAPÍTULO 27

Como fazer amigos com .NET Frameworks

As informações nos capítulos anteriores são suficientes para escrever objetos que funcionarão no .NET Runtime, mas aqueles objetos não parecerão ser escritos para operar bem em framework (estrutura). Este capítulo detalhará como fazer objetos definidos por usuário operarem mais como objetos em .NET Runtime and Frameworks.

Coisas que todos os objetos farão

Passar por cima da função ToString() a partir da classe object dá uma representação agradável dos valores em um objeto. Se isso não for feito, object.ToString() simplesmente retornará o nome da classe.

A função Equals() em object é chamada pelas classes .NET Frameworks, para determinar se dois objetos são iguais.

Uma classe também pode sobregravar operator==() e operator!=(), o que permite ao usuário usar os operadores internos com cópias do objeto, ao invés de chamar Equals().

ToString()

Eis um exemplo do que acontece por padrão:

```
using system;
public class Employee
{
        public Employee(int id, string name)
        {
            this.id = id;
```

```
                this.name = name;
        }
        int id;
        string name;
}
class Test
{
        public static void Main()
        {
                Employee herb = new Employee(555, "Herb");
                Console.WriteLine("Employee": {0}", herb);
        }
}
```

O código anterior resultará no seguinte:

```
Employee: Employee
```

Sobrecarregando ToString(), a representação pode ser muito mais útil:

```
using System;
public class Employee
{
        public Employee(int id, string name)
        {
                this.id = id;
                this.name = name;
        }
        public override string ToString()
        }
                return(String.Format("{0}({1})", name, id));
        }
        int id;
        string name;
}
class Test
{
        public static void Main()
        {
                Employee herb = new Employee(555, "Herb");
                Console.WriteLine("Employee: {0}", herb);
        }
}
```

Isso nos dá um resultado bem melhor:

```
Employee: Herb(555)
```

Quando Console.WriteLine() precisa converter um objeto para uma representação string, ele chamará a função virtual ToString(), o que encaminhará para uma implementação específica do objeto Se for desejado mais controle sobre a formatação, tal como implementar uma classe de ponto de flutuação com diferentes formatos, a interface IFormattable pode ser passada por cima. IFormattable é coberta na seção "Formatação personalizada de objeto" do Capítulo 30, "Visão geral de .NET Frameworks".

Equals()

Equals() é usada para determinar se dois objetos têm o mesmo conteúdo. Essa função é chamada pelas classes coleção (tal como Array ou Hashtable) para determinar se dois objetos são iguais. Ampliando o exemplo de empregado:

```
using System;
public class Employee
{
        public Employee(int id, string name)
        {
            this.id = id;
            this.name = name;
        }
        public override string ToString()
        {
            return(name + "(" + id + ")");
        }
        public override bool Equals(object obj)
        {
            Employee emp2 = (Employee) obj;
            if (id != emp2.id)
                return(false);
            if (name != emp2.name)
                return(false);
            return(true);
        }
        public static bool operator==(Employee emp1, Employee emp2)
        {
            return(emp1.Equals(emp2));
        }
        public static bool operator!=(Employee emp1, Employee emp2)
        {
            return(!emp1.Equals(emp2));
        }
        int id;
        string name;
}
class Test
{
```

```
            public static void Main()
            {
                    Employee herb = new Employee(555, "Herb");
                    Employee herbClone = new Employee(555, "Herb");
                    Console.WriteLine("Equal:{0}", herb.Equals(herbClone));
                    Console.WriteLine("Equal: {0}", herb == herbClone);
            }
}
```

Isto produzirá a seguinte saída:

Equal: true
Equal: true

Neste caso, operator==() e operator!=() também foram sobrecarregados, o que permite a sintaxe operador ser usada na última linha de Main(). Esses operadores precisam ser sobrecarregados em pares; não podem ser sobrecarregados separadamente.[1]

Resíduos e GetHashCode()

Frameworks inclui a classe Hashtable, que é muito útil para fazer uma busca rápida de objetos por uma chave. Uma tabela hash trabalha usando uma função hash, que produz uma "chave" inteira para uma cópia específica de uma classe. Essa chave é uma versão condensada do conteúdo da cópia. Enquanto que cópias podem ter o mesmo código hash, é pouco provável que aconteça.

Uma tabela hash usa essa chave como uma maneira de limitar drasticamente o número de objetos que precisam ser buscados para encontrar um objeto específico em uma coleção de objetos. Ela faz isso, obtendo primeiro o valor hash do objeto, que eliminará todos os objetos com um código hash diferente, deixando apenas aqueles com o mesmo código hash para serem buscados. Visto que o número de cópias com aquele código hash é pequeno, as buscas podem ser muito mais rápidas.

Essa é a idéia básica — para uma explicação mais detalhada, por favor, procure por um bom livro de estruturas de dados e algoritmos.[2] Resíduos são uma construção tremendamente útil. A classe Hashtable armazena objetos, assim, é fácil usá-las para armazenar qualquer tipo.

A função GetHashCode() deve ser sobregravada em classes escritas pelo usuário, porque os valores retornados por GetHashCode() são necessários para serem relacionados ao valor retornado por Equals(). Dois objetos que são iguais por Equals() precisam sempre retornar o mesmo código hash.

---

[1] Isso é necessário por duas razões. A primeira é que, se um usuário usa ==, é esperado que != também funcione. A outra é suportar tipos anuláveis, para os quais a == b *não* implica !(a!=b).

[2] Eu sempre gostei de *Algorithms in C* de Robert Sedgewick's, como uma boa introdução.

A implementação padrão de GetHashCode() não trabalha dessa maneira e, portanto, precisa ser sobregravado para funcionar corretamente. Se não é sobregravado, o código hash só será idêntico à mesma cópia de um objeto, e uma busca por um objeto que é igual, mas não a mesma cópia, falhará.

Se houver um único campo em um objeto, provavelmente ele é uma boa escolha para o código hash:

```
using System;
using System.Collections;
public class Employee
{
          public Employee(int id, string name)
          {
               this.id = id;
               this.name = name;
          }
          public override string ToString()
          {
               return(String.Format("{0}({1})", name, id));
          }
          public override bool Equals(object obj)
          {
               Employee emp2 = (Employee) obj;
               if (id != Emp2.id)
                    return(false);
               if (name != emp2.name)
                    return(false);
               return(true);
          }
          public static bool operator==(Employee emp1, Employee emp2)
          {
               return(emp1.Equals(emp2));
          }
          public static bool operator!=(Employee emp1, Employee emp2)
          {
               return(!emp1.Equals(emp2));
          }
          public override int GetHashCode()
          {
               return(id);
          }
          int id;
          string name;
}
class Test
{
          public static void Main()
          {
               Employee herb = new Employee(555, "Herb");
               Employee george = new Employee(123, "George");
```

```
            Employee frank = new Employee(111, "Frank");
            Hashtable   employees = new Hashtable();
            employees.Add(herb, "414 Evergreen Terrace");
            employees.Add(george, "2335 Elm Street");
            employees.Add(frank, "18 Pine Bluff Road");
            Employee herbClone = new Employee(555, "Herb");
            string address = (string) employees[herbClone];
            Console.WriteLine("{0} lives at {1}", herbClone, address);
      }
}
```

Na classe Employee, o membro id é único, assim, ele é usado para o código hash. Na função Main(), são criados vários empregados, e eles são então usados como os valores chave para armazenar os endereços dos empregados.

Se não houver um valor único, o código hash deve ser criado a partir dos valores contidos em uma função. Se a classe empregado não tivesse um identificador único, mas tivesse campos para nome e endereço, a função hash poderia usá-los. O seguinte mostra uma função hash que poderia ser usada:[3]

```
using System;
using System.Collections;
public class Employee
{
         public Employee(string name, string address)
         {
              this.name = name;
              this.address = address;
         }
         public override int GetHashCode()
         {
              return(name.GetHashCode() + address.GetHashCode());
         }
         string name;
         string address;
}
```

Esta implementação de GetHashCode() simplesmente acrescenta os códigos hash dos elementos reunidos e os retorna.

---

[3] De forma alguma isso significa que apenas a função hash poderia ser usada, ou mesmo uma particularmente boa. Veja em um livro de algoritmos, informações sobre montagem de boas funções hash.

CAPÍTULO 28

System.Array
e as classes coleção

Conceitualmente, este capítulo dará uma visão geral de quais classes estão disponíveis. Depois, irá cobri-las por classe e dar exemplos de quais interfaces e funções são necessárias para capacitar funcionalidade específica.

Classificação e busca

A coleção Frameworks oferece algum suporte útil para classificar e buscar, com funções internas para fazer classificação e busca binária. A classe Array oferece a mesma funcionalidade, mas como funções estáticas, ao invés de funções membro.

Classificar um array de inteiros é tão fácil quanto isto:

```
using System;
class Test
{
    public static void Main()
    {
        int[]  arr = {5, 1, 10, 33, 100, 4};
        Array.Sort(arr);
        foreach (int v in arr)
            Console.WriteLine("Element: {0}", v};
    }
}
```

O código anterior dá a seguinte saída:

```
Element 1
Element 4
Element 5
```

```
Element 10
Element 33
Element 100
```

Isto é muito conveniente para os tipos internos, mas não funciona para classes ou estruturas, porque a rotina de classificação não sabe como classificá-los.

Implementação de IComparable

Frameworks têm algumas maneiras muito boas para uma classe ou estrutura especificar como classificar cópias da classe ou estrutura. Na mais simples, o objeto implementa a interface IComparable:

```
using System;
public class Employee: IComparable
{
        public Employee(string name, int id)
        {
            this.name = name;
            this.id = id;
        }

        int IComparable.CompareTo(object obj)
        {
            Employee emp2 = (Employee) obj;
            if (this.id > emp2.id)
                return(1);
            if (this.id < emp2.id)
                return(-1);
            else
                return(0);
        }

        public override string ToString()
        {
            return(String.Format("{0}:{1}", name, id));
        }

        string   name;
        int    id;
}
class Test
{
        public static void Main()
        {
            Employee[] arr = new Employee[4];
            arr[0] = new Employee("George", 1);
            arr[1] = new Employee("Fred", 2);
```

```
            arr{2] = new Employee("Tom", 4);
            arr{3] = new Employee("Bob", 3);

            Array.Sort(arr);
            foreach (Employee emp in arr)
                    Console.WriteLine("Employee: {0}", emp);
        }
}
```

Este programa nos dá a seguinte saída:

```
Employee: George:1
Employee: Fred:2
Employee: Bob:3
Employee: Tom:4
```

Esta implementação habilita uma ordem de classificação; a classe poderia ser definida para classificar com base na ID de empregado ou no nome, porém não há como possibilitar o usuário escolher qual ordem de classificação ele prefere.

Como usar IComparer

Os designers de Frameworks forneceram a capacidade de definir múltiplas ordens de classificação. Cada ordem de classificação é expressa através da interface IComparer, e a interface apropriada é passada para a função de classificação ou busca.

Entretanto, a interface IComparer não pode ser implementada em Employee, porque cada classe só pode implementar uma interface uma vez, o que só permitiria uma única ordem de classificação.[1] É necessária uma classe separada para cada ordem de classificação, com a classe implementando IComparer. A classe será muito simples, visto que tudo o que ela fará é implementar a função Compare():

```
using System;
using System.Collections;
class Employee
{
        public string name;
}
class SortByNameClass: IComparer
{
        public int Compare(object obj1, object obj2)
        {
                Employee emp1 = (Employee) obj1;
                Employee emp2 = (Employee) obj2;
                return(String.Compare(emp1.name, emp2.name));
        }
}
```

---

[1] IComparable *poderia* implementar uma ordem de classificação e IComparer outra, mas isso seria muito confuso para o usuário.

O membro Compare() toma dois objetos como parâmetros. Visto que a classe só deveria ser usada para classificar empregados, os parâmetros object são distribuídos para Employee. A função Compare() montada em string então é usada para a comparação.

A classe Employee então é revisada como a seguir. As classes de ordem de classificação são colocadas dentro da classe Employee, como classes aninhadas:

```csharp
using System;
using System.Collections;

public class Employee: IComparable
{
        public Employee(string name, int id)
        {
            this.name = name;
            this.id = id;
        }

        int IComparable.CompareTo(object obj)
        {
            Employe emp2 = (Employee) obj;
            if (this id > emp2.id)
                return(1);
            if (this.id < emp2.id)
                return(-1);
            else
                return(0);
        }
        public override string ToString()
        {
            return(name + ":" + id);
        }

        public class SortByNameClass: IComparer
        {
            public int Compare(object obj1, object obj2)
            {
                Employee emp1 = (Employee) obj1;
                Employee emp2 = (Employee) obj2;

                return(String.Compare(emp1.name, emp2.name));
            }
        }

        public class SortByIdClass: IComparer
        {
            public int Compare(object obj1, object obj2)
            {
                Employee emp1 = (Employee) obj1;
                Employee emp2 = (Employee) obj2;
```

```
                return(((IComparable) emp1).CompareTo(obj2));
            }
        }

        string name;
        int id;
}
class Test
{
        public static void Main()
        {
                Employee[] arr = new Employee[4];
                arr[0] = new Employee("George", 1);
                arr[1] = new Employee("Fred", 2);
                arr[2] = new Employee("Tom", 4);
                arr[3] = new Employee("Bob", 3);

                Array.Sort(arr, (IComparer) new Employee.SortByNameClass());
                        // employees is now sorted by name

                foreach (Employee emp in arr)
                        Console.WriteLine("Employee: {0}", emp);

                Array.Sort(arr, (IComparer) new Employee.SortByIdClass());
                        // employees is now sorted by id

                foreach (Employee emp in arr)
                        Console.WriteLine("Employee:{0}", emp);

                ArrayList arrList = new ArrayList();
                arrList.Add(arr[0]);
                arrList.Add(arr[1]);
                arrList.Add(arr[2]);
                arrList.Add(arr[3]);
                arrList.Sort((IComparer) new Employee.SortByNameClass());

                foreach (Employee emp in arrList)
                        Console.WriteLine("Employee: {0}", emp);

                arrList.Sort();   // default is by id

                foreach (Employee emp in arrList)
                        Console.WriteLine("Employee: {0}", emp);

        }
}
```

Agora, o usuário pode especificar a ordem de classificação e trocar entre as diferentes ordens de classificação, conforme desejado. Este exemplo mostra como a mesma função trabalha, usando a classe ArrayList, embora Sort() seja uma função membro ao invés de uma função estática.

IComparer como uma propriedade

Classificar com a classe Employee é ainda um pouco mais incômodo, pois o usuário tem que criar uma cópia da classe de ordem apropriada e depois, distribui-la para IComparer. Isso pode ser simplificado mais um pouco, usando propriedades estáticas para fazer isso para o usuário:

```
using System;
using System.Collections;

public class Employee: IComparable
{
          public Employee(string name, int id)
          {
              this.name = name;
              this.id = id;
          }

          int IComparable.CompareTo(object obj)
          {
              Employee emp2 = (Employee) obj;
              if (this.id > emp2.id)
                   return(1);
              if (this.id < emp2.id)
                   return(-1);
              else
                   return(0);
          }

          public static IComparer SortByName
          {
              get
              {
                  return((IComparer) new SortByNameClass());
              }
          }

          public static IComparer SortById
          {
              get
              {
                  return((IComparer) new SortByIdClass());
              }
          }

          public override string ToString()
          {
              return(name + ":" + id);
```

```
            }
            class SortByNameClass: IComparer
            {
                public int Compare(object obj1, object obj2)
                {
                    Employee emp1 = (Employee) obj1;
                    Employee emp2 = (Employee) obj2;

                    return(String.Compare(emp1.name, emp2.name));
                }
            }
            class SortByIdClass: IComparer
            {
                public int Compare(object obj1, object obj2)
                {
                    Employee emp1 = (Employee) obj1;
                    Employee emp2 = (Employee) obj2;

                    return(((IComparable) emp1).CompareTo(obj2));
                }
            }

            string   name;
            int      id;
}
class Test
{
            public static void Main()
            {
                Employee[] arr = new Employee[4];
                arr[0] = new Employee("George", 1);
                arr[1] = new Employee("Fred", 2);
                arr{2] = new Employee("Tom", 4);
                arr(3) = new Employee("Bob", 3);

                Array.Sort(arr, Employee.SortByName);
                    // employees is now sorted by name

                foreach (Employee emp in arr)
                    Console.WriteLine("Employee: {0}", emp);

                Arr.Sort(arr, Employee.SortById);
                    // employees is now sorted by id

                foreach (Employee emp in arr)
                    Console.WriteLine("Employee: {0}", emp);

                ArrayList arrList = new ArrayList();
                arrList.Add(arr[0]);
                arrList.Add(arr[1]);
                arrList.Add(arr[2]);
```

```
            arrList.Add(arr[3]);
            arrList.Sort(Employee.SortByName);

            foreach (Employee emp in arrList)
                Console.WriteLine("Employee: {0}", emp);

            arrList.Sort();    // default is by id

            foreach (Employee emp in arrList)
                Console.WriteLine("Employee: {0}", emp);
        }
    }
```

As propriedades estáticas SortByName e SortById criam uma cópia da classe apropriada de classificação, a distribui para IComparer e a retorna para o usuário. Isso simplifica um pouco o modelo usuário; as propriedades SortByName e SortById retornam um IComparer, assim, é óbvio que elas podem ser usadas para classificação e tudo o que o usuário tem a fazer é especificar a propriedade de ordem apropriada para o parâmetro IComparer.

Como sobrecarregar operadores relacionais

Se uma classe tem uma ordem que é expressa em IComparable, também pode fazer sentido sobrecarregar os outros operadores relacionais. Como com = e !=, outros operadores precisam ser declarados como pares, com < e > sendo um par, e >= e <= sendo o outro par:

```
using System;
public class Employee; IComparable
{
        public Employee(string name, int id)
        {
            this.name = name;
            this.id = id;
        }
        int IComparable.CompareTo(object obj)
        {
            Employee emp2 = (Employee) obj;
            if (this.id > emp2. id)
                return(1);
            if (this.id < emp2.id)
                return(-1);
            else
                return(0);

        }
        public static bool operator <( Employee emp1, Employee emp2)
```

```
            {
                    IComparable   icomp = (IComparable) emp1;
                    return(icomp.CompareTo (emp2) < 0);
            }
            public static bool operator >(Employee emp1, Employee emp2)
            {
                    IComparable   icomp = (IComparable) emp1;
                    return(icomp.CompareTo (emp2) > 0);
            }
            public static bool operator <=(Employee emp1, Employee emp2)
            {
                    IComparable   icomp = (IComparable) emp1;
                    return(icomp.CompareTo (emp2) <= 0);
            }
            public static bool operator >=(Employee emp1, Employee emp2)
            {
                    IComparable  icomp = (IComparable) emp1;
                    return(icomp.CompareTo (emp2) >= 0);
            }

            public override string ToString()
            {
                    return(name + ":" + id);
            }
            string name;
            int id;
}
class Test
{
            public static void Main()
            {
                    Employee george = new Employee("George", 1);
                    Employee fred = new Employee("Fred", 2);
                    Employee tom = new Employee("Tom", 4);
                    Employee bob = new Employee("Bob", 3);

                    Console.WriteLine("George < Fred: {0}", george < fred);
                    Console.WriteLine("Tom >= Bob: {0}", tom >= bob);
            }
}
```

Este exemplo produz a seguinte saída:

```
George < Fred : false
Tom >= Bob: true
```

Uso avançado de hashes

Em algumas situações, pode ser desejável definir mais do que um código hash para um objeto específico. Por exemplo, isso poderia ser usado para permitir um Employee ser buscado baseado na ID do empregado ou no nome do empregado. Isso é feito implementando a interface IHashCodeProvider, para fornecer uma função hash alternada, e também exige uma implementação combinada de IComparer. Essas novas implementações são passadas ao construtor de HashTable:

```
using System;
using System.Collections;

public class Employee: IComparable
{
        public Employee(string name, int id)
        {
            this.name = name;
            this.id = id;
        }
        int IComparable.CompareTo(object obj)
        {
            Employee emp2 = (Employee) obj;
            if (this.id > emp2.id)
                return(1);
            if (this.id < emp2.id)
                return(-1);
            else
                return(0);
        }
        public override int GetHashCode()
        {
            return(id);
        }
        public static IComparer SortByName
        {
            get
            {
                return((IComparer) new SortByNameClass());
            }
        }

        public static IComparer SortById
        {
            get
            {
                return((IComparer) new SortByIdClass());
            }
```

```
            }
            public static IHashCodeProvider HashByName
            {
                get
                {
                    return((IHashCodeProvider) new HashByNameClass());
            }
            public override string ToString()
            {
                return(name + ":" + id);
            }
class SortByNameClass: IComparer
{
            public int Compare(object obj1, object obj2)
            {
                Employee emp1 = (Employee) obj1;
                Employee emp2 = (Employee) obj2;

                return(String.Compare(emp1.name, emp2.name));
            }
}

class SortByIdClass: IComparer
{
            public int Compare(object obj1, object obj2)
            {
                Employee emp1 = (Employee) obj1;
                Employee emp2 = (Employee) obj2;

                return(((IComparable) emp1).CompareTo(obj2));
            }
}
class HashByNameClass: IHashCodeProvider
{
            public int GetHashCode(object obj)
            {
                Employee emp = (Employee) obj;
                return(emp.name.GetHashCode());
            }
}

string    name;
int    id;
}
class Test
{
            public static void Main()
            {
                Employee herb = new Employee("Herb", 555);
                Employee george = new Employee("George", 123);
```

```csharp
            Employee frank - new Employee("Frank", 111);
            Hashtable employees =
                new Hashtable(Employee.HashByName, Employee.SortByName);
            employees.Add(herb, "414 Evergreen Terrace");
            employees.Add(george, "2335 Elm Street");
            employees.Add(frank, "18 Pine Bluff Road");
            Employee herbClone = new Employee("Herb", 000);
            string address = (string) employees[herbClone];
            Console.WriteLine("{0} lives at {1}", herbClone, address);
        }
}
```

Esta técnica deveria ser usada parcimoniosamente. Com freqüência, é mais simples expor um valor, tal como o nome do empregado como uma propriedade, e permitir que seja usado como uma chave hash.

ICloneable

A função object.MemberWiseClone() pode ser usada para criar uma cópia de um objeto. A implementação padrão dessa função produz uma cópia superficial de um objeto; os campos de um objeto são copiados exatamente, ao invés de duplicados. Considere o seguinte:

```csharp
using System;
class ContainedValue
{
        public ContainedValue(int count)
        {
            this.count = count;
        }
        public int count;
}
class MyObject
{
        public MyObject(int count)
        {
            this.contained = new ContainedValue(count);
        }
        public MyObject Clone()
        {
            return((MyObject) MemberwiseClone());
        }
        public ContainedValue contained;
}
class Test
{
        public static void Main()
        {
            MyObject   my = new MyObject(33);
```

```
            MyObject   myClone = my.Clone();
            Console.WriteLine( "Values: {0} {1}",
                                 my.contained.count,
                                 myClone.contained.count);
            myClone.contained.count = 15;
            Console.WriteLine( "Values: {0} {1}",
                                 my.contained.count,
                                 myClone.contained.count);
        }
}
```

Este exemplo produz a seguinte saída:

```
Values: 33 33
Values: 15 15
```

Porque a cópia feita por MemberWiseClone() é uma cópia superficial, o valor de contained é igual em ambos os objetos, e mudar um valor dentro do objeto ContainedValue afeta ambas as cópias de MyObject.

O que é necessário é uma cópia profunda, onde é criada uma nova cópia de ContainedValue para a nova cópia de MyObject. Isso é feito implementando a interface ICloneable:

```
using System;
class ContainedValue
{
        public ContainedValue(int count)
        {
            this.count = count;
        }
        public int count;
}
class MyObject: ICloneable
{
        public MyObject(int count)
        {
            this.contained = new ContainedValue(count);
        }
        public object Clone()
        {
            Console.WriteLine("Clone");
            return(new MyObject(this.contained.count));
        }
        public ContainedValue contained;
}
class Test
{
        public static void Main()
        {
```

```
            MyObject   my = new MyObject(33);
            MyObject   myClone = (MyObject) my.Clone();
            Console.WriteLine(   "Values: {0} {1}",
                                  my.contained.count,
                                  myClone.contained.count);
            myClone.contained.count = 15;
            Console.WriteLine(   "Values: {0} {1}",
                                  my.contained.count,
                                  myClone.contained.count);
        }
}
```

Este exemplo produz a seguinte saída:

```
Values: 33   33
Values: 33   15
```

A chamada a MemberWiseClone() agora resultará em uma nova cópia de ContainedValue, e o conteúdo dessa cópia pode ser modificado sem afetar o conteúdo de my.

Diferente de algumas outras interfaces, que podem ser definidas em um objeto, ICloneable não é chamado pelo tempo de execução; simplesmente, ele é fornecido para garantir que a função Clone() tenha a assinatura apropriada.

Diretivas de design

A utilização pretendida de um objeto deve ser considerada, ao decidir quais funções virtuais e interfaces implementar. A seguinte tabela oferece diretivas para isso:

Uso de objeto	Função ou interface
Geral	ToString()
Arrays ou coleções	Equals(), operator==(), operator!=(), GetHashCode()
Classificação ou busca binária	IComparable
Múltiplas ordens de classificação	IComparer
Tem múltiplas buscas	IHashCodeProvider

Funções e interfaces pela classe Framework

As seguintes tabelas resumem quais funções ou interfaces em um objeto são usadas por cada classe coleção.

Array

Função	Usos
IndexOf()	Equals()
LastIndexOf()	Equals()
Contains()	Equals()
Sort()	Equals(), IComparable
BinarySearch()	Equals(), IComparable

ArrayList

Função	Usos
IndexOf()	Equals()
LastIndexOf()	Equals()
Contains()	Equals()
Sort()	Equals(), IComparable
BinarySearch()	Equals(), IComparable

Hashtable

Função	Usos
HashTable()	IHashCodeProvider, IComparable (opcional)
Contains()	GetHashCode(), Equals()
Item	GetHashCode(), Equals()

SortedList

Função	Usos
SortedList()	IComparable
Contains()	IComparable
ContainsKey()	IComparable
ContainsValue()	Equals()
IndexOfKey()	IComparable
IndexOfValue()	Equals()
Item	IComparable

CAPÍTULO 29

Interop

Uma das importantes capacidades de C# é ser capaz de interoperar com código existente, seja ele baseado em COM ou em DLL original. Este capítulo oferece uma rápida visão geral de como funciona a interoperação.

Como usar objetos COM

Para chamar um objeto COM, a primeira etapa é definir uma classe proxy (ou envoltória), que defina as funções no objeto COM, junto com informações adicionais. Isso é uma boa quantidade de trabalho tedioso, que pode ser evitado na maioria dos casos, usando o utilitário tlbimp. Esse utilitário lê as informações de tipo de biblioteca COM e depois, cria a classe proxy. Isso funcionará em muitas situações, porém, se for necessário mais controle sobre a administração, a classe proxy pode precisar ser reescrita à mão. Nesse caso, atributos são usados para especificar como a administração deve ser realizada.

Uma vez escrita a classe proxy, ela é usada como qualquer outra classe .NET, e o tempo de execução cuida das coisas feias.

Utilização por objetos COM

O tempo de execução também permite que objetos .NET sejam usados no lugar de objetos COM. O utilitário tlbexp é usado para criar um tipo de biblioteca que descreve os objetos COM, para que outros programas baseados em COM possam determinar a interface do objeto, e o utilitário regasm é usado para registrar um grupo, para que ele possa ser acessado através de COM. Quando COM acessa uma classe .NET, o tempo de execução lida da criação do objeto .NET, fabricando quaisquer interfaces COM que sejam necessárias, e administrando os dados entre o mundo .NET e o mundo COM.

Como chamar funções DLL originais

C# pode chamar funções escritas em código original através de um recurso de tempo de execução conhecido como "chamada à plataforma". O arquivo no qual a função está localizada é especificado pelo atributo dllImport, que também pode ser usado para especificar o caractere padrão de administração. Em muitos casos, tal atributo é tudo o que precisaremos, mas se um valor é passado por referência, os atributos *in* e *out* podem ser especificados, para dizer ao administrador como passar o valor.

```
class Test
{
        [sysimport(dll="user32.dll")]
        public static extern int MessageBoxA(int h, string m,
            string c, int type);
        public static void Main()
        {
                int retval = MessageBoxA(0, "Hello", "Caption", 0);
        }
}
```

Quando este código é executado, aparecerá uma caixa de mensagem.

CAPÍTULO 30

Visão geral de .NET Frameworks

O .Net Frameworks contém muitas funções que, normalmente, são encontradas em bibliotecas de tempo de execução específicas de linguagem e, portanto, é importante entender quais classes estão disponíveis no Frameworks.

Formatação numérica

Os tipos numéricos são formatados através da função membro Format() daquele tipo de dados. Isso pode ser diretamente chamado, através de String.Format(), que chama a função Format() de cada tipo de dados, ou Console.WriteLine(), que chama String.Format().

O acréscimo de formatação a um objeto definido pelo usuário é discutido na seção "Formatação personalizada de objeto", mais adiante neste capítulo. Esta seção discute como é feita a formatação com os tipos internos.

Existem dois métodos de especificar a formatação numérica. Uma string de formato padrão pode ser usada para converter um tipo numérico a uma representação string específica. Se for desejado mais controle sobre a saída, uma string de formato personalizado pode ser usada.

Strings de formato padrão

Uma string de formato padrão consiste de um caractere especificando o formato, seguido por uma seqüência de dígitos especificando a precisão. Os seguintes formatos são suportados:

Caractere de formato	Descrição
C, c	Moeda
D, d	Decimal
E, e	Científica (exponencial)
F, f	Ponto fixo
G, g	Geral
N, n	Número
X, x	Hexadecimal

Moeda

A string de formato moeda converte o valor numérico para uma string contendo uma quantia de moeda específica local. Por padrão, as informações de formato são determinadas pela moeda local, mas isso pode ser mudado, passando um objeto NumberFormatInfo.

```
using System;
class Test
{
        public static void Main()
        {
              Console.WriteLine("{0:C}", 33345.8977);
              Console.WriteLine("{0:C}", -33345.8977);
        }
}
```

Este exemplo dá a seguinte saída:

$33,345.90
($33,345.90)

Decimal

A string de formato decimal converte o valor numérico para um inteiro. O número mínimo de dígitos é determinado pelo especificador de precisão. O resultado é preenchido à esquerda com zeros, para obter o número de dígitos exigido.

```
using System;
class Test
{
        public static void Main()
        {
```

```
            Console.WriteLine("{0:D}", 33345);
            Console.WriteLine("{0:D7}", 33345);
        }
}
```

Este exemplo dá a seguinte saída:

33345
0033345

Científico (exponencial)

A string de formato científico (exponencial) converte o valor para uma string na forma

m.dddE+xxx

Um dígito sempre precede o ponto decimal, e o número de casas decimais é especificado pelo especificador de precisão, com seis casas usadas como o padrão. O especificador de formato controle se "E" ou "e" aparece na saída.

```
using System;
class Test
}
        public static void Main()
        {
            Console.WriteLine("{0:E}", 33345.8977);
            Console.WriteLine("{0:E10}", 33345.8977);
            Console.WriteLine("{0:e4}", 33345.8977);
        }
}
```

Este exemplo dá a seguinte saída:

3.334590E+004
3.3345897700E+004
3.3346e+004

Ponto fixo

A string de formato de ponto fixo converte o valor para uma string, com o número de casas depois do ponto decimal especificado pelo especificador de precisão.

```
using System;
class Test
{
        public static void Main()
        {
            Console.WriteLine("{0:F}", 33345.8977);
```

```
                Console.WriteLine("{0:F0}", 33345.8977);
                Console.WriteLine("{0:F5}", 33345.8977);
        }
}
```

Este exemplo dá a seguinte saída:

```
33345.90
33346
33345.89770
```

Geral

A string de formato geral converte o valor ou para um ponto fixo ou para o formato científico, qualquer que dê um formato mais compacto.

```
using System;
class Test
{
        public static void Main()
        {
                Console.WriteLine("{0:G}", 33345.8977);
                Console.WriteLine("{0:G7}", 33345.8977);
                Console.WriteLine("{0:G4}", 33345.8977);
        }
}
```

Este exemplo dá a seguinte saída:

```
33345.8977
33345.9
3.335E4
```

Número

A string de formato número converte o valor para um número que tenha vírgulas embutidas, tal como

```
12,345.11
```

O formato pode ser controlado, passando um objeto NumberFormatInfo para a função Format().

```
using System;
class Test
{
        public static void Main()
        {
```

```
            Console.WriteLine("{0:N}", 33345.8977);
            Console.WriteLine("{0:N4}", 33345.8977);
        }
}
```

Este exemplo dá a seguinte saída:

```
33,345.90
33,345.8977
```

Hexadecimal

A string de formato hexadecimal converte o valor para o formato hexadecimal. O número mínimo de dígitos é ajustado pelo especificador de precisão; o número será preenchido por zero para aquela largura.

Usar "X" resultará em letras maiúsculas no valor convertido; "x" em letras minúsculas.

```
using System;
class Test
{
        public static void Main()
        {
                Console.WriteLine("{0:X}", 255);
                Console.WriteLine("{0:x8}", 1456);
        }
}
```

Este exemplo dá a seguinte saída:

```
FF
000005b0
```

NumberFormatInfo

A classe NumberFormatInfo é usada para controlar a formatação de números. Ajustando as propriedades nessa classe, o programador pode controlar o símbolo de moeda, separador decimal e outras propriedades de formatação.

Strings de formato personalizado

Strings de formato personalizado são usadas para obter mais controle sobre a conversão do que está disponível através das strings de formato padrão. Nas strings de formato padrão, caracteres especiais formam um gabarito no qual está formatado o número. Quaisquer caracteres que não têm um significado especial no formato string são copiados literalmente à saída.

Dígito ou zero detentor de lugar

O caractere zero(0) é usado como um dígito ou detentor de lugar. Se o valor numérico tem um dígito na posição na qual o "0" aparece no formato string, o dígito aparecerá no resultado. Se não, aparece um zero naquela posição.

```
using System;
class Test
{
        public static void Main()
        {
                Console.WriteLine("{0:000}", 55);
                Console.WriteLine("{0:000}", 1456);
        }
}
```

Este exemplo dá a seguinte saída:

```
055
1456
```

Dígito ou espaço detentor de lugar

O caractere cerquilha (#) é usado como o dígito ou espaço detentor de lugar. Ele funciona exatamente como o detentor de lugar "0", exceto que um espaço em branco aparece se não houver dígito naquela posição.

```
using System;
class Test
{
        public static void Main()
        {
                Console.WriteLine("{0:#####}", 255);
                Console.WriteLine("{0:#####}", 1456);
                Console.WriteLine("{0:###}", 32767);

        }
}
```

Este exemplo dá a seguinte saída:

```
255
1456
32767
```

Casa decimal

O caractere de primeiro ponto (.) que aparece no formato string determina a localização do separador decimal no resultado. O caractere usado como o separador decimal na string formatada é controlado por uma cópia NumberFormatInfo.

```
using System;
class Test
{
        public static void Main()
        {
                Console.WriteLine("{0:#####.000}", 75928.3);
                Console.WriteLine("{0:##.000}", 1456.456456);
        }
}
```

Este exemplo dá a seguinte saída:

```
75928.300
1456.456
```

Separador de grupo

O caractere vírgula (,) é usado como um separador de grupo. Se uma "," aparece no meio de uma exibição de detentor de lugar de dígito e à esquerda do ponto decimal (se houver), um separador de grupo será inserido na string. O caractere usado na string formatada e a quantidade de números a agrupar é controlada pela cópia NumberFormatInfo.

```
using System;
class Test
{
        public static void Main()
        {
                Console.WriteLine("{0:##,###}", 2555634323);
                Console.WriteLine("{0:##,000.000}", 14563553.593993);
                Console.WriteLine("{0:#,#.000}", 14563553.593993);
        }
}
```

Este exemplo dá a seguinte saída:

```
2,556,634,323
14,563,553.594
14,563,553.594
```

Pré-escalonador
de número

O caractere vírgula (,) também pode ser usado para indicar que o número deve ser pré-escalonado. Nesse uso, a "," precisa vir diretamente antes da casa decimal, ou ao final do formato string.

Para cada "," que está presente no local, o número é dividido por 1.000 antes de ser formatado.

```
using System;
class Test
{
        public static void Main()
        {
                Console.WriteLine("{0:000,.##}", 158847);
                Console.WriteLine("{0:000,,,.###}", 1593833);
        }
}
```

Este exemplo dá a seguinte saída:

```
158.85
000.002
```

Notação
de porcentagem

O caractere de porcentagem é usado para indicar que o número a ser exibido deve ser exibido como uma porcentagem. O número é multiplicado por 100 antes de ser formatado.

```
using System;
class Test
{
        public static void Main()
        {
                Console.WriteLine("{0:##.000%}", 0.89144);
                Conso.e.WriteLine("{0:000%}", 0.01285);
        }
}
```

Este exemplo dá a seguinte saída:

```
89.144%
01%
```

Notação exponencial

Quando o "E+0", "E-0", "e+0" ou "e-0" aparecem no formato string, diretamente de pois de um detentor de lugar "#" ou "0", o número será formatado na notação exponencial. A quantidade de dígitos no exponente é controlada pelo número de detentores de lugar "0" que aparece no especificador de exponente. O "E" ou "e" é copiado diretamente na string formatada, e um "+" significa que haverá um sinal de adição ou subtração naquela posição, enquanto que um "-" significa que há um caractere lá apenas se o número for negativo.

```
using System;
class Test
{
    public static void Main()
    {
        Console.WriteLine("{0:###.000E-00}", 3.145533E+04);
        Console.WriteLine("{0:#.0000000E+000}", 2.443939939E+101);
    }
}
```

Este exemplo dá a seguinte saída:

```
314.155E-02
2.5539399E+101
```

Separador de seção

O caractere de ponto e vírgula (;) é usado para especificar strings de formatos diferentes em um número, dependendo se o número é positivo, zero ou negativo. Se houverem apenas duas seções, a primeira seção aplica-se a valores positivo e zero e a segunda a valores negativos. Se houverem três seções, elas aplicam-se a valores positivos, o valor zero e valores negativos.

```
using System;
class Test
{
    public static void Main()
    {
        Console.WriteLine("{0:###.00;0;(###.00)}", -456.55);
        Console.WriteLine("{0:###.00;0;(###.00)}", 0);
        Console.WriteLine("{0:###.00;0;(###.00)}", 456.55);
    }
}
```

Este exemplo dá a seguinte saída:

```
457
(.00)
456.55
```

Escapes e literais

O caractere barra invertida (\) pode ser usado para caracteres de escape, para que eles não sejam interpretados como caracteres de formatação. Por o caractere "\" já tem significado dentro de literais C#, será mais fácil especificar a string usando a sintaxe literal textual; caso contrário, é necessário "\\" para gerar uma única "\" na string de saída.

Uma string de caracteres não interpretados pode ser especificada, encerrando-os entre aspas simples; isso é mais conveniente do que usar "\".

```
using System;
class Test
{
    public static void Main()
    {
        Console.WriteLine("{0:###\\#}", 255);
        Console.WriteLine(@"{0:###\#}", 255);
        Console.WriteLine("{0:###'#0%'}", 1456);
    }
}
```

Este exemplo dá a seguinte saída:

```
255#
255#
1456#0%;
```

Formatação de data e horário

A classe DateTime oferece opções flexíveis de formatação. Vários formatos de caractere único podem ser especificados e formatação personalizada também é suportada.

Formatos Datetime padrão

Caractere	Padrão	Descrição
d	MM/dd/yyyy	ShortDatePattern
D	dddd, MMMM dd, yyy	LongDatePattern
f	dddd, MMMM dd, YYYY HH:mm	Full (data longa + horário curto)
F	dddd, MMMM dd, YYYY HH:mm:ss	FullDateTimePattern (data longa + horário longo)
g	MM/dd/yyyy HH:mm	Geral (data curta + horário curto)
G	MM/dd/yyyy HH:mm:ss	Geral (data curta + horário longo)
m, M	MMMM dd	MonthDayPattern

Formatos Datetime padrão (Continuação)

Caractere	Padrão	Descrição
r, R	ddd, dd MMM yy H' : 'mm': 'ss "GMT"	RFC1123Pattern
s	yyyy-MM-dd HH:mm:ss	ShortableDateTimePattern (ISO 8601)
S	YYYY-mm-DD hh:MM:SS GMT	classificação com informações de zona
t	HH:mm	ShortTimePattern
T	HH:mm:ss	LongTimePattern
u	yyyy-MM-dd HH:mm:ss	O mesmo que "s", mas com universal ao invés de horário local
U	dddd, MMMM dd, yyyy HH:mm:ss	UniversalSortableDateTimePattern

Formato personalizado DateTime

Os seguintes padrões podem ser usados para montar um formato personalizado:

Padrão	Descrição
d	Dia do mês como dígitos sem zero na frente para dias de dígito único
dd	Dia do mês como dígitos com zero na frente para dias de dígito único
ddd	Dia da semana como uma abreviação de três letras
dddd	Dia da semana como seu nome completo
M	Mês como dígitos sem zero na frente para meses de dígito único
MM	Mês como dígitos com zero na frente
MMM	Mês como abreviação de três letras
MMMM	Mês como seu nome completo
y	Ano como últimos dois dígitos, sem zero na frente
yy	Ano como dois últimos dígitos, com zero na frente
yyyy	Ano representado por quatro dígitos

Os nomes de dia e mês são determinados pelo campo apropriado na classe DateTimeFormatInfo.

Formatação personalizada de objeto

Os exemplos anteriores sobrepuseram a função ToString() para oferecer uma representação string de uma função. Um objeto pode fornecer diferentes formatos, definindo a interface IFormattable e depois, mudando a representação com base na string da função.

Por exemplo, uma classe employee poderia acrescentar informações adicionais com uma string de formato diferente.

```
using System;
class Employee: IFormattable
{
          public Employee(int id, string firstName, string lastName)
          {
              this.id = id;
              this.firstName = firstName;
              this.lastName = lastName;
          }
          public string Format (string format, IService, IServiceObjectProvider
              sop)
          {
              if (format. != null) && (format == "F"))
                  return(String.Format("0}: {1}, {2}",
                      id, lastName, firstName));
              else
                  return(id.Format(format, sop));
          }
          int    id;
          string    firstName;
          string    lastName;
}
class Test
{
          public static void Main()
          {
              Employee fred = new Employee(123, "Fred", "Morthwaite");
              Console.WriteLine("No format: {0}", fred);
              Console.WriteLine("Full format: {0:F}", fred);
          }
}
```

A função Format() busca pelo formato "F". Se o encontra, escreve as informações completas. Se não o encontra, ela usa o formato padrão para o objeto.

A função Main() passa a sinalização de formato na segunda chamada WriteLine().

Nova formatação para tipos existentes

Também é possível fornecer um novo formato para objetos existentes. O seguinte objeto capacitará valores float e double serem formatados em angstrômios. Um angstrômio é igual a 1E-10metros.

Capítulo 30 - Visão geral de .NET Frameworks

```csharp
using System;
public class AngstromFormatter: IServiceObjectProvider, ICustomFormatter
{
          public object GetServiceObject(Type service)
          {
               if (service == typeof(ICustomFormatter))
                    return this;
               else
                    return null;
          }
          public string Format(string format, object arg,
                IServiceObjectProvider sop)
          {
               if (format == null)
                    return(String.Format("{0}", arg));

               if (format.StartsWith("Ang"))
               {
                         // extract any extra formatting information
                         // after "Ang" here...
                    string extra = "";

                    if (arg is float)
                    {
                         float f = (float) arg;
                         f *= 1.0E10F;
                         return(String.Format("{0:"+extra+"}", f) +"A");
                    }
                    else if (arg is double)
                    {
                         double d = (double) arg;
                         d *= 1.0E10D;
                         return(String.Format("{0:"+extra+"}", d) +"A");
                    }
               }
                    // not an object or format we support
               return(String.Format("{0:" + format + "}", arg));
          }
}
class Test
{
          public static void Main()
          {
               AngstromFormatter angstrom = new AngstromFormatter();

               Console.WriteLine("Meters: {0}", 1.35E-8F, angstrom);
               Console.WriteLine(String.Format("Angstroms: {0:Ang}",
                    new object[] {1.35E-8F}, angstrom));
               Console.WriteLine(String.Format("Angstroms: {0:Ang:g}",
                    new object[] {3.59393E-9D}, angstrom));
          }
}
```

Neste exemplo, a classe AngstromFormatter suporta a formatação de números em angstrômios, dividindo os valores por 'E-10, e depois anexando o símbolo de angstrômio, "A" à string. Outras formatações podem ser especificadas depois de formatar "Ang" para controlar a aparência do número de ponto de flutuação.

Separação numérica

Números são separados usando o método Parse(), fornecido pelos tipos de dados numéricos. Sinalizações da classe NumberStyles podem ser passadas para especificar quais estilos são permitidos, e uma cópia NumberFormatInto pode ser passada para controlar a separação.

Uma string numérica produzida por qualquer dos especificadores de formato padrão (excluindo hexadecimal) tem garantia de estar corretamente separada se o estilo NumberStyles estiver especificado.

```
using System;
class Test
{
    public static void Main()
    {
        int value = Int32.Parse("99953");
        double dval = Double.Parse("1.3433E+35");
        Console.WriteLine("{0}", value);
        Console.WriteLine("{0}", dval);
    }
}
```

Este exemplo produz a seguinte saída:

```
99953
1.3433E35
```

Como usar XML em C#

Enquanto que C# suporta a documentação XML (veja a seção "Documentação XML" no Capítulo 31, "Mergulho em C#", C# não oferece qualquer suporte de linguagem para usar XML.

Entretanto, isso está bem, pois o Common Language Runtime oferece extenso suporte para XML. Algumas áreas de interesse são os espaços de nome System.Data.Xml e System.Xml.

Input/Output

O .NET Common Language Runtime fornece funções I/O no espaço de nome System.IO. Esse espaço de nome contém classes para fazer I/O e para outras funções relativas a I/O, tais como diretório atravessado, verificação de arquivo etc.

A leitura e a escrita são feitas usando a classe Stream, que simplesmente descreve como bytes podem ser lidos e escritos em algum tipo de armazenagem de suporte. Stream é uma classe abstrata, assim na prática, serão usadas classes derivadas de Stream. As seguintes classes estão disponíveis:

Classes I/O derivadas de Stream

Classe	Descrição
FileStream	Uma corrente em um arquivo de disco
MemoryStream	Uma corrente que é armazenada na memória
NetworkStream	Uma corrente em uma conexão de rede
BufferedStream	Implementa um buffer sobre outras corrente

Com a exceção de BufferedStream, que fica sobre uma outra corrente, cada corrente define aonde irão os dados escritos.

A classe Stream oferece funções brutas para ler e escrever ao nível de byte, tanto síncrona quanto assincronamente. Entretanto, em geral é bom ter uma interface de nível mais alto no alto de uma corrente, e há diversas fornecidas, que podem ser selecionadas, dependendo de qual formato final é desejado.

Binário

As classes BinaryReader e BinaryWriter são usadas para ler e escrever valores em formato binário (ou bruto). Por exemplo, uma BinaryWriter pode ser usada para escrever uma int, seguida por uma float, seguida por outra int.

Não surpreendentemente, tipicamente essas classes são usadas para ler e escrever formatos binários. Elas operam em uma corrente.

Texto

As classes abstratas TextReader e TextWriter definem como o texto é lido e escrito. Elas capacitam operações em caracteres, linhas, blocos etc. Existem duas implementações diferentes de TextReader disponíveis.

A mais ou menos estranhamente chamada classe StreamWriter é a usada para I/O "normal" (abrir um arquivo, ler as linhas) e opera em uma Stream.

As classes StringReader e StringWriter podem ser usadas para ler e escrever a partir de uma string.

XML

As classes XmlTextReader e XmlTextWriter são usadas para ler e escrever XML. Elas são semelhantes em design a TextReader e TextWriter, mas elas não derivam daquelas classes, pois elas lidam com entidades XML, ao invés de texto. Elas são classes de baixo nível que são usadas para criar, ou decodificar, XML do nada.

Como ler e escrever arquivos

Existem duas maneiras de obter correntes que se conectam a arquivos. A primeira é usar a classe FileStream, a qual oferece controle completo sobre acesso de arquivo, inclusive modo de acesso, compartilhamento e armazenagem.

```
using System;
using System.IO;

class Test
{
    public static void Main()
    {
        FileStream f = new FileStream("output.txt", FileMode.Create);
        StreamWriter s = new StreamWriter(f);

        s.WriteLine("{0} {1}", "test", 55);
        s.Close();
        f.Close();
    }
}
```

Também é possível usar as funções na classe File para obter uma corrente para um arquivo. Isso é mais útil se já houver um objeto File com as informações de arquivo disponíveis, como na função PrintFile() no exemplo a seguir.

Cruzamento de diretórios

Este exemplo mostra como cruzar uma estrutura de diretório. Ele define uma classe DirectoryWalker, que toma delegados para serem chamados para cada diretório e arquivo e um caminho a cruzar.

```
using System;
using System.IO;

public class DirectoryWalker
{
        public delegate void ProcessDirCallback(Directory dir, int level,
            object obj);
```

```csharp
public delegate void ProcessFileCallback(File file, int level,
    object obj);

public DirectoryWalker( ProcessDirCallbacl dirCallback,
        ProcessFileCallback fileCallback)
{
    this.dirCallback = dirCallback;
    this.fileCallback = fileCallback;
}

public void Wals(string rootDir, object obj)
{
    DoWalk(new Directory(rootDir), 0, obj);
}
void DoWalk(Directory dir, int level, object obj)
{
    foreach (FileSystemEntry d in dir.GetFileSystemEntries ())
    {
        if (d is File)
        {
            if (fileCallback != null)
                fileCallback((File) d, level, obj);
        }
        else
        {
            if (dirCallback != null)
                dirCallback((Directory) d, level, obj);
            DoWalk((Directory) d, level + 1, obj);
        }
    }
}
ProcessDirCallback dirCallback;
ProcessFileCallback fileCallback.
}

class Test
{
    public static void PrintDir(Directory d, int level, object obj)
    {
        WriteSpaces(level * 2);
        Console.WriteLine("Dir: {0}", d.FullName);
    }
    public static void PrintFile(File f, int level, object obj)
    {
        WriteSpaces(level * 2);
        Console.WriteLine("File: {0}", f.FullName);
    }
    public static void WriteSpaces(int spaces)
    {
        for (int I = 0; i < spaces; i++)
            Console.Write(" ");
```

```
            }
            public static void Main(string[] args)
            {
                DirectoryWalker dw = new directoryWalker(
                    new DirectoryWalker.ProcessDirCallback(PrintDir),
                    new DirectoryWalker.ProcessFileCallback(PrintFile));

                string root = ".";
                if (args.Length == 1)
                    root = args[0];
                dw.Walk(root, "Passed string object");
            }
    }
```

Serialização

Serialização é o processo usado pelo tempo de execução para instar objetos em algum tipo de armazenagem ou para transferi-los de um local para outro.

As informações de metadados em um objeto contêm informações suficientes para o tempo de execução serializar os campos, mas ele precisa de um pouco de ajuda para fazer a coisa certa.

Essa ajuda é fornecida através de dois atributos. O atributo [Serializable] é usado para marcar um objeto como certo para serializar. O atributo [NonSerialized] pode ser aplicado a um campo ou propriedade para indicar que ele não deve ser serializado. Isso é útil se for um valor cachê ou derivado.

O exemplo a seguir tem uma classe contentora chamada MyRow, que tem elementos da classe MyElement. O campo cacheValue em MyElement é marcado com o atributo [NonSerialized] para evitar que ele seja serializado.

No exemplo, o objeto MyRow é serializado e desserializado para um formato binário e depois para um formato XML.

```
// file: serial.cs
// compile with: csc serial.cs /r:system.runtime.serialization.formatters.soap.dll
using System;
using System.IO;
using System.Collections;
using System.Runtime.Serialization;
using System.Runtime.Serialization.Formatters.Binary;
using System.Runtime.Serialization.Formatters.Soap;

[Serializable]
public class MyElement
{
    public MyElement(string name)
    {
        this.name = name;
        this.cacheValue = 15;
```

```
            }
            public override string ToString()
            {
                    return(String.Format("{0}: {1}", name, cacheValue));
            }
            string name;
                    // this field isn't persisted.
            [NonSerialized]
            int cacheValue;
}
[Serializable]
public class MyRow
{
            public void Add(MyElement my)
            {
                    row.Add(my);
            }
            public override string ToString()
            {
                    string temp = null;
                    foreach (MyElement my in row)
                            temp += my.ToString() + "\n";
                    return(temp);
            }

            ArrayList row = new ArrayList();
}
class Test
{
            public static void Main()
            {
                    MyRow row = new MyRow();
                    row.Add(new MyElement("Gumby"));
                    row.Add(new MyElement("Pockey"));

                    Console.WriteLine("Initial value");
                    Console.WriteLine("{0}", row);

                            // write to binary, read it back
                    Stream streamWrite = File.Create("MyRow.bin");
                    BinaryFormatter binaryWrite = new BinaryFormatter();
                    binaryWrite.Serialize(streamWrite, row);
                    streamWrite.Close();

                    Stream streamRead = File.OpenRead("MyRow.bin");
                    binaryFormatter binaryRead = new BinaryFormatter();
                    MyRow rowBinary = (MyRow) binaryRead.Deserialize(streamRead);
                    streamRead.Close();
```

```csharp
                Console.WriteLine("Values after binary serialization");
                Console.WriteLine("{0}", rowBinary);

                // write to SOAP (XML), read it ack
                streamWrite = File.Create("MyRow.xml");
                SoapFormatter soapWrite = new SoapFormatter();
                soapWrite.Serialize(streamWrite, row);
                streamWrite.Close();

                streamRead = File.OpenRead("MyRow.xml");
                SoapFormatter soapRead = new SoapFormatter();
                MyRow rowSoap = (MyRow) soapRead.Deserialize(streamRead);
                streamRead.Close();

                Console.WriteLine("Values after SOAP serialization");
                Console.WriteLine("{0}", rowSoap);
        }
}
```

O exemplo produz a seguinte saída:

```
Initial value
Gumby: 15
Pokey: 15

Values after binary serialization
Gumby: 0
Pokey: 0

Values after SOAP serialization
Gumby: 0
Pokey: 0
```

O campo cacheValue não é preservado, visto que ele foi marcado como [NonSerialized]. O arquivo MyRow.Bin conterá a serialização binária, e o arquivo MyRow.xml conterá a versão XML.

A codificação XML é a codificação SOAP. Para produzir uma codificação XML específica, use a classe XmlSerializer.

Encadeamento

O espaço de nome System.Threading contém classes úteis para encadear e sincronizar. O tipo apropriado de sincronização e/ou exclusão, depende do design do programa, mas C# suporta exclusão simples, usando a declaração lock.

Lock usa a classe System.Threading.Monitor e oferece funcionalidade semelhante às chamadas CriticalSection em Win32.

O exemplo a seguir simular o aumento de um saldo de conta. O código que aumenta o saldo, primeiro busca o saldo atual em uma variável temporária, e depois, pára por um milisegundo. Durante esse período de parada, é provável que outra seqüência vá buscar o saldo antes da primeira seqüência pode acordar e salvar o novo valor.

Quando executado conforme escrito, o saldo final combinará menos do que o esperado valor de 1.000. Removendo os comentários na declaração lock na função Deposit(), o sistema garantirá que apenas uma seqüência de cada vez possa estar no bloco lock, e o saldo final será correto.

O objeto passado à declaração lock precisa ser um tipo referência, e ele deve conter o valor que está sendo protegido. Bloquear a cópia atual com this protegerá contra qualquer acesso pela mesma cópia.

```
using System;
using System.Threading;

public class Account
{
            public Account(decimal balance)
            {
                this.balance = balance;
            }

            public void Deposit(decimal amount)
            {
                // lock(this)      // uncomment to protect block.
                {
                    Decimal temp = balance;
                    temp += amount;
                    Thread.Sleep(1);    // deliberately wait
                    balance = temp;
                }
            }
            public Decimal Balance
            {
                get
                {
                    return(balance);
                }
            }
            decimal balance;
}

class ThreadTest
{
            public void MakeDeposit()
            {
                for (int i = 0; i < 10; i++)
                    account.Deposit(10);
```

```csharp
}
public static void Main(string[] args)
{
    ThreadTest b = new ThreadTest();
    Thread t = null;
        // create 10 threads.
    for (int threads = 0; threads < 10; threads++)
    {
        t = new Thread(new ThreadStart(b.MakeDeposit));
        t.Start();
    }
    t.Join();   // wait for last thread to finish
    Console.WriteLine("Balance: {0}", b.account.Balance);
}
Account  account = new Account(0);
}
```

Como ler páginas Web

O seguinte exemplo demonstra como escrever um "raspador de tela" usando C#. O seguinte pedaço de código tomará um símbolo de estoque, formatará um URL para buscar a cota do site Money Central da Microsoft e depois, extrairá a cota da página HTML, usando uma expressão regular.

```csharp
// file: quote.cs
// compile with: csc quote.cs /r:system.net.dll /
r:system.text.regularexpressions.dll
using System;
using System.Net;
using System.IO;
using System.Text;
using System.Text.RegularExpressions;

class QuoteFetch
{
    public QuoteFetch(string symbol)
    {
        this.symbol = symbol;
    }
    public string Last
    {
        get
        {
            string url =
                "http://moneycentral.msn.com/scripts/
                webquote.dll?ipage=qd&Symbol=";
            url += symbol;
```

```
                    ExtractQuote(ReadUrl(url));
                    return(last);
                }
            }
            string ReadUrl(string url)
            {
                URI uri = new URI(url);

                    // Create the request object
                WebRequest req = WebRequestFactory.Create(uri);
                WebResponse resp = req.GetResponse();
                Stream stream = resp.GetResponseStream();
                StreamReader sr = new StreamReader(stream);

                string s = sr.ReadToEnd();

                return(s);
}
void ExtractQuote(string s)
{
            // Line like: "Last</TD><TD ALIGN=RIGHT NOWRAP><B> 78 3/16"

            Regex lastmatch = new Regex(@"Last\D+(?<last>.+)<\/B>");
            last = lastmatch.Match(s).Group(1).ToString();
        }
    string   symbol;
    string   last;
}
class Test
{
    public static void Main(string[] args)
            {
                if (args.Length != 1)
                    Console.WriteLine("Quote<symbol>");
                else
                {
                    QuoteFetch q = new QuoteFetch(args[0]);
                    Console.WriteLine("{0} = {1}", args[0], q.Last);
                }
            }
}
```

CAPÍTULO 31

Mergulho em C#

Este capítulo se aprofundará em alguns aspectos que você pode encontrar usando C#. Ele cobre alguns tópicos de interesse à autoria de biblioteca/estrutura, tais como diretivas de estilo e documentação XML, e também discute como escrever código não seguro e como funciona o coletor de resíduo do .NET Runtime.

Estilo C#

A maioria das linguagens desenvolve um idioma esperado para expressão. Ao lidar com caracteres strings C, por exemplo, o idioma normal envolve indicador aritmético ao invés de referências array. O C# não tem estado na vizinhança por tempo o bastante para programadores terem muita experiência nessa área, mas existem algumas diretivas do .NET Common Language Runtime que devem ser consideradas.

Essas diretivas são detalhadas em "Class Library Design Guidelines" (diretivas de design de classe biblioteca) na documentação .NET e são especialmente importantes para autorias de estrutura ou biblioteca.

Os exemplos neste livro estão de acordo com as diretivas, assim, eles já devem ser bastante familiares. As classes e exemplos .NET Common Language Runtime também têm muitos exemplos.

Nomeação

Há duas convenções de nomeação que são usadas.

- PascalCasing põe em maiúscula o primeiro caractere da primeira palavra.
- camelCasing é igual a PascalCasing, exceto que o primeiro caractere da primeira palavra não é em maiúscula.

Geralmente, PascalCasing é usada para qualquer coisa que deverá ser visível fora de uma classe, tais como classes, enums, métodos etc. A exceção a isso é método parâmetros, que são definidos usando camelCasting.

Membros privados de classes, tal como campos, são definidos usando camelCasing.

Existem algumas outras convenções em nomeação:

- Evita palavras chave comuns em nomeação, para diminuir a possibilidade de colisões em outras linguagens.
- Eventos de classes devem terminar com EventArgs.
- Exceções de classe devem terminar com Exception.
- Interfaces devem começar com I.
- Atributos de classe devem terminar em Attribute.

Encapsulação

Geralmente, as classes devem ser pesadamente encapsuladas. Em outras palavras, uma classe deve expor o mínimo possível de sua arquitetura interna.

Na prática, isso significa usar propriedades, ao invés de campos, para capacitar futuras mudanças.

Diretivas para o autor de biblioteca

As seguintes diretivas são úteis para programadores que estão escrevendo bibliotecas que serão usadas por outros.

Compatibilidade CLS

Ao escrever software que será utilizado por outros desenvolvedores, faz sentido ser compatível com a Common Language Specification (especificação comum de linguagem). Essa especificação detalha quais recursos uma linguagem deve suportar para ser uma linguagem compatível .NET, e pode ser encontrada na seção "What is the Common Language Specification" da documentação .NET SDK.

O compilador C# verificará código por compatibilidade, se o grupo de atributo ClsCompliance estiver colocado em um dos arquivos fonte:

Para ser compatível com CLS, existem algumas restrições:

- Tipos não assinados não podem ser expostos como parte da interface pública de uma classe. Eles podem ser livremente usados na parte privada de uma classe.
- Tipos inseguros (por exemplo, pointer) não podem ser expostos na interface pública da classe. Como com tipos não assinados, eles podem ser usados em partes privadas da classe.

- Identificadores (tais como nomes de classe ou nomes de membro) não podem diferir apenas em estilo.

Por exemplo, compilar o seguinte produzirá um erro:

```
// error
using System;

[CLSCompliant(true)]

class Test
{
        public uint Process() {return(0);}
}
```

Nomeação de classe

Para ajudar a evitar colisões entre espaços de nome e classes oferecidas por diferentes empresas, espaços de nome devem ser nomeados usando a convenção CompanyName.TechnologyName (nome da empresa.nome da tecnologia). Por exemplo, o nome completo de uma classe para controlar um raio-X a laser seria algo como:

AppliedEnergy.XRayLaser.Controller

Código inseguro

Existem muitos benefícios de verificação de código no tempo de execução .NET. Ser capaz de verificar se o código é de tipo seguro que não apenas capacite carregar cenas, mas também evite muitos erros comuns de programação.

Ao lidar com estruturas binárias ou falar com objetos COM que tomam estruturas contendo indicadores, ou quando o desempenho é crítico, é preciso mais controle. Nessas situações, código inseguro pode ser usado.

Inseguro significa que o tempo de execução não pode verificar se o código é seguro para executar. Portanto, ele só pode ser executado se o grupo tiver confiança completa, o que significa que ele não pode ser usado para carregar cenas, evitando o abuso de código inseguro com objetivos maldosos.

O seguinte é um exemplo de usar código inseguro para copiar rapidamente arrays de estruturas. A estrutura sendo copiada é um ponto de estrutura consistindo de valores x e y.

Existem três versões da função que copia arrays de pontos. ClonePointArray() é escrita sem usar recursos inseguros, e simplesmente copia as entradas de array. A segunda versão,

CIonePointArrayUnsafe, usa indicadores para interagir através da memória e copiá-la. A última versão, ClonePointArrayMemcpy(), chama a função de sistema CopyMemory() para fazer a cópia.

Para dar um tempo às comparações, o seguinte código é instrumentado.

```
using System;
using System.Diagnostics;

public struct Point
{
            public Point(int x, int y)
            {
                this.x = x;
                this.y = y;
            }

                        // safe version
            public static Point[] ClonePointArray(Point[] a)
            {
                Point[] ret = new Point[a.Length];

                for (int index = 0; index < a.Length; index++0
                        ret[index] = a[index];

                return(ret);
            }

                        // unsafe version using pointer arithmetic
            unsafe public static Point[] ClonePointArrayUnsafe(Point[] a)
            {
                Point[] ret = new Point[a.Length];

                            // a and ret are pinned; they cannot be moved by
                            // the garbage collector inside the fixed block.
                fixed (Point* src = a, dest = ret)
                {
                    Point*   pSrc = src;
                    Point*   pDest = dest;
                    for (int index = 0; index < a.Length; index++)
                    {
                        *pDest = *pSrc;
                        pSrc++;
                        pDest++;
                    }
                }
                return(ret);
            }
                        // import CopyMemory from kernel32
            [sysimpot(dll = "kernel32.dll")]
```

```csharp
            unsafe public static extern void
            CopyMemory(void* dest, void* src, int length);

            // unsafe version calling CopyMemory()
            unsafe public static Point[] ClonePointArrayMemcpy(Point[] a)
            {
                Point[] ret = new Point[a.Length];

                fixed (Point* src = a, dest = ret)
                {
                    CopyMemory(dest, src, a.Length * sizeof(Point));
                }

                return(ret);
            }

        public override string ToString()
        {
            return(String.Format("({0}, {1})", x, y));
        }

        int x;
        int y;
    }

    class Test
    {
        const int iterations = 20000;      // # to do copy
        const int point = 1000;            // # of points in array
        const int retryCount = 5;          // # of times to retry

            public delegate Point[] CloneFunction(Point[] a);

            public static void TimeFunction(Point[] arr,
                CloneFunction func, string label)
            {
                Point[]     arrCopy = null;
                long start;
                long delta;
                double min = 5000.0d;   // big number;

                    // do the whole copy retryCount times, find fastest time
                for (int retry = 0; retry < retryCount; retry++)
                {
                    start = Counter.Value;
                    for (int iterate = 0; iterate < iterations; iterate++)
                        arrCopy = func(arr);
                    delta = Counter.Value = start;
```

```csharp
                double result = (double) delta / Counter.Frequency;
                if (result < min)
                    min = result;
            }
            Console.WriteLine("{0}: {1:F3} seconds", label, min);
        }

        public static void Main()
        {
            Console.WriteLine("Points, Iterations: {0} {1}", points,
                iterations);
            Point[] arr = new Point[points];
            for (int index = 0; index < points; index++)
                arr[index] = new Point(3, 5);

            TimeFunction(arr,
                new CloneFunction(Point.ClonePointArrayMemcpy),
                    "Memcpy");
            TimeFunction(ar,
                new CloneFunction(Point.ClonePointArrayUnsafe),
                    "Unsafe");
            TimeFunction(arr,
                new CloneFunction(Point.ClonePointArray), "Baseline");

        }
}
```

A função timer (cronômetro) usa um delegado para descrever a função cópia, para que ela possa usar quaisquer das funções cópia. Ela usa a classe Counter, que oferece acesso aos cronômetros do sistema. A freqüência — e exatidão — dessa classe irá variar, com base na versão de Windows que está sendo usada.

Como com qualquer teste de bancada, a posição inicial de memória é muito importante. Para ajudar o controle disso, TimeFunction() realiza cada método 5 vezes e só imprime o tempo mais curto. Tipicamente, a primeira interação é mais lenta, porque a cache de CPU ainda não está pronta, e às vezes subseqüentes vão mais rápido. Para aqueles interessados, essas vezes são geradas em um Pentium 500 MHz rodando em Windows 2000 Professional, mas foram geradas com software pré-beta, assim, provavelmente o desempenho não é indicativo do desempenho do produto final.

O programa foi executados em diversos valores diferentes para points e iterations. Os resultados são resumidos abaixo:

Método	P=10 ,I=2,000,000	P=1,000 I=20,000	P=100,000, I=200
Baseline	1.562	0.963	3.459
Unsafe	1.486	1.111	3.441
Memcpy	2.028	1.121	2.703

Em pequenos arrays, o código unsafe é mais rápido, e em arrays muito grandes, a chamada de sistema é mais rápida. A chamada de sistema perde nos arrays menores, devido ao código extra de chamar na função original. A parte interessante aqui é que o código inseguro não vence claramente o código baseline.

A lição em tudo isso é que o código unsafe não significa, automaticamente, código mais rápido, e que é importante testar ao fazer o trabalho de desempenho.

Layout de estrutura

O tempo de execução permite a uma estrutura especificar o layout de seus membros dados, usando o atributo StructLayout. Por padrão, o layout de uma estrutura é automático, o que significa que o tempo de execução é livre para reorganizar os campos. Ao usar interop para chamar no código original ou COM, pode ser preciso melhor controle.

Ao especificar o atributo StructLayout, três tipos de layout podem ser especificados usando o enum LayoutKind:

- Sequential, onde todos os campos estão na ordem de declaração. Para layout seqüencial, a propriedade Pack pode ser usada para especificar o tipo de pacote.
- Explicit, onde cada tempo tem um espaço especificado. No layout explícito, o atributo StructOffset precisa ser usado em cada membro, para especificar o espaço do elemento em bytes.
- Union, onde a todos os membros são designados o espaço 0.

Adicionalmente, a propriedade CharSet pode ser especificada para ajustar a administração padrão para string membros de dados.

Documentação XML

Manter a documentação sincronizada com a implementação atual é sempre um desafio. Uma forma de mantê-la atualizada é escrever a documentação como parte da fonte e depois extraí-la em um arquivo separado.

C# suporta um formato de documentação baseado em XML. Ele pode verificar se o XML está bem formado, fazer alguma validação baseada em contexto, acrescentar algumas informações que só um compilador podem obter consistentemente certas e escrever em um arquivo separado.

O suporte C# XML pode ser dividido em duas seções: suporte de compilador e convenção de documentação. Na seção de suporte de compilador, existem guias que são especialmente processadas pelo compilador, para a verificação de conteúdo ou busca de símbolo. As guias restantes definem a convenção de documentação .NET e são passadas inalteradas pelo compilador.

Guias de suporte do compilador

As guias de suporte do compilador são um bom exemplo de compilador mágico; elas são processadas usando informações que só são conhecidas ao compilador. O exemplo seguinte ilustra o uso das guias de suporte:

```csharp
// file: employee.cs
using System;
namespace Payroll
{

/// <summary>
/// The Employee class holds data about an employee.
/// This class class contains a <see cref="String">string</see>
/// </summary>
public class Employee
{
        /// <summary>
        /// Constructor for an Employee instance. Note that
        /// <parameter name="name">name2</paramref> is a string.
        /// </summary>
        /// <param name="id">Employee id number</param>
        /// <param name="name">Employee Name</param>

        public Employee(int id, string name)
        {
            this.id = id;
            this.name = name;
        }

        /// <sumarry>
        /// Parameterless constructor for an employee instance
        /// </summary>
        /// <remarks>
        /// <seealso cref="Employee(int, string)">Employee(int, string)</seealso>
        / </remarks>
        public Employee()
        {
            id = -1;
            name = null;
        }
        int id;
        string name;

}
}
```

O compilador realiza processamento especial em quarto das guias de documentação. Nas guias param e paramref, ele valida que o nome referido para dentro da guia é aquele de um parâmetro para a função.

Nas guias see e seealso, ele toma o nome passado no atributo cref e busca por ele usando as regras de busca do identificador, para que o nome possa ser transformado a um nome totalmente qualificado. Depois, ele coloca um código diante do nome, para informar a qual nome se refere. Por exemplo,

```
<see cref="String">
```

torna-se

```
<see cref="T:System.String">
```

String é transformada à classe System.String, e T: significa que ela é um tipo. A guia seealso é tratada de uma maneira similar:

```
<seealso cref="Employee(int, string)">
```

torna-se

```
<seealso cref="M:Payroll.Employee.#ctor(System.Int32,System.String)">
```

A referência foi a um método construtor que tinha um int como o primeiro parâmetro e uma string como o segundo parâmetro.

Além das traduções anteriores, o compilador envolve as informações XML sobre cada elemento de código em uma guia member, que especifica o nome do membro, usando a mesma codificação. Isso permite a uma ferramenta pós-processamento, combinar facilmente membros e referências a membros.

O arquivo XML gerado a partir do exemplo anterior, como é mostrado (com algumas palavras envolvidas):

```
<?xml version="1.0"?>
<doc>
    <assembly>
        <name>employee</name>
    </assembly>
    <members>
        <member name="T:Payroll.Employee">
            <summary>
            The Employee class holds data about an employee.
            This class class contains a <see cref="T:System.
                String">string</see>
        </member>
        <member name="M:Payroll.Employee.#ctor(System.Int32,
            System.String)">
            <summary>
```

```
            Constructor for an Employee instance. Note that
            <paramref name="name2">name</paramref> is a string.
            </summary>
            <param name="id">Employee id number</param>
            </param name="name">Employee Name</param>
        </member>
        <member name="M:Payroll.Employee.#cot">
            <summary>
            Parameterless constructor for an employee instance
            </summary>
            <remarks>
            <seealso cref="M:Payroll.Employee.#cot(System.Int32,
               System.String)">Employee(int, string)</seealso>
>Employee(int, string)</seealso>
            </remarks>
        </member>
    </member>
</doc>
```

O pós-processamento em um arquivo pode ser bastante simples; um arquivo XSL que especifica como o XML deve ser apresentado pode ser acrescentado, o que levaria à exibição mostrada na Figura 31-1 em um browser que suporta XSL.

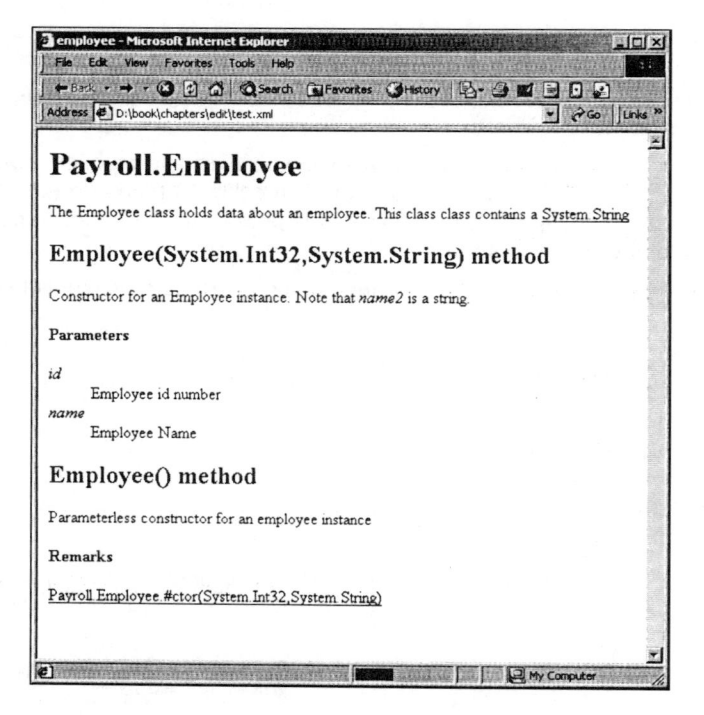

Figura 31-1: *Arquivo XML no Internet Explorer com formatação especificada por um arquivo XSL.*

Guias de documentação XML

O restante das guias de documentação XML descreve a convenção de documentação .NET. Elas podem ser estendidas, modificadas ou ignoradas, se necessário para um projeto específico.

Guia	Descrição
<Summary>	Uma rápida descrição do item
<Remarks>	Uma longa descrição do item
<c>	Caracteres de formato como código dentro de outro texto
<code>	Múltiplas linhas de seção de código — normalmente usada em uma seção <example>
<example>	Um exemplo de usar uma classe ou método
<exception>	As exceções que uma classe atira
<lista>	Uma lista de itens
<param>	Descreve um parâmetro para uma função membro
<paramref>	Uma referência a um parâmetro em outro texto
<permission>	A permissão aplicada a um membro
<returns>	O valor de retorno de uma função
<see cref="member">	Um link para um membro ou campo no ambiente de compilação atual
<seealso cref="member">	Um link na seção "see also" (veja também) da documentação
<value>	Descreve o valor de uma propriedade

Coleta de resíduo no .NET Runtime

A coleta de resíduo tem uma má reputação em algumas áreas do mundo de software. Alguns programadores sentem que fariam um melhor trabalho na alocação de memória do que pode fazer um coletor de resíduo (garbage collector — GC).

Eles estão certos; podem fazer trabalho melhor, mas só com um alocador personalizado para cada programa e, possivelmente, para cada classe. Também, os alocadores personalizados são muito trabalho para escrever, entender e manter.

Na grande maioria dos casos, um coletor de resíduo bem sintonizado dará desempenho igual ou melhor a um alocador de acúmulo não gerenciado.

Esta seção explicará um pouco sobre como funciona o coletor de resíduo, como ele pode ser controlado e o que não pode ser controlado em um mundo de resíduo coletado. As informações apresentadas aqui descrevem a situação para plataformas tais como o PC. Sistemas com recursos mais restritos devem ter sistemas GC mais simples.

Observe também que há otimizações feitas em máquinas de multiprocessador e servidor.

Alocação

A alocação de acúmulo no mundo .NET Runtime é muito rápida; tudo o que o sistema tem a fazer é garantir que haja bastante espaço no acúmulo gerenciado para o objeto solicitado, retornar um indicador para aquela memória e aumentar o indicador para o final do objeto.

Coletores de resíduo trocam simplicidade por ocasião da alocação por complexidade por ocasião da limpeza. As alocações são realmente rápidas na maioria dos casos, embora se não houvesse espaço suficiente, um coletor de resíduo poderia ser preciso, para obter espaço o bastante para alocação de objeto.

Claro, para garantir que haja espaço suficiente, o sistema pode precisar realizar uma coleta residual.

Para aperfeiçoar o desempenho, grandes objetos (>20K) são alocados de um grande acúmulo de objeto.

Marcar e compactar

O coletor de resíduo .NET usa um algoritmo "Mark and Compact" (marcar e compactar). Quando é feita uma coleta, o coletor de resíduo começa em objetos root (incluindo registros globais, estáticos, locais e de CPU), e encontra todos os objetos que são referenciados desses objetos root. Essa coleta de objetos denota os objetos que estão em uso na ocasião da coleta e, portanto, todos os outros objetos no sistema já não são mais necessários.

Para encerrar o processo de coleta, todos os objetos referenciados são copiados no acúmulo gerenciado e os indicadores àqueles objetos são tidos fixados. Depois, o indicador para o próximo ponto disponível é movido para o final dos objetos referenciados.

Visto que o coletor de resíduo está movendo objetos e referências objeto, não podem existir quaisquer outras operações ocorrendo no sistema. Em outras palavras, todo o trabalho útil precisa ser interrompido enquanto acontece a GC.

Gerações

Custa muito caminhar através dos objetos que estão atualmente referenciados. Muito do trabalho em fazer isso será trabalho perdido, visto que quanto mais antigo é um objeto, é mais provável que ele permanece por ali. Inversamente, quanto mais novo um objeto, mais provavelmente ele não é referenciado.

O tempo de execução põe em maiúscula esse comportamento, implementando gerações no coletor de resíduo. Ele divide os objetos no acúmulo em três gerações:

Objetos de geração 0 são objetos recém alocados que nunca foram considerados para coleta. Objetos de geração 1 sobreviveram a uma única coleta de resíduo, e objetos de geração 2 sobreviveram a múltiplas coletas de resíduos. Em termos de design, a geração 2 tende a contém objetos mais antigos, tal como aplicativos, a geração 1 tende a conter objetos com tempos de vida médios, tais como formulários e listas, e a geração 0 tende a conter objetos de vida curta, tais como variáveis locais.

Quando o tempo de execução precisa realizar uma coleta, primeiro realiza uma coleta geração 0. Essa geração contém a maior porcentagem de objetos não referenciados e, portanto, permitira a maior memória para o trabalho menor. Se tal coleta não gerar memória suficiente, então a geração 1 será coletada e, finalmente, se preciso, a geração 2.

A Figura 31-2 ilustra alguns objetos alocados no resíduo antes da ocorrência de uma coleta de resíduo. O sufixo numérico indica a geração do objeto; inicialmente, todos os objetos serão de geração 0. Objetos ativos são os únicos mostrados no resíduo, embora haja espaço para objetos adicionais serem alocados.

A0	B0	C0	D0	E0

Figura 31-2: Posição de memória inicial antes de qualquer coleta de resíduo.

Por ocasião da primeira coleta de resíduo, B e D são os únicos objetos que ainda estão em uso. O acúmulo se parece como a Figura 31-3 depois da coleta.

B1	D1

Figura 31-3: Posição de memória antes da primeira coleta de resíduo.

Visto que B e D sobreviveram a uma coleta, a sua geração é aumentada para 1. Novos objetos são então alocados, conforme mostrado na Figura 31-4.

B1	D1	F0	G0	H0	J0

Figura 31-4: Novos objetos são alocados.

O tempo passa. Quando acontece outra coleta de resíduo, D, G e H são os objetos vivos. O coletor de resíduo tenta uma coleta de geração 0, a qual leva ao layout mostrado na Figura 31-5.

B1	D1	G1	H1

Figura 31-5: Posição de memória depois de uma coleta de geração 0.

Ainda que B não esteja mais vivo, ele não é coletado, porque a coleção era só para a geração 0. Depois que alguns novos objetos são coletados, o acúmulo parece-se com a Figura 31-6.

| B1 | D1 | G1 | H1 | K0 | L0 | M0 | N0 |

Figura 31-6: Mais novos objetos são alocados.

O tempo passa, e os objetos vivos são D, G e L. A próxima coleta de resíduo faz ambas as gerações, 0 e 1, e leva ao layout mostrado na Figura 31-7.

| D2 | G2 | L1 |

Figura 31-7: Posição de memória depois de uma coleta de resíduo de geração 0 e geração 1.

Finalização

O coletor de resíduo suporta um conceito conhecido como finalização, que é de alguma forma análogo aos destruidores em C++. Em C#, eles são conhecidos como destruidores e são declarados com a mesma sintaxe que destruidores C++, mas sob a perspectiva de tempo de execução, eles são conhecidos como finalizadores.

Os finalizadores permitem a oportunidade de realizar alguma limpeza antes que um objeto seja coletado, mas eles têm limitações consideráveis e, portanto, na realidade não devem ser muito usados.

Antes de discutir as suas limitações, é útil entender como eles trabalham. Quando é alocado um objeto com um finalizador, o tempo de execução acrescenta o objeto referência a uma lista de objetos que precisarão de finalização. Quando acontece uma coleta de resíduo, se um objeto não tem referências, mas está contido na lista de finalização, ele é marcado como pronto para finalização.

Depois de completada a coleta de resíduo, o finalizador ativa uma seqüência e chama o finalizador para todos os objetos que estão prontos para finalização. Depois que ele é chamado para um objeto, ele é removido da lista de objetos que precisam de finalizadores, o que o disponibilizará para coleta na próxima vez em que ocorrer a coleta de resíduo.

Esse esquema resulta nas seguintes limitações relativas a finalizadores:
- Objetos que têm finalizadores têm mais código extra no sistema e permanecem em torno mais tempo.
- A finalização ocorre em uma seqüência separada da execução.

- Não há ordem garantida para finalização. Se o objeto *a* tem uma referência para o bjeto *b*, e ambos os objetos têm finalizadores, o finalizador do objeto *b* pode executar antes do finalizador do objeto *a* e, portanto, o objeto *a* pode não ter um objeto *b* para usar durante a finalização.
- Os finalizadores não são chamados na saída normal de programa, para apressar a saída. Isso pode ser controlado, mas não é encorajado.

Todas essas limitações são as razões pelas quais trabalhar em destruidores é desencorajado.

Como controlar o comportamento GC

Às vezes, pode ser útil controlar o comportamento GC. Isso deve ser feito com moderação; todo o ponto de um ambiente gerenciado é aquele que controla o que está acontecendo, e controlá-lo estritamente pode causar problemas em outro lugar.

Como forçar uma coleta

A função System.GC.Collect() pode ser chamada para forçar uma coleta. Isso é útil para quando o comportamento de um programa não for óbvio no tempo de execução. Por exemplo, se o programa tiver terminado um punhado de processamento e estiver se livrando de uma quantidade considerável de objetos, pode fazer sentido fazer uma coleta àquela altura.

Como forçar a finalização na saída

Se realmente for importante ter todos os finalizadores chamados na saída, o método System.GC.ResuestFinalizeOnShutdown() pode ser usado. Isso pode tornar lento o fechamento do aplicativo.

Como suprimir a finalização

Conforme mencionado anteriormente, uma cópia de um objeto é colocada na lista de finalização quando ele é criado.Se ele tornar-se um objeto que não precisa ser finalizado (porque a função de limpeza foi chamada, por exemplo), a função System.GC.Supress Finalize() pode ser usada para remover o objeto da lista de finalização.

Reflexão mais profunda

Os exemplos na seção de atributos mostraram como usar a reflexão para determinar os atributos que foram anexados à classe. A reflexão também pode ser usada para encontrar todos os tipos em um grupo, ou localiza e chamar dinamicamente, funções em um grupo. Pode até ser usada para emitir no ar a linguagem intermediária .NET, para gerar código que pode ser diretamente executado.

A documentação para o .NET Common Language Runtime contém mais detalhes sobre como usar reflexão.

Listagem de todos os tipos em um grupo

Este exemplo busca através de um grupo e localiza todos os tipos naquele grupo.

```
using System;
using System.Reflection;
enum MyEnum
{
          Val1,
          Val2,
          Val3
}
class MyClass
{
}
struct MyStruct
{
}
class Test
{
          public static void Main(String[] args)
          {
                    // list all types in the assembly that is passed
                    // in as a parameter
                    Assembly a = Assembly.LoadFrom (args[0]);
                    Type[] types = a.GetTypes();

                    // look through each type, and write out some information
                    // about them.
                    foreach (Type t in types)
                    {
                        Console.WriteLine ("Name: {0}", t.FullName);
                        Console.WriteLine ("Namespace: {0}", t.Namespace);
                        Console.WriteLine ("Base Class: {0}",
                          t.BaseType.FullName);
                    }
          }
}
```

Se este exemplo for executado, passando o nome de .exe, ele gerará a seguinte saída:

```
Name: MyEnum
Namespace:
Base Class: System.Enum
Name: MyClass
```

Namespace:
Base Class: System.Object
Name: MyStruct
Namespace:
Base Class: System.ValueType
Name: Test
Namespace:
Base Class: System.Object

Como encontrar membros

Este exemplo listará os membros de um tipo.

```
using System;
using System.Reflection;
enum MyEnum
{
          Val1,
          Val2,
          Val3
}
class MyClass
{
          MyClass() {}
          static void Process()
          {
          }
          public int DoThatThing(int i, Decimal d, string[] args)
          {
                return(55);
          }
          public int   value = 0;
          public float      log = 1.0f;
          public static int value2 = 44;
     }
class Test
{
          public static void Main(String[] args)
          {
                // Get the names and values in the enum
                Console.WriteLine("Fields of MyEnum");
                Type t = typeof (MyEnum);

                // create an instance of the enum
                object en = Activator.CreateInstance(t);
                foreach (FieldInfo f in t.GetFields(BindingFlags.LookupAll))
                {
                      object o = f.GerValue(en);
                      Console.WriteLine("{0}={1}", f, 0);
```

```
            }
                    // Now iterate through the fields of the class
            Console.WriteLine("Fields of MyClass");
            t = typeof (MyClass);
            foreach (MemberInfo m in t.GetFields(BindingFlags.LookupAll))
            {
                    Console.WriteLine("{0}", m);
            }

                    // and iterate through the methods of the class
            Console.WriteLine("Methods of MyClass");
            foreach (MethodInfo m in t.GetMethods(BindingFlags.LookupAll))
            {
                    Console.WriteLine("{0}", m);
                    foreach (ParameterInfo p in m.GetParameters())
                    {
                            Console.WriteLine("  Param: {0} {1}",
                                    p.ParameterType, p.Name);
                    }
            }
      }
}
```

Este exemplo produz a seguinte saída:

```
Fields of MyEnum
Int32 value_=0
MyEnum Val1=0
MyEnum Val2=1
MyEnum Val3=2
Fields of MyClass
Int32 value
Single log
Int32 value2
Methods of MyClass
Void Finalize ()
Int32 GetHashCode ()
Boolean Equals (System.Object)
      Param: System.Object obj
System.String ToString ()
Void Process ()
Int32 DoThatThing (Int32, System.Decimal, System.String[])
      Param: Int32 I
      Param: System.Decimal d
      Param: System.String[] args
System.Type GetType ()
System.Object MemberwiseClone ()
```

Para ser capaz de obter o valor de um campo em um enum, uma cópia do enum precisa estar presente. Enquanto que o enum poderia ter sido criado usando uma única nova declaração, a classe Activator foi usada para ilustrar como criar uma cópia no ar.

Ao interagir sobre os métodos em MyClass, os métodos padrão de objeto também aparecem.

Como chamar funções

Neste exemplo, a reflexão será usada para abrir os nomes de todos os grupos nas linhas de comando, para buscar pelas classes neles que implementar um grupo específico, e depois, para criar uma cópia daquelas classes e chamar uma função no grupo.

Isso é útil para oferecer uma arquitetura de ligação muito recente, onde um componente pode ser integrado a outro no tempo de execução do componente.

Este exemplo consiste de quatro arquivos. O primeiro define a interface IProcess, que será procurada. O segundo e terceiro arquivos contém classes que implementam essa interface, e cada um é compilado em um grupo separado. O último arquivo é o arquivo de driver; ele abre o conjunto passado na linha de comando e busca pelas classes que implementam IProcess. Ao encontrar uma, ele instancia uma cópia da classe e chama a função Process().

IProcess.cs

IProcess define aquela interface que estaremos buscando.

```
// file=IProcess.cs
namespace MamaSoft
{
        interface IProcess
        {
                string Process(int param);
        }
}
```

Process1.cs

```
// file=process1.cs
// Compile with: csc /target:library process1.cs iprocess.cs
using System;
namespace MamaSoft
{
                class Processor1: IProcess
        {
                Processor1() {}

                public string Process(int param)
                {
```

```
                Console.WriteLine("In Processor1.Process(): {0}", param);
                return("Raise the mainsail! ");
            }
        }
}
```

Isto deveria ser compilado com

csc /target:library process1.cs iprocess.cs

Process2.cs

```
// file=process2.cs
// Compile with: csc /target:library process2.cs iprocess.cs
using System;
namespace MamaSoft
{
        class Processor2: IProcess
        {
                Processor2() {}

                public string Process(int param)
                {
                        Console.WriteLine("In Processor2.Process():{0}", param);
                        return("Shiver me timbers! ");
                }
        }
}
class Unrelated
{
}
```

Isto deveria ser compilado com

csc / target:library process2.cs iprocess.cs

Driver.cs

```
// file=driver.cs
// Compile with: csc driver.cs iprocess.cs
using System;
using System.Reflection;
using MamaSoft;
class Test
{
        public static void ProcessAssembly(string aname)
        {
                Console.WriteLine("Loading: {0}", aname);
```

```csharp
            Assembly a = Assembly.LoadFrom (aname);

                // walk through each type in the assembly
            foreach (Type t in a.GetTypes())
            {
                    // if it's a class, it might be one that we want.
                if (t.IsClass)
                {
                    Console.WriteLine(" FoundClass: {0}", t.FullName);

                        // check to see if it implements IProcess
                    if (t.GetInterface("IProcess") == null)
                        continue;

                        // it implements IProcess. Create an instance
                        // of the object.
                    object o = Activator.CreateInstance(t);

                        // create the parameter list, call it,
                        // and print out the return value.
                    Console.WriteLine(" Calling Process() on {0}",
                        t.FullName);
                    object[] args = new object[] {55};
                    object result;
                    result - t.InvokeMember("Process",
                        BindingFlags.Default |
                        BindingFlags.InvokeMethod,
                        null, o, args);
                    Console.WriteLine(" Result:{0}", result);
                }
            }
        }
        public static void Main(String[] args)
        {
            foreach (string arg in args)
                ProcessAssembly(arg);
        }
    }
}
```

Depois que este exemplo tiver sido compilado, ele pode ser executado com

process process1.dll process2.dll

que gerará a seguinte saída:

```
Loading: process1.dll
    Found Class: MamaSoft.Processor1
        Calling Process() on MamaSoft.Processor1
In Processor1.Process(): 55
        Result: Raise the mainsail!
```

```
Loading: process2.dll
    Found Class: MamaSoft.Processor2
        Calling Process2 on MamaSoft.Processor2
In Processor2.Process(): 55
        Result: Shiver me timbers!
    Found Class: MamaSoft.Unrelated
```

Otimizações

As seguintes otimizações são realizadas pelo compilador C# quando a sinalização / optimize+ é usada:
- Variáveis locais que nunca são lidas são eliminadas, mesmo se elas forem atribuídas
- Código inatingível (código depois de um return, por exemplo), é eliminado
- Um try-catch com um bloco try vazio é eliminado
- Um try-finally com um try vazio é convertido ao código normal
- Um try-finally com um finally vazio é convertido ao código normal
- É feito um desvio de otimização.

CAPÍTULO 32

Programação defensiva

O .NET Runtime oferece algumas facilidades para tornar a programação menos perigosa. Métodos condicionais e rastreio podem ser usados para acrescentar verificações e registrar código em um aplicativo, para pegar erros durante o desenvolvimento e para diagnosticar erros em código lançado.

Métodos condicionais

Os métodos condicionais são usados, tipicamente, para escrever código que só realiza operações quando compilados de determinada maneira. Com freqüência, isso é usado para acrescentar código que só é chamado quando é feita uma montagem de depuração, e não chamada em outras montagens, geralmente porque a verificação adicional é muito lenta.

Em C++, isso seria feito usando um macro no arquivo include, que tivesse mudado uma função chamando para nada se o símbolo de depuração não tivesse sido definido. No entanto, isso não funciona em C#, pois não há arquivo include ou macro.

Em C#, um método pode ser marcado com o atributo Conditional, o que indica quando chamadas a ele devem ser geradas. Por exemplo:

```
using System;
using System.Diagnostics;

class MyClass
{
        public MyClass(int i)
```

```
            {
                    this.i = i;
            }

            [Conditional("DEBUG")]
            public void VerifyState()
            {
                    if (i != 0)
                            Console.WriteLine("Bad State");
            }

            int i = 0;
    }
    class Test
    {
            public static void Main()
            {
                    MyClass c = new MyClass(1);

                    c.VerifyState();
            }
    }
```

A função VerifyState() tem aplicado nela o atributo Conditional, com "DEBUG' como a string condicional. Quando o compilador vem através de uma chamada função para tal função, ele busca ver se a string condicional foi definida. Se ela não tiver sido definida, a chamada à função é eliminada.

Se este código for compilado usando "/D:DEBUG" na linha de comando, ele imprimirá "Bad State" quando retornar. Se compilado sem DEBUG definido, a função não será chamada, e não haverá saída.

Classes
Debug e Trace

O .NET Runtime generalizou esse conceito, oferecendo as classes Debug e Trace no espaço de nome System.Diagnostics. Essas classes implementam a mesma funcionalidade, mas têm usos ligeiramente diferentes. O código que usa as classes Trace é suposto estar presente em software lançado e, portanto é importante não usá-lo demais, pois ele poderia afetar o desempenho.

Debug, por outro lado, não vai estar presente em software lançado e, portanto, pode ser usado com mais liberdade.

Chamadas a Debug são condicionais em DEBUG sendo definidas, e chamadas a Trace são condicionais em TRACE sendo definidas. Por padrão, o VS IDE definirá TRACE em ambas as montagens, depuração e no varejo, e DEBUG apenas em montagens de depuração. Ao compilar a partir da linha de comando, é exigida a opção apropriada.

No restante deste capítulo, exemplos que usam Debug também funcionam com Trace.

Asserts (assertivas)

Uma assert é simplesmente uma declaração de uma condição que deve ser verdadeira, seguida por algum texto para saída, se for falsa. O código do exemplo anterior seria mais bem escrito com isto:

```
// compile with: csc /r:system.dll file_1.cs
using System;
using System.Diagnostics;
class MyClass
{
            public MyClass(int i)
            {
                this.i = i;
            }

            [Conditional("DEBUG")]
            public void VerifyState()
            {
                Debug.Assert(i == 0, "Bad State");
            }

            int i = 0;
}
class Test
{
            public static void Main()
            {
                Debug.Listeners.Clear();
                Debug.Listeners.Add(new TextWriterTraceListener
                    (Console.Out));
                MyClass c = new MyClass(1);

                c.VerifyState();
            }
}
```

Por padrão, asserts e outras saídas de depuração são enviadas a todos os ouvintes na coleção Debug.Listeners. Visto que o comportamento padrão é para trazer para frente uma caixa de diálogo, o código em Main() limpa a coleção Listeners e depois acrescenta um novo ouvinte, que é pinçado para Console.Out. Isso resulta na saída indo para o console.

Assertivas são amplamente úteis em projetos complexos, para garantir que as condições esperadas sejam verdadeiras.

Saída de Debug e Trace

Além de asserts, as classes Debug e Trace podem ser usadas para enviar informações úteis para os atuais ouvintes de depuração ou busca. Esse é um adjunto útil para executar no depurador, pois ele é menos invasivo e pode ser habilitado em montagens lançadas, para gerar arquivos de registro.

As funções Write() e WriteLine() enviam saída para os ouvintes atuais. Esses são úteis na depuração, mas não são realmente úteis em software lançado, visto que é raro querer registrar algo o tempo todo.

As funções WriteIf() e WriteLineIf() enviam saída apenas se o primeiro parâmetro for verdadeiro. Isso permite o comportamento ser controlado por uma variável estática na classe, o que poderia ser mudado no tempo de execução, para controlar a quantidade de registro sendo executado.

```
// compile with: csc /r:system.dll file_1.cs
using System;
using System.Diagnostics;
class MyClass
{
    public MyClass(int i)
    {
        this.i = i;
    }

    [Conditional("DEGUB")]
    public void VerifyState()
    {
        Debug.WriteLineIf(debugOutput, "In VerifyState");
        Debug.Assert(i == 0, "Bad State");
    }

    static public bool DebugOutput
    {
        get
        {
            return(debugOutput);
        }
        set
        {
            debugOutput = value;
        }
    }

    int i = 0;
    static bool debugOutput = false;
```

```
}
class Test
{
        public static void Main()
        {
                Debug.Listeners.Clear();
                Debug.Listeners.Add(new TextWriterTraceListener
                   (Console.Out));
                MyClass c = new MyClass(1);

                c.VerifyState();
                MyClass.DebugOutput = true;
                c.VerifyState();

        }
}
```

Este código produz a seguinte saída:

```
Fail: Bad State
In VerifyState
Fail: Bad State
```

Como usar interruptores para controlar Debug e Trace

O último exemplo mostrou como controlar registro com base em uma variável bool. O retrocesso dessa abordagem é que precisa haver uma maneira de ajustar aquela variável dentro do programa. O que seria mais útil é uma maneira de ajustar o valor de tal variável externamente.

As classes BooleanSwitch e TraceSwitch oferecem esse recurso. O comportamento delas pode ser controlado em tempo de execução, seja ajustando uma variável de ambiente ou uma entrada de registro.

BooleanSwitch

A classe BooleanSwitch encapsula uma simples variável booleana, que então é usada para controlar o registro.

```
// file=boolean.cs
// compile with: csc /D:DEBUG /r:system.dll boolean.cs
using System;
using System.Diagnostics;
```

```csharp
class MyClass
{
        public MyClass(int i)
        {
            this.i = i;
        }

        [Conditional("DEBUG")]
        public void VerifyState()
        {
            Debug.WriteLineIf(debugOutput.Enabled, "VerifyState Start");

            if (debugOutput.Enabled)
                 Debug.WriteLine("VerifyState End");
        }

        BooleanSwitch     debugOutput =
             new BooleanSwitch("MyClassDebugOutput", "Control debug output");
        int i = 0;
}
class Test
{
        public static void Main()
        {
            Debug.Listeners.Clear();
            Debug.Listeners.Add(new TextWriterTraceListener
               (Console.Out));
            MyClass c = new MyClass(1);

            c.VerifyState();
        }
}
```

Neste exemplo, é criada uma cópia de BooleanSwitch como um membro estático da classe, e essa variável é usada para controlar se acontece saída. Se esse código for executado, ele não produz saída, mas a variável debugOutput pode ser controlada, ajustando uma variável de ambiente.

```
set_Switch_MyClassDebugOutput=1
```

O nome da variável de ambiente é criado pré-colocando "_Switch_" diante do nome exibido (primeiro parâmetro) do construtor de BooleanSwitch. Executar o código depois de ajustar essa variável produz a seguinte saída:

```
VerifyState Start
VerifyState End
```

O código em VerifyState mostra duas formas de usar a variável para controlar a saída. O primeiro uso para a sinalização de saída da função WriteLineIf() e é o mais simples de escrever. Entretanto, ele é um pouco menos eficiente, visto que a chamada função a WriteLineIf() é feita, ainda que a variante seja falsa. A segunda versão, a qual verifica a variável antes da chamada, evita a chamada função e, portanto, é ligeiramente mais eficaz.

O valor de uma variável BooleanSwitch também pode ser ajustado através do registro Windows. Para este exemplo, um novo valor DWORD com a chave

HKEY_LOCAL·MACHINE\SOFTWAREMicrosoft\COMPlus\Switches\MyClassDebugOutput

é criado, e o valor DWORD é ajustado para 0 ou 1, para ajustar o calor da BooleanSwitch.

TraceSwitch

Às vezes é útil usar algo que não um booleano para controlar o registro. É comum ter diferentes níveis de registro, cada qual escreve uma quantidade de informações no registro.

A classe TraceSwitch define quatro níveis de registros de informações. Eles são definidos no enum TraceLevel.

Level	Valor numérico
Off	0
Error	1
Warning	2
Info	3
Verbose	4

Cada um dos níveis mais altos implica o nível mais baixo; se o nível é ajustado para Indo, Error e Warning também serão ajustados. Os valores numéricos são usados ao ajustar a sinalização através de uma variável de ambiente, ou ajuste de registro.

A classe TraceSwitch expõe propriedades que dizem se um nível de rastreio específico foi ajustado, e uma declaração típica de registro verificaria se a propriedade adequada foi ajustada. Eis o exemplo anterior, modificado para usar diferentes níveis de registro.

```
// compile with: csc /r:system.dll file_1.cs
using System;
using System.Diagnostics;
```

```
class MyClass
{
        public MyClass(int i)
        {
            this.i = i;
        }

        [Conditional("DEBUG")]
        public void VerifyState()
        {
            Debug.WriteLineIf(debugOutput.TraceInfo, "VerifyState Start");

            Debug.WriteLineIf(debugOutput.TraceVerbosa,
                "Starting field verification");

            if (debugOutput.TraceInfo)
                Debug.WriteLine("VerifyState End");
        }

        static TraceSwitch            debugOutput =
            new TraceSwitch("MyClassDebugOutput", "Control debug output");
        int i = 0;
}
class Test
{
        public static void Main()
        {
            Debug.Listeners.Clear();
            Debug.Listeners.Add(new TextWriterTraceListener
              (Console.Out));
            MyClass c = new MyClass(1);

            c.VerifyState();
        }
}
```

Interruptor definido pelo usuário

A classe Switch está encapsulada agradavelmente, obtendo o valor de alternância do registro, assim é fácil derivar um interruptor personalizado se os valores de TraceSwitch não funcionam bem.

O exemplo a seguir implementa Special Switch, que implementa os níveis de registro Mute, Terse, Verbose e Chatty:

```csharp
// compile with: csc /r:system.dll file_1.cs
using System;
using System.Diagnostics;

enum SpecialSwitchLevel
{
           Mute = 0,
           Terse = 1,
           Verbose = 2,
           Chatty = 3
}

class SpecialSwitch: Switch
{
           public SpecialSwitch(string displayName, string description) :
                 base(displayName, description)
           {
           }

           public SpecialSwitchLevel level
           {
               get
               }
                      return(level);
               }
               set
               }
                      level = value;
               }
           }
           public bool Mute
           {
               get
               {
                      return(level == 0);
               }
           }
           public bool Terse
           {
               get
               {
                      return((int) level >= (int) (SpecialSwitchLevel.Terse));
               }
           }
```

```csharp
        public bool Verbose
        {
            get
            {
                return((int) level >= (int) Special
                  SwitcheLevel.Verbose);
            }
        }
        public bool Chatty
        {
            get
            {
                return((int) level >=(int) SpecialSwitchLevel.Chatty);
            }
        }

        protected override void SetSwitchSetting(int level)
        {
            if (level < 0)
                level = 0;
            if (level > 4)
                level = 4;

            this.level = (SpecialSwitchLevel) level;
        }

        SpecialSwitchLevel level;
}

class MyClass
{
        public MyClass(int i)
        {
            this.i = i;
        }
        [Conditional("DEBUG")]
        public void VerifyState()
        {
            Debug.WriteLine(debugOutput.Terse, "VerifyState Start");

            Debug.WriteLineIf(debugOutput.Chatty,
                "Starting field verification");

            if (debugOutput.Verbose)
                Debug.WriteLine("VerifyState End');
        }

        static SpecialSwitch    debugOutput =
            new SpecialSwitch("MyClassDebugOutput", "Control debug
              output");
        int i = 0;
}
```

```
class Test
{
        public static void Main()
        {
              Debug.Listeners.Clear();
              Debug.Listeners.Add(new TextWriterTraceListener
                (Console.Out));
              MyClass c = new MyClass(1);

              c.VerifyState();
        }
}
```

CAPÍTULO 33

A linha de comando

Este capítulo descreve os interruptores de linha de comando que podem ser passados para o compilador. As opções que podem ser abreviadas são mostradas com a parte abreviada entre chaves retas ([]).

As opções /out e /target podem ser usadas mais de uma vez em uma única compilação, e elas aplicam-se apenas aqueles arquivos fonte que seguem a opção.

Uso simples

No uso simples, o seguinte comando de linha de comando deve ser usado:

```
csc test.cs
```

Isto compilará o arquivo test.cs e produzirá um grupo console (.exe) que pode então ser executado. Arquivos múltiplos podem ser especificados na mesma linha, junto com curingas.

Arquivos resposta

O compilador C# suporta um arquivo resposta que contém opções de linha de comando. Isso é especialmente útil se existirem muitos arquivos para compilar, ou opções complexas.

Um arquivo resposta é especificado simplesmente listando-o na linha de comando:

```
csc @<responsefile>
```

Múltiplos arquivos resposta podem ser usados em uma única linha de comando, ou eles podem ser misturados com opções na linha de comando.

Opções de linha de comando

As tabelas a seguir resumem as opções de linha de comando do compilador C#. A maioria dessas opções também pode ser ajustada de dentro de Visual Studio IDE.

Opções de relatório de erro

Comando	Descrição
/warnaserror[+I-]	Trata avisos como erros. Quando esta opção está ativada, o compilador retornará um código de erro, mesmo que só haja avisos durante a compilação
/w[arn]:<level>	Ajusta nível de aviso (0-4)
/nowarn:<list>	Especifica uma lista de avisos separada por vírgula a não relatar
/fullpaths	Especifica o caminho completo a um arquivo em erros ou avisos de compilação

Opções de entrada

Comando	Descrição
/addmodule:<file>	Especifica módulos que são parte desse grupo
/codepage:<id>	Usa o código de id de página especificado para abrir os arquivos fonte
/nostdlib[+I-]	Não importa a biblioteca padrão (mscorlib.dll). Isso pode ser usado para alternar para uma biblioteca padrão diferente para um dispositivo alvo específico
/recurse:<filespace>	Busca subdiretórios para arquivos compilar
/r[eference]:<file>	Especifica arquivo metadados para importar

Opções de saída

Comando	Descrição
/a[ssembly] [+I-]	Emite um PE agrupado
/o[ptimize] [+I-]	Habilita otimizações
/out:<outfile>	Ajusta a saída de nome de arquivo
/t[arget]:module	Cria modulo que pode ser acrescentado a outro grupo
/t[arget]:library	Cria uma biblioteca ao invés de um aplicativo
/t[arget]:exe	Cria um aplicativo console (padrão)
/t[arget]:winexe	Cria um aplicativo Windows GUI
/nooutput[+I-]	Só verifica código por erros; não emite executável
/baseaddress:<addr>	Especifica o endereço base de biblioteca

Opções de processamento

Comando	Descrição
/debug[+l-]	Emite informações de depuração
/incr[emental] [+l-]	Realiza uma montagem incremental
/checked[+l-]	Verifica excesso ou falta, por padrão
/unsafe[+l-]	Permite código "inseguro"
/d[efine]:<def-list>	Define símbolo(s) de compilação condicional
/doc:<file>	Especifica um arquivo para onde armazenar documentos XML
/win32res:<resfile>	Especifica um arquivo de recurso em Win32
/win32icon:<iconfile>	Especifica um arquivo de ícone em Win32
/res[ource]:<file>[,<name>[, <MIMEtype]]	Embute um recurso neste grupo
/linkres[ource] :<file>[,<name>[,<MIMEtype]]	Vincula um recurso neste grupo sem embuti-lo

Diversos

Comando	Descrição
/? ou /help	Exibe o uso de mensagem
/nologo	Não exibe o banner de direitos autorais do compilador
/bugreport:<file>	Cria arquivo de relatório
/main:<classname>	Especifica a classe a usar para o ponto de entrada Main()

CAPÍTULO 34

C# comparado a outras linguagens

Este capítulo comparará C# a outras linguagens. C#, C++ e Java, todos compartilham raízes comuns, e são mais semelhantes uns aos outros do que são para com muitas outras linguagens. O Visual Basic não é tão semelhante a C# como são outras linguagens, mas ele ainda compartilha muitos elementos sintáticos.

Há também uma seção deste capítulo que discute as versões .NET de Visual C++ e Visual Basic, visto que elas também são, de alguma forma, diferentes de suas anteriores.

Diferenças entre C# e C/C++

O código C# será familiar a programadores C e C++, mas ainda existem algumas grandes diferenças e uma infinidade de pequenas diferenças. O texto que segue dá uma visão geral das diferenças. Para uma perspectiva mais detalhada, veja o artigo da Microsoft, "C# for the C++ Programmer."

Um ambiente gerenciado

O C# executa no ambiente .NET. Isso não apenas significa que existem muitas coisas que não estão sob o controle do programador, mas também que ele oferece um conjunto novo de estruturas. Junto, isso significa que algumas coisas foram mudadas.

- A remoção de objeto é realizada pelo coletor de resíduo algum tempo depois que o objeto não é mais usado. Destruidores (conhecidos como finalizadores) podem ser usados para alguma limpeza, mas não da maneira com que os destruidores C++ são usados.

- Não existem indicadores na linguagem C#. Bem, existem no modo unsafe, mas eles raramente são usados. Ao invés disso, são usadas referências, e elas são semelhantes às referências C++, sem algumas das limitações de C++.
- A fonte é compilada para grupos, que contêm tanto o código compilado (expressado na linguagem intermediária .NET) como metadados para descrever tal código compilado. Todas as linguagens .NET consultam os metadados para determinar as mesmas informações que estão contidas em arquivos C++ .h e, portanto, os arquivos include estão ausentes.
- Chamar código original exige um pouco mais de trabalho.
- Não há biblioteca no C/C++ Runtime. As mesmas coisas — tais como manipulação de string, arquivo I/O e outras rotinas — podem ser feitas com o .NET Runtime e são encontradas em espaços de nome que começam com System.
- Lidar com exceção é usado ao invés de retorno de erro.

Objetos .NET

Todos os objetos C# têm uma classe base final object e só há uma herança de classes, embora haja múltiplas implementações de interfaces.

Objetos de peso leve, tal como tipos de dados, podem ser declarados como structs (também conhecidas como tipos de valor), o que significa que elas são alocadas na pilha ao invés de no acúmulo.

Structs C# e outros tipos de valor (inclusive os tipos de dados internos) podem ser usados em situações onde objetos são exigidos para encaixotá-los, o que copia automaticamente o valor dentro de um envoltório alocado em acúmulo, que é compatível com objetos alocados em acúmulos (também conhecidos como objetos referência). Isso unifica o tipo de sistema, permitindo a qualquer variável ser tratada como um objeto, mas sem o código extra quando a unificação não é necessária.

O C# suporta propriedades e indexadores para separar o modelo de usuário de um objeto a partir da implementação do objeto e suporta delegados e eventos para encapsular indicadores de função e retornos de chamada.

O C# oferece a palavra chave *param*, para oferecer suporte semelhante a varags.

Declarações C#

As declarações C# têm alta fidelidade para com as declarações C++. Existem algumas diferenças notáveis:
- A palavra chave new significa "obter uma nova cópia de". O objeto é alocado em acúmulo se for um tipo referência, e alocado em pilha ou em linha se for um valor tipo.
- Todas as declarações que verificam uma condição booleana agora exigem uma variável de tipo bool. Não há conversão automática de int para bool, assim "if (i)" não é válido.

- Declarações switch incapacitam através de queda, para reduzir erros. Switch também pode ser usada em valores string.
- Foreach pode ser usada para interagir sobre objetos e coleções.
- Checked e unchecked são usadas para controlar se as operações aritméticas e as conversões são verificadas com relação a excesso.
- Atribuição definitiva exige que objetos tenham um valor definitivo antes de serem usados.

Atributos

Atributos são anotações escritas para encaminhar dados declaratórios do programador para outro código. Aquele outro código pode ser, no ambiente de tempo de execução, um designer, uma ferramenta de análise de código ou alguma outra ferramenta personalizada. As informações de atributo são recuperadas através de um processo conhecido como reflexão.

Os atributos são escritos dentro de chaves quadradas, e podem ser colocados em classes, membros, parâmetros e outros elementos de código. Eis um exemplo:

```
[CodeReview("1/1/199", Comment="Rockin'")]
class Test
{
}
```

Como fazer versão

O C# capacita uma versão melhor do que C++. Já que o tempo de execução lida com layout de membro, a compatibilidade binária não é um aspecto. O tempo de execução oferece versões lado-a-lado de componentes, se desejado, e semânticas certas ao fazer versões de estruturas, e a linguagem C# permite ao programador especificar a intenção de fazer versão.

Organização de código

C# não tem arquivos de cabeçalho; todo o código é escrito em linha e, enquanto há suporte de pré-processador para suporte de código condicional, não há suporte para macros. Essas restrições tanto facilitam quanto tornam mais rápido para o compilador separar código C#, e também torná-lo mais fácil para os ambientes de desenvolvimento entender o código C#.

Além disso, não há dependência de ordem em código C# e nem encaminhamento de declarações. A ordem de classes em arquivos fonte não é importante; as classes podem ser reorganizadas à vontade.

Perda de recursos C#

Os seguintes recursos C++ não estão em C#:
- Herança múltipla
- Funções ou parâmetros de membro constante. Campos constantes são suportados
- Variáveis globais
- Typedef (tipo definido)
- Conversão por construção
- Argumentos padrões em parâmetros função

Diferenças entre C# e Java

C# e Java têm roots semelhantes; assim, não é surpresa que existam similaridades entre eles. No entanto, existe uma quantidade razoável de diferenças entre eles. A maior diferença é que C# fica no .NET Frameworks and Runtime, e Java no Java Frameworks and Runtime.

Tipos de dados

C# tem mais tipos de dados originais do que Java. A tabela a seguir resume os tipos Java e seus análogos C#:

Tipo C#	Tipo Java	Comentários
sbyte	byte	Byte C# não é assinado
short	short	
int	int	
long	long	
bool	Boolean	
float	float	
double	double	
char	char	
string	string	
object	object	
byte	Tipo não assinado	
ushort	Curto não assinado	
uint	Int não assinado	
ulong	Longo não assinado	
decimal	Tipo financeiro/monetário	

Em Java, os tipos de dados originais estão em um mundo separado dos tipos baseados em objeto. Para os tipos originais participarem do mundo baseado em objeto (em uma coleção, por exemplo), eles precisam ser colocados em uma cópia de um envoltório de classe, e o envoltório de classe colocado naquela coleção.

C# aborda esse problema diferentemente. Em C#, tipos originais são alocados em pilha, como em Java, mas eles também são considerados derivados da classe base final, object. Isso significa que os tipos originais podem ter funções membro definidas e chamadas a elas. Em outras palavras, o seguinte código pode ser escrito:

```
using System;
class Test
{
    public static void Main()
    {
        Console.WriteLine(5.ToString());
    }
}
```

A constante 5 de tipo int, e o membro ToString() são definidos para o tipo int, portanto, o compilador pode gerar uma chamada a ele e passar o int para a função membro como se fosse um objeto.

Isso funciona bem quando o compilador sabe que ele está lidando com um original, mas não funciona quando precisa funcionar, com objetos alocados por acúmulo em uma coleção. Sempre que um tipo original é usado em uma situação onde um parâmetro de tipo objeto é exigido, automaticamente o compilador encaixotará o tipo original em um envoltório alocado por acúmulo. Eis um exemplo de encaixotamento:

```
using System;
class Test
{
    public static void Main()
    {
        int v = 55;
        object o = v;      // box v into o
        Console.WriteLine("Value is: {0}", o);
        int v = (int) o;   // unbox back to an int
    }
}
```

Neste código, o inteiro é encaixotado em um object e depois passado para a função membro Console.WriteLine() como um objeto parâmetro. Declarar o objeto variável é feito apenas para ilustração; no código real, v seria passado diretamente, e o encaixotamento aconteceria no local de chamada. O inteiro encaixotado pode ser extraído por uma operação cast, que extrairá o int encaixotado.

Como estender o tipo de sistema

Os tipos originais C# (com exceção de string e object) também são conhecidos como tipos valor, porque as variáveis de tais tipos contêm valores atuais. Os outros tipos são conhecidos como tipos referência, pois tais variáveis contêm referências.

Em C#, um programador pode estender o tipo de sistema implementando um tipo de valor personalizado. Esses tipos são implementados usando a palavra chave struct e comportam-se da analogamente a tipos valor internos; eles são alocados em pilha, podem ter funções membro definidas neles e são encaixotados e desencaixotados quando necessário. De fato, os tipos originais C#, todos, são implementados como tipos valor e a única diferença sintática entre os tipos internos e os tipos definidos pelo usuário é que os tipos internos podem ser escritos como constantes.

Para fazer os tipos definidos pelo usuário portarem-se naturalmente, estruturas C# podem sobrecarregar operadores aritméticos para que operações numéricas sejam realizadas, e conversões, tais como implícitas e explícitas, possam ser realizadas entre estruturas e outros tipos. O C# também suporta sobrecarga em classes.

Uma struct é escrita usando a mesma sintaxe que uma class, exceto que uma estrutura não pode ter uma classe base (que não a classe base implícita object), embora ela possa implementar interfaces.

Classes

Classes C# são bastante semelhantes a classes Java, com algumas importantes diferenças relativas a constantes, classes base e construtores, construtores estáticos, funções virtuais, ocultação e confecção de versão, acessibilidade de membros, parâmetros ref e out e identificação de tipos.

Constantes

Java usa static final para declarar uma classe constante. C# substitui isso por const. Além disso, C# acrescenta a palavra chave readonly, que é usada em situações onde o valor constante não pode ser determinado por ocasião da compilação. Campos readonly só podem ser ajustados através de um inicializador ou classe construtor.

Classes base e construtores

O C# usa a sintaxe C++ tanto para definir a classe base e interfaces de uma classe, quanto para chamar outros construtores. Uma classe C# que faz isso deve se parecer com isto:

```
public class MyObject: Control, IFormattable
{
      public Control(int value)
      {
            this.value = value;
```

```
        }
            public Control() : base(value)
        {
        }
        int value;
}
```

Construtores estáticos

Ao invés de usar um bloco de inicialização estática, o C# oferece construtores estáticos, os quais são escritos usando a palavra chave static diante de um construtor sem parâmetro.

Funções virtuais, ocultação e confecção de versão

Em C#, por padrão, todos os métodos não-virtuais e virtual precisam ser explicitamente especificados para tornar uma função virtual. Por causa disso, não há métodos finais em C#, embora o equivalente de uma classe final possa ser conseguido usando sealed.

O C# oferece melhor suporte de confecção de versão do que Java, e isso resulta em algumas pequenas mudanças. O método de sobrecarregamento é feito pelo nome ao invés de pela assinatura, o que significa que o acréscimo de classes em uma classe base não mudará o comportamento do programa. Considere o seguinte:

```
public class B
{
}
public class D: B
{
        public void Process(object o) {}
}
class Test
{
        public static void Main()
        {
            D d = new D();
            d.Process(15);    // make call
        }
}
```

Se o provedor da classe base acrescentar uma função de processo que é uma combinação melhor, o comportamento mudará:

```
public class B
{
        public void Process(int v) {}
}
public class D: B
{
        public void Process(object o) {}
```

```
}
class Test
{
        public static void Main()
        {
              D d = new D();
              d.Process(15);    //make call
        }
}
```

Em Java, agora isto chamará a implementação da classe base, que é pouco provável estar certa. Em C#, o programa continuará a trabalhar como antes.

Para lidar com o caso semelhante em funções virtuais, o C# exige que a semântica da confecção de versão seja claramente especificada. Se Process() tiver sido uma função virtual na classe derivada, Java suporia que qualquer função de classe base que combinasse em assinatura seria uma base para aquela virtual, o que dificilmente estaria certo.

Em C#, funções virtuais só são sobregravadas se a palavra chave override for especificada. Veja o Capítulo 11, "Como fazer versão usando New e Override", para maiores informações.

Acessibilidade de membros

Além de acessibilidade public, private e protected, o C# acrescenta internal. Membros com acessibilidade internal podem ser acessados a partir de outras classes dentro do mesmo projeto, mas não de fora do projeto.

Parâmetros ref e out

Em Java, parâmetros são sempre passados por valor. C# permite que os parâmetros sejam passados por referência, usando a palavra chave ref. Isso permite à função membro mudar o valor do parâmetro.

C# também permite parâmetros serem definidos usando a palavra chave out, que funciona exatamente da mesma maneira que ref, exceto que a variável passada como o parâmetro não precisa ter um valor conhecido antes da chamada.

Como identificar tipos

Java usa o método GetClass() para retornar um objeto Classe, que contém informações sobre o objeto no qual ele é chamado. O objeto Type é o análogo .NET para o objeto Class e pode ser obtido de várias maneiras:
- Chamando o método GetType() em uma cópia de um objeto
- Usando o operador typeof no nome de um tipo
- Buscando o tipo pelo nome, usando as classes em System.Reflection

Interfaces

Enquanto que interfaces Java têm constantes, as interfaces C# não têm. Ao implementar interfaces, o C# oferece implementação de interface explícita. Isso permite a uma classe implementar duas interfaces a partir de duas fontes diferentes, que têm o mesmo nome de membro, e ele pode ser usado para ocultar implementações de interface do usuário. Para maiores informações, veja o Capítulo 10, "Interfaces".

Propriedades e indexadores

O idioma de propriedade com freqüência é usado em programas Java, declarando os métodos get e set. Em C#, uma propriedade aparece para o usuário de uma classe como um campo, mas tem um acesso get e set para realizar as operações de leitura e/ou escrita.

Um indexador é semelhante a uma propriedade, mas, ao invés de parecer com um campo, um indexador parece ao usuário ser como um array. Como as propriedades, os indexadores têm acessos get e set, mas, diferente de propriedades, um indexador pode ser sobrecarregado em tipos diferentes. Isso capacita uma linha de banco de dados que pode ser indexada tanto pelo número de coluna quanto pelo nome de coluna, e uma tabela hash que pode ser indexada pela chave hash.

Delegados e eventos

Quando um objeto precisa receber uma chamada de retorno em Java, é usada uma interface para especificar como o objeto precisa ser formado, e um método naquela interface é chamado para a chamada de retorno. Uma abordagem parecida pode ser usada com interfaces em C#.

O C# acrescenta delegados, que podem ser tidos como indicadores de função seguras de tipo. Uma classe pode criar um delegado em uma função na classe, e depois, aquele delegado pode ser passado para uma função que aceita o delegado. Aquela função pode então chamar o delegado.

C# monta através de delegados com eventos, que são usados pelo .NET Frameworks. Os eventos implementam o idioma edita-e-assina; se um objeto (tal como um controle) suporta um clique de evento, qualquer quantidade de outras classes pode registrar um delegado para ser chamado quando aquele evento é disparado.

Atributos

Atributos são notações escritas para apresentar dados declarativos do programador para outro código. Aquele outro código poderia ser o ambiente de tempo de execução, um designer, uma ferramenta de análise de código ou alguma outra ferramenta personalizada. As informações de atributo são recuperadas através de um processo conhecido como reflexão.

Os atributos são escritos entre chaves quadradas e podem ser colocados em classes, membros, parâmetros e outros elementos de código. Eis um exemplo:

```
[CodeReview("1/1/199", Comment="Rockin'")]
class Test
{
}
```

Declarações

As declarações em C# serão familiares ao programador de Java, mas existem algumas novas declarações a algumas diferenças em declarações existentes para ter em mente.

Import vs Using

Em Java, a declaração import é usada para localizar um pacote e importar os tipos para o arquivo atual.

Em C#, essa operação é separada. O grupo no qual uma seção de código é baseada precisa ser claramente especificado, seja na linha de comando, usando /r ou no Visual Studio IDE. As funções de sistema mais básicas (atualmente, aquelas contidas em mscorlib.dll) são as únicas automaticamente importadas pelo compilador.

Uma vez que o grupo tenha sido referenciado, os tipos nele estão disponíveis para uso, mas eles precisam ser especificados usando seus nomes totalmente qualificados. Por exemplo, a classe de expressão regular é chamada System.Text.RegularExpressions.Regex. Tal nome de classe poderia ser usado diretamente, ou poderia ser usada uma declaração *using* para importar os tipos em um espaço de nome para o espaço de nome a nível alto. Com a seguinte cláusula using

```
using System.Text.RegularExpressions;
```

a classe pode ser especificada simplesmente usando Regex. Há também uma variante da declaração using, que permite alternativas para tipos serem especificados, se houver uma colisão de nome.

Excessos

O Java não detecta excessos em conversões ou erros matemáticos.

Em C#, a detecção desses pode ser controlada pelas declarações e operadores checked e unchecked. Conversões e operações matemáticas que acontecem em um contexto checked atirarão exceções, se as operações gerarem excessos ou outros erros; tais operações em um contexto unchecked nunca atirarão erros. O contexto padrão é controlado pela sinalização de compilador /checked.

Código inseguro

O código inseguro em C# permite o uso de indicador de variáveis e ele é usado quando o desempenho é extremamente importante, ou quando se está executando interface com software existente, tais como objetos COM ou código original C em DLLs. A declaração fixed é usada para "pinçar" um objeto para que ele não se mova se acontecer uma coleta de resíduo.

Já que o código inseguro não pode ser verificado para ser seguro pelo tempo de execução, ele só pode ser executado se for totalmente confiável pelo tempo de execução. Isso evita a execução em carregamento de cenas.

Strings

O objeto string C# pode ser indexado para acessar caracteres específicos. A comparação entre strings faz uma comparação de valores das strings, ao invés de a referências às strings.

Strings literais também são um pouco diferentes; o C# suporta caracteres de escape dentro de strings, que são usados para inserir caracteres especiais. A string "\t" será traduzida para um caractere tab, por exemplo.

Documentação

A documentação XML em C# é semelhante a Javadoc, mas C# não dita a organização da documentação, e o compilador verifica a veracidade e gera identificadores únicos para links.

Diferenças diversas

Existem algumas diferenças diversas:
- O operador >>> não está presente, pois o operador >> tem comportamento diferente para tipos assinados e não assinados.
- O operador is é usado ao invés de instanceof.
- Não há declaração de quebra rotulada; é substituída por goto.
- A declaração switch proíbe queda através, e switch pode ser usada em strings variáveis.
- Só há um array de sintaxe de declaração: int[] arr.
- O C# permite uma quantidade variável de parâmetros usando a palavra chave params.

Diferenças entre C# e Visual Basic 6

C# e Visual Basic 6 são linguagens bastante diferentes. C# é uma linguagem orientada por objeto e VB6 tem apenas recursos orientados por objeto. O VB7 acrescenta recursos adicionais orientados por objeto à linguagem VB e pode ser instrutivo estudar também a documentação VB7.

Aparência de código

Em VB, blocos de declaração são terminados com algum tipo de declaração END, e não pode haver declarações múltiplas em uma única linha. Em C#, os blocos são apresentados usando chaves [], e a localização de quebras de linha não importam, e o final de uma declaração é indicado por um ponto e vírgula. Embora possa ser má forma e ruim de ler, em C# o seguinte pode ser escrito:

```
for (int j = 0; j < 10; j++) {if (j == 5) Func(j); else return;}
```

Tal linha significará o mesmo que isto:

```
for (int j = 0; j < 10; j++)
{
    if (j == 5)
        Func(j);
    else
        return;
}
```

Isto restringe menos o programador, mas também faz acordos mais importantes sobre estilo.

Tipos de dados e variáveis

Enquanto que há uma considerável quantidade de excesso em tipos de dados entre VB e C#, existem algumas diferenças importantes, e um nome semelhante pode significar um tipo de dados diferente.

A diferença mais importante é que C# é mais estrito na declaração e uso de variável. Todas as variáveis precisam ser declaradas antes de serem usadas e precisam ser declaradas com um tipo específico — não há tipo Variant que pode conter qualquer tipo.[1]

Declarações variáveis são feitas simplesmente usando o nome do tipo antes da variável; não há declaração dim.

Conversões

As conversões entre tipos também são mais estritas do que em VB. C# tem dois tipos de conversões: implícitas e explícitas. Conversões implícitas são aquelas que não podem perder dados — que é aonde o valor fonte sempre se ajustará na variável de destino. Por exemplo:

```
int  v = 55;
long x = v;
```

---

[1] O tipo object pode conter qualquer tipo, mas ele sabe exatamente qual tipo ele contém.

Atribuir v a x é permitido, pois as variáveis int sempre podem ajustar-se em variáveis long.

Por outro lado, as conversões explícitas são conversões que podem perder dados ou falhar. Por causa disso, a conversão precisa ser explicitamente declarada, usando uma distribuição:

```
long   x = 55;
int v = (int) x;
```

Embora neste caso a conversão seja segura, a long pode conter números que também são grandes para ajustar dentro de um int e, portanto, a distribuição é exigida.

Se detectar excesso em conversões é importante, a declaração checked pode ser usada para ativar a detecção de excesso. Veja o Capítulo 15, "Conversões", para maiores informações.

Diferenças de tipo de dados

Em Visual Basic, os tipos de dados inteiros são Integer e Long. Em C#, estes são substituídos pelos tipos short e int. Também existe um tipo long, mas ele é um tipo de 64 bits (8 bytes). Isso é algo para ter em mente, pois se long for usado em C#, onde long deveria ser usado em VB, os programas serão maiores e muito mais lentos. No entanto, Byte, é simplesmente renomeado para byte.

O C# também tem os tipos de dados não assinados ushort, uint e ulong, e o byte assinado sbyte. Estes são úteis em algumas situações, porém não podem ser usados por todas as outras linguagens em .NET, assim, eles só devem ser usados quando necessário.

Os tipos de ponto de flutuação Single e Double são renomeados para float e double, e o tipo Boolean é conhecido simplesmente como bool.

Strings

Muitas das funções internas que estão presentes em VB não existem para o tipo de string C#. Existem funções para buscar por strings, extrair substrings e realizar outras operações; veja a documentação sobre o tipo System.String para detalhes.

A concatenação de string é realizada usando o operador + ao invés do operador &.

Arrays

Em C#, o primeiro elemento de um array é sempre índice 0, e não há como ajustar limites superior ou inferior, e nenhuma maneira de redim um array. No entanto, há um ArrayList no espaço de nome System.Collection, que permite redimensionamento, juntamente com outras classes úteis de coleção.

Operadores e expressões

Os operadores que C# usa têm algumas diferenças de VB, e as expressões, portanto, tomarão algum tempo para acostumar com elas.

Operador VB	Equivalente C#
^	Nenhum. Veja Math.Pow()
Mod	%
&	+
=	==
<>	!=
Like	Nenhum. System.Text.RegularExpressions.Regex faz um pouco disso, mas é mais complexo
Is	Nenhum. O operador C# is significa algo diferente
And	&&
Or	||
Xor	^
Eqv	Nenhum. Um Eqv B é o mesmo que !(A ^ B)
Imp	Nenhum

Classes, tipos, funções e interfaces

Já que C# é uma linguagem orientada por objeto,[2] a classe é a principal unidade organizacional; ao invés de ter código e variáveis presentes em uma área global, eles estão sempre associados a uma classe específica. Isso resulta em código que é estruturado e organizado bem diferente do que código VB, mas ainda existem alguns elementos em comum.

As propriedades ainda podem ser usadas, embora elas tenham uma sintaxe diferente e não haja propriedades padrão.

Funções

Em C#, parâmetros função precisam ter um tipo declarado e ref é usado, ao invés de ByVal, para indicar que o valor de uma variável passada pode ser mudado. A função ParamArray pode ser conseguida usando a palavra chave param.

---

[2] Veja o Capítulo 1, "Os fundamentos da orientação objeto", para mais informações.

Controle e fluxo de programa

O C# e o VB têm estruturas de controle semelhantes, mas a sintaxe usada é um pouco diferente.

If Then

Em C#, não há declaração Then; depois da condição, vem a declaração ou bloco de declaração que deve ser executado se a condição for verdadeira, e depois daquela declaração ou bloco, há uma declaração opcional else.

O seguinte código VB

```
If size < 60 Then
      value = 50
Else
      value = 55
      order = 12
End If
```

pode ser reescrito como

```
if (size < 60)
      value = 50;
else
{
      value = 55;
      order = 12;
}
```

Não há declaração ElseIf em C#.

For

A sintaxe para loops for é diferente em C#, mas o conceito é igual, exceto que em C# a operação realizada ao final de cada loop precisa ser claramente especificado. Em outras palavras, o seguinte código VB

```
For i = 1 To 100
      ` other code here
}
```

pode ser reescrito como

```
for (int i = 0; i < 10; i++)
{
      // other code here
}
```

For Each

C# suporta a sintaxe For Each através da declaração foreach, que pode ser usada em arrays, classes coleção e outras classes que expõem a interface apropriada.

Do Loop

C# tem duas construções de seqüência para substituir a construção Do Loop. A declaração while é usada para loop, enquanto uma condição é verdadeira, e do while funciona da mesma maneira, exceto que uma viagem através da loop é garantida, mesmo se a condição for falsa. O seguinte código VB

```
I = 1
fact = 1
Do while I <= n
      fact = fact * I
      I = I + 1
Loop
```

pode ser reescrito como:

```
int I = 1;
int fact = 1;
while (I <= n)
{
      fact = fact * I;
      I++;
}
```

Um loop pode sair, usando a declaração break, ou permanecer na iteração seguinte, usando a declaração continue.

Select Case

A declaração switch em C# faz a mesma coisa que Select Case. Este código VB

```
Select Case x
      Case 1
            Func1
      Case 2
            Func2
```

```
        Case 3
                Func2
        Case Else
                Func3
End Select
```

pode ser escrito como:

```
switch (x)
{
        case 1:
                Func1();
                break;
        case 2:
        case 3:
                Func2();
                break;
        default:
                Func3();
                break;
}
```

On Error

Não há declaração On Error em C#. Condições de erro em .NET são comunicadas através de exceções. Veja o Capítulo 4, "Como lidar com exceções", para mais detalhes.

Declarações em falta

Não há With, Choose ou o equivalente de Switch em C#. Também não há o recurso CallByName, embora isso possa ser feito através de reflexão.

Outras linguagens .NET

Visual C++ e Visual Basic, ambos têm sido ampliados para trabalhar no mundo .NET.

No mundo Visual C++, um conjunto de "Extensões gerenciadas" foi acrescentado à linguagem, para permitir aos programadores produzir e consumir componentes para o Common Language Runtime. O modelo Visual C++ permite ao programador mais controle do que o modelo C#, no que se refere ao usuário ter permissão para escrever em ambos os objetos, gerenciado (coleta de resíduo) e não gerenciado (usando new e delete).

Um componente .NET é criado, usando palavras chave para modificar o significado de construções C++ existentes. Por exemplo, quando a palavra chave _gc é colocada na frente de uma definição de classe, ela capacita a criação de uma classe gerenciada e restringe a classe de usar construções que não podem ser expressas no mundo .NET (tal como herança múltipla). As classes de sistema .NET também podem ser usadas a partir de extensões gerenciadas.

O Visual Basic também tem sofrido consideráveis aperfeiçoamentos. Agora, ele tem conceitos orientados por objeto, tais como herança, encapsulamento e sobrecarga, que permitem-no operar bem no mundo .NET.

CAPÍTULO 35

Futuros C#

Conforme mencionado no início do livro, C# é uma linguagem em evolução e, portanto, é difícil especular sobre o futuro da linguagem, exceto onde a Microsoft tem uma posição oficial.

Um recurso no qual a Microsoft está trabalhando são os genéricos, que são versões genéricas de gabaritos. Se os genéricos estivessem presentes na linguagem, seria possível escrever classes coleção fortemente digitadas, tal como uma pilha, que poderia conter apenas um tipo específico, ao invés de qualquer objeto.

Se tal classe de pilha existisse, ela seria usada com o tipo int, e a pilha só poderia conter valores int. Isso tem dois grandes benefícios:

- Quando o programador tenta puxar um float para fora de uma pilha que armazena int, as coleções atuais reportarão esse erro no tempo de execução. Os genéricos permitiriam que ele fosse reportado por ocasião da compilação.
- Nas atuais coleções, todos os tipos valor precisam estar encaixotados, e valores int, portanto, são armazenados como objetos referência, ao invés de objetos valor. Como um resultado, acrescentar ou remover objetos impõe código extra, que estaria ausente se houvesse suporte genérico.

ÍNDICE

Símbolos
& operador (AND quanto a bit), 116
!= (operador de diferente), 243
    sobrecarga, 212, 226
    em expressões de pré-processador, 217
! (negativa lógica), 115
&& operador (AND lógico), 116
    em expressões de pré-processador, 217
#define, 215
#elif, 216
#else, 216
#endif, 216
#error, 217
#if, 216
#ifdef, 215
#line, 217
#undef, 215
#warning, 217
% (resto), 114
* (multiplicação), 114
+ operador (adição unária), 113
, (vírgula), como separador de formato de grupo
    personalizado, 253
; (ponto-e-vírgula) em strings de formato
  personalizadas, 255
\<and\> (shift), 114
== (operador de igualdade), 242
    sobrecarga, 212, 226
    em expressões de pré-processador, 217
@ para palavras chave como identificadores, 218
@ para strings literais, 221
^ operador (OR quanto a bit exclusivo), 116
| operador (OR quanto a bit), 116
|| operador (OR lógico), 116
    em expressões de pré-processador, 217
/ (divisão de números), 114
// para comentário de linha única, 221
\ (barra invertida) para escape de caracteres, 270
- (subtração), 114
- operador (subtração unária), 113

A
acessadores para propriedades, 148-149
acessibilidade
    de classe, 57
    de classe aninhada, 61-62
    de classe membro, 57-59
    interação, 59
adição, 113-114
ajustador para propriedade, 148
alocação de acúmulo em coleção de resíduo, 282
alocação em coleta de resíduo, 282

ambiente .NET Runtime, 7-12
  ambiente Execution, 8-10
  assertivas, 295
  atributos, 12-13
  coleção de resíduo, 281-285
    alocação, 282
    controlando comportamento, 285
    finalização, 284-285
    gerações, 282-284
    marcar e compactar, 282
  depuração e busca
    classes, 294
    saída, 296-297
    trocas para controle, 297-303
  estrutura de layout, 277
  funções virtuais, 94
  grupos, 11
  implementação de propriedades, 147
  linguagem interoperacional, 11
  metadados, 10-11
  métodos condicionais, 293-294
  versão Win32, acessos em, 153
ambiente verificado, .NET Runtime como, 9, 273
arquivos de resposta para compilador C#, 305
arquivos include, 215
arquivos, leitura e escrita, 262
arrays, 46-49, 131-136
  busca, 135-136
  código inseguro para copiar, 273-276
  classificação, 135-136
  conversões, 134-135
  C# vs. Visual Basic, 322
  declaração foreach e, 102-103
  de tipos referência, 133-134
  inicialização, 131
  multidimensional e dentado, 132-133
  tipo System.Array como base, 135-136
arrays dentados, 131-133

arrays multidimensionais, 132-133
arrays retangulares, 132
aspas, 221
assertivas, 295
atributo condicional, 170, 293-294
atributo cref, 279
atributo de grupo ClsCompliant, 272
atributo [Flags], para enumeradores de sinalização de bit, 166
atributo [NonSerialized], 264-265
atributos, 169-177
  convenção de nomeação de classe, 272
  definição de classes, 174-176
  elemento aplicado a, 172-173
  em C#, 21-22
    vs. C/C++, 311
    vs. Java, 317-318
  multiuso, 172
  parâmetros para, 175-176
  reflexão, 176-177
  uso, 170-173
atributos de multiuso, 172
atributo [Serializable], 264-265
atributo StructLayout, 293-294
atributo sysimport, 245

B

barra invertida (\), para caracteres de escape, 256
Base Class Libraries (BCL), 9
bibliotecas, diretivas, 272-273
bloqueio de declaração, 21, 266, 267
buscando
  arrays, 135-136
  ash table para, 226-228
busca por conversões
  funções de sobrecarga, 123-124
  para conversões definidas pelo usuário, 207-208
busca. Ver depuração e busca

C

C#
    detalhes léxicos, 218-222
    estilo, 271-273
        convenção de nomeação, 271-272
        diretivas de biblioteca, 272-273
        encapsulamento, 272
    início rápido, 15-22
    suporte de XML, 277
    suporte .NET Runtime, 10-11
    uso de XML, 260
    vs. C/C++, 309-311
        ambiente gerenciado, 309-310
        atributos, 311
        declarações, 310-311
        fazendo versões, 311
        objetos .NET, 310
        organização de código, 311
        recursos faltando de C#, 312
    vs. Java, 312-319
        atributos, 317-318
        classes, 314-316
        declarações, 318-319
        delegados e eventos, 317
        extensão de tipo de sistema, 314
        interfaces, 317
        propriedades e indexadores, 317
        tipos de dados, 312-313
    vs. outras linguagens .NET, 325-326
    vs. Visual Basic 6, 319-325
        aparência de código, 320
        classes, tipos, funções, interfaces, 322
        erros, 325
        fluxo de programa, 323-324
        operadores e expressões, 322
        tipos de dados e variáveis, 320-321
Caller Beware, 27
Caller Confuse, 27-28
Caller Inform, 28-29
campo de eventos, 187
    propriedades de evento vs, 188
campo enum, 47-48
campos
    aleatoriamente, 70-73
    estático, 67
    valor padrão em construtor, 64-65
campos estáticos, 67
campos readonly, 70-73, 314
caracteres literais, 220
caracteres Unicode, 218
carregamento de cenas, código inseguro e, 273
C/C++
    C# vs., 309-311
    funções virtuais, 94
    gerenciamento de memória, 73
    membros estáticos, 68
código fonte
    documentação como parte, 277
    inatingível, 292
    organização C# vs. C/C++, 329-330
código inseguro
    C# vs. Java, 319
    em C#, 273-277
C# Language Reference, web site, 207
classe Array, 229, 242
classe ArrayList, 233, 243
classe base, 1, 2, 8
    C# vs. Java, 314-315
    herança, 44-46
    objeto conversão para referência, 126-128
classe BinaryReader, 261
classe BinaryWriter, 261
classe BooleanSwitch, 297-299
classe Buffered Stream, 261
classe DateTime, 256-257
classe DirectoryWalker, 262-263
classe envoltório, para objetos COM, 245
classe Exception, 25
classe File, funções para ler e escrever, 262
classe FileStream, 261, 262

classe Hashtable, 226-228, 243
   uso avançado, 238-240
classe MemoryStream, 261
classe NetworkStream, 261
classe NumberFormatInfo, 248, 251
   para controlar caractere separador decimal, 253
classe NumberStyles, 260
classe Regex, 141
classes, 35-37 Ver também classes coleção
   abstratas, 51-54
      vs. interfaces, 87
   acessibilidade, 57
   acessibilidade de membro, 57-59
   aninhado, 61-62
   arrays, 46-49
   campos aleatoriamente, 70-73
   campos estáticos, 67
   classe base, 43-44
   constantes, 69
   construtor, 63-64
      estático, 68-69
   construtores privados, 73
   convenção de nomeação para, 273
   conversões, 126-130
      entre tipos de interface, 130
      para classe base de objeto, 126-128
      para interface, 128-130
      pré e pós, 199-204
   C# vs. Java, 314-316
   C# vs. Visual Basic, 322
   destruidores, 65
   evento, 272
   funções membro estáticas, 68
   funções virtuais, 49-51
   inicialização, 64-65
   listas de parâmetro de comprimento variável, 73-75
   para atributos, 170-171
      definindo, 174-176

parâmetros ref e out, 38-40
   sobrecarga e ocultação de nome, 65-66
   vedados, 55, 315-316
classes abstratas, 3, 51-54
   vs. interfaces, 87
classes aninhadas, 61-62
classes coleção, 229-243
   classificação e busca, 229-240
   códigos hash, 238-240
   IComparer como propriedade, 234-236
   interface IComparable, 230-231
   interface IComparer, 231-233
   sobrecarga de operadores relacionais, 236-237
classes coleção Frameworks
   funções e interfaces, 243
   interface IComparable, 230-231
   suporte de classificação, 229
classes de exceção, convenção de nomeação, 272
classes exceção definidas pelo usuário, 30-31
classe SortedList, 243
classe Stream, 261
classe StreamWriter, 261
classe StringBuilder, 139-141
classe StringReader, 262
classe StringWriter, 261
classes vedadas, 55, 315
classe TextReader, 261
classe TextWriter, 261
classe TraceSwitch, 299-300
classe XmlSerializer, 266
classe XMLTextReader, 261
classificação
   arrays, 135-136
   suporte para classes coleção Frameworks, 229
   suporte para interface IComparable, 230-231

suporte para interface IComparer, 231-233
CLS (Common Language Specification), 12
cláusula using, 16-17
cláusula using System, 15-16
codificação SOAP, 266
coleção de resíduo, 32-33, 281-285
   alocação, 282
   controlando comportamento, 285
   destruidores e, 65
   finalização, 284-285
   gerações, 282-284
   marcar e compactar, 282
comentários, 222
Common Language Runtime, 8
Common Language Specification (CLS), 12-13, 272
como fazer versão, 93-95
   C# vs. C/C++, 311
   C# vs. Java, 315-316
compilador C#. Ver compilação
componentes COM
   para interop, 245
   vs. componentes .NET Runtime, 9, 245
composto de designação, 117
concatenação de strings, 114
   para literais, 220
const, 69
constantes, 69
   C# vs. Java, 314-315
construtores, 63-64
   estático, 68-69
   privado, 73
   sintaxe base para chamar, 45
   structs e, 79
   valor de campo padrão em, 64-66
construtores estáticos, 68-69
   C# vs. Java, 314
contentor de lugar de espaço, em strings de formato personalizado, 252

contentor de lugar zero, em strings de formato personalizado, 252
convenção de nomeação, 271-272
   para atributos, 171-172
   para classes, 273
convenção de nomeação camelCasing, 271-272
conversões, 121-130. Ver também conversões definidas
   arrays, 134-135
   de classes, 126-130
      entre tipos de interface, 130
      para classe base de objeto, 126-128
      para interface, 128-130
   de estruturas, 130
   enumeradores, 167
   numérico explícito, 124-125
   pelo usuário
   verificadas, 125-126
conversões definidas pelo usuário, 191-208
   busca, 207-208
   como funciona, 207-208
   diretivas de design, 204-206
   entre estruturas, 194-198
   exemplo, 191-193
   pré e pós, 193
   classes e, 199-204
conversões explícitas, 321
   de arrays, 134-135
   e conversões definidas pelo usuário, 201, 204
   entre classes, 128
   numéricas, 124-125
   para tipos enum, 167
conversões implícitas, 121, 321
   de arrays, 135
   definida pelo usuário, 199
   proteção, 204
cópia (clone)
   de arrays de pontos, 273-274
   de objeto, 240-242

cópia profunda de objeto, 241
cópia, referência a, 36
cópia superficial de objeto, 241

D
declaração checked, 20, 311, 318
    para conversões numéricas, 125-126
declaração continue, 104
    em loop for, 101-102
    em loop while, 100
declaração de quebra, 98, 104
    em loop for, 101-102
    em loop while, 100
declaração de retorno, 104
declaração desmarcada, 20, 125-126, 311, 318
declaração do, 101
    C# vs. Visual Basic, 323
declaração foreach, 20, 102-102, 311
    C# vs. Visual Basic, 324
    indexadores e, 159-162
declaração goto, 104
declaração if
    C# vs. Visual Basic, 323
    vs. declaração switch, 99
declaração import (Java), 318
declaração On Error (Visual Basic), 324-325
declaração Select Case (Visual Basic), 324-325
declaração while, 100-101
    vs. loop do, 101
declarações, 20, 97-107
    C# vs. C/C++, 310-311
    C# vs. Java, 318-319
    designação definitiva, 104-107
    interação, 99-104
        do, 101
        for, 101-102
        foreach, 102-104
        while, 100-101
    pular, 104-105

seleção, 97-99
    if, 97-98
    switch, 98-99
declarações de interação, 99-104
    C# vs. Visual Basic, 324
    do, 101
    for, 15-16, 101-102
    foreach, 20, 102-104, 301-302
        índices e, 159-162
    while, 100-101
#define, 215, 216
definição definitiva, 104-107
    e arrays, 107
delegados, 20, 179-184
    como membros estáticos, 181-182
    como propriedades estáticas, 182-184
    C# vs. Java, 317
    para descrever função de cópia, 276
depuração e busca
    classes, 294
    saída, 296-297
    trocas para controle, 297-303
desencaixotando, 19, 78-79
desenhando, enumeração de estilo de linha, 163-164
destruidores, 65, 284, 309
diretivas de design
    em exceção de manuseio, 33
    para conversões definidas pelo usuário, 204
    para estruturas, 79
    para indexadores, 162
    para interfaces, 87-88
diretórios, atravessando estrutura, 262-264
distribuição, 82-84
    para conversões numéricas explícitas, 124-125
DivideByZeroException, 24, 25-26
divisão de números (/), 114
DLL, chamando funções originais, 246

documentação
    C# vs. Java, 319
    para XML, 277-281

E

#elif, 216
#else, 216
empacotando software. Ver também
    grupos
        versões, 94-95
encaixotamento, 19, 78-79
encontrando membros de um tipo,
    287-289
#endif, 216
entrada/saída, em .NET Frameworks, 260-264
enumerador AttributeTargets, 174
enumeradores, 20, 163-167
    aninhados, 62
    conversões, 167
    enums de sinalizadores de bit, 166
    estilos de linha, 163-164
    inicialização, 165-166
    tipos base, 164
enumeração de estilo de linha, 163-164
enum LayoutKind, 277
enums sinalizadores de bit, 166
envoltório, para exceção, 29
<f1b>* e *<f255d> para comentários para
    linhas múltiplas, 222
#error, 217
erros
    C# vs. Visual Basic, 325-326
    relatando opções para parâmetros de
        linha de comando, 306
escopo
    de loop variável for, 101-102
    de variáveis locais, 109-110
escrevendo arquivos, 262
espaço de nome Diagnostics, 294
espaço de nome System, 15-16
espaço de nome Text, 141
espaço de nome Threading, 266-267

espaços de nome, 16, 17
    e grupos, 17-18
espaços de nome aninhados, 16-17
especificador de evento para atributo, 173
especificador de método para atributo, 173
especificador de retorno para atributo, 173
especificador param para atributo, 173
especificador tipo para atributo, 173
estrutura de layout Explicit, 277
etiquetas, declaração goto para saltar, 104
eventos, 20, 185-190
    campo de evento, 187
    convenção de nomeação de classe, 272
    C# vs. Java, 317
    esparso, 187-190
    exemplo, 185-187
    multidistribuição, 187
eventos de multidistribuição, 187
eventos separados, 187-190
excessos, C# vs. Java, 318
expressões regulares
    para extrair cota de estoque de página HTML, 268-269
    para strings, 141-145
extensão de sistema tipo, C# vs. Java, 314

F

finalizador, 65, 284-285, 309
finalmente, 31-32
forçando coleta de resíduo, 285
formatação de data e horário, 256-257
formatação de tempo, 256-257
formatação personalizada de objeto em .NET Frameworks, 257-260
formato de strings, 261. Ver também
    strings de formato personalizado
Friend (C++), 57

função BinarySearch(), 135, 243
função Contains(), 243
função ContainsValue(), 243
função Equals(), 225-226, 243
função FindColumn()
função Format(), 247, 258-259
função GetCustomAttribute(), 177
função GetEnumerator(), 159-160
função GetHashCode(), 243
   sobreposição, 226-228
função GetType(), 118
função IndexOf(), 135, 137, 243
função IndexOfKey(), 243
função Item, 243
função LastIndexOf(), 135, 138, 243
função Main, 15-16, 36, 213-215
   múltiplo, 214-215
   parâmetros de linha de comando, 214
   retornando posição int, 213-214
função MemberWiseClone(), 240-241
função object.MemberWiseClone(), 240-241
função Reverse(), 135-136
função Sort(), 243
função SortedList(), 243
função String.Format(), 139
função ToString(), 4, 242
   e valores encaixotados, 78-79
   para conversões para outras linguagens, 205-206
   sobreposição, 223-225
função virtual WhoAmI(), 127
função Write(), 296
função WriteIf(), 296
função WriteLine, 15-16, 224-225, 296
   e valores encaixotados, 78
   para formatação numérica, 247
função WriteLineIf(), 296
funções
   bloquear finalmente para garantir execução de código antes de sair, 31-33
   chamando em grupo, 289-292
   declaração, 37

expondo de implementação explícita de interface, 90
herança, 45-46
membro, 37-38
nomes para, 218-219
passando exceções para chamada, 27-29
virtual, 3, 49-51
funções de sobrecarga, busca por conversões, 122-124
funções estáticas, 68
   conversões definidas pelo usuário como, 191
funções membro, 37-38
   estática, 68
funções originais DLL, 249-250
funções virtuais, 3-4, 49-51
   C# vs. Java, 315-316
   decisão para implementar, 242-243

G

gerações em coleção de resíduo, 282-284
grupo especificador para atributo, 173
grupos
   espaços de nome e, 17-18
   em .NET Runtime, 12
   listando todos os tipos em, 286-287
guia, 220
guia <code> (XML), 281
guia <c> (XML), 281
guia <example> (XML), 281
guia <exception> (XML), 281
guia <list> (XML), 281
guia <member> para documentação, 279-280
guia <paramref> (XML), 281
   classe proxy para objetos COM, 245
   construtores privados, 73
   contentor de lugar em strings de formato personalizado, 252
   convenção de nomeação PascalCasing, 271-272

Índice | 337

desempenho, inicialização de array e, 134
guia <permission> (XML), 281
idioma de edição-assinatura, 185
indicadores, 309
instando objetos, 264-265
linguagens de programação. Ver também C/C++; Java; Visual Basic
    conversões para outra, 205-206
membros públicos, 36
modificador público em classe, 57
modificador privado, 35
modificador protegido, 44
método Parse(), 260
números pré-escalonados, 254
notação de percentagem, em strings de formato personalizado, 254
opções de processamento em parâmetros de linha de comando, 307
palavra chave params, 75
para documentação, 279
plataforma chamada, 246
polimorfismo, 3-4
ponto de estruturas, 77-78
pré-conversões, 193
    classes e, 199-204
precedência de operadores, 111-112
propriedade especificadora para atributo, 173
propriedades, 21, 147-153
    acessadores, 148
    como IComparer, 234-239
    C# vs. Java, 317
    efeitos laterais ao ajustar valores, 150-151
    eficiência, 153
    e herança, 148
    estático, 151-152
        como delegados, 182-184
    uso de, 149
pré-processamento, 215-217
pós-conversões, 193
    classes e, 204-210

separando arquivo de registro, expressões regulares para, 142-145
tipos de dados originais em Java, 313
guia <param> (XML), 281
    para documentação, 279
guia <Remarks> (XML), 281
guia <returns> (XML), 281
guias de suporte de compilador, 278-280
guia <seealso cref="member">, 279, 281
guia <see cref="member">, 279, 281
guia <Summary> (XML), 281
guia <value>, 281

H

herança, 2, 44-46
    interfaces e, 85-86
    múltipla, 20
    propriedades e, 148-149
herança múltipla, 20

I

identificadores em C#, 218-219
#if, 216
#ifdef, 215
IL (forma intermediária), 11
imers, 275-276
implementação de interface explícita, 88-91
implementação de ocultação de interface, 91-92
indexadores, 21, 155-162
    C# vs. Java, 317
    diretivas de design, 162
    e foreach, 159-162
    índice inteiro, 155-159
indicadores de função, seguro. Ver delegados
índice inteiro, 155-159
inicialização, 64-65
    de arrays, 131
    enumeradores, 165-166
interface ICloneable, 240-242
interface IComparable, 230-231

interface IComparer, 231-233, 243
    como propriedades, 234-536
interface IDebugDump, 130
interface IEnumerable, 159-160
interface IFormattable, 225
interface IHashCodeProvider, 238, 243
interfaces, 81-92
    aninhadas, 62
    baseado em interfaces, 92
    como operador, 84-85
    convenção de nomeação, 272
    conversões, 128-130
    C# vs. Java, 317
    C# vs. Visual Basic, 322
    diretivas de design, 86-88
    e herança, 85-86
    exemplo, 81-82
    implementação, 242-243
        ocultando, 91-92
    implementação múltipla, 87-92
        implementação explícita, 88-91
    trabalhando com, 82-84
    vs. delegados, 179-180
interop, 245-246
    linguagem, 12

J
Java
    C# vs, 312-319
        atributos, 317-318
        classes, 314-316
        declarações, 318-319
        delegados e eventos, 317
        extensão de tipo de sistema, 314
        interfaces, 317
        propriedades e indexadores, 317
        tipos de dados, 312-313
    funções virtuais, 94

L
layout Sequential, 277
layout Union, 277
lendo arquivos, 262

lendo páginas Web em .NET Frameworks, 268-269
#line, 217
linguagem interoperacional, 12
listas de parâmetro, comprimento variável, 73-75
listas de parâmetro de comprimento variável, 73-75
literais, 219-221
literais booleanos, 219
literais decimais, 220
literais float, 220
literais inteiros, 219
literais reais, 220
loop for, 15-16, 101-102
    C# vs. Visual Basic, 323

M
manuseio de exceção, 23-32, 84
    classes de exceção definidas pelo usuário, 28-29
    diretivas de design, 33
    eficiência e código extra, 32-33
    finalmente, 31-33
    hierarquia, 25-27
    OverflowException, 113
    passando exceções para chamador, 27-29
    retorno de problemas de código, 23
    tentando e pegando, 24-25
módulo especificador para atributo, 173
membros, C# vs. acessibilidade Java, 316
membros estáticos, delegados como, 181-182
metadados, 310
    em .NET Runtime, 10-11
modificador interno
    para classe, 57
    para classe membro, 58-59
modificador interno protegido, 59
mscorlib.dll, 17-18
método Append(), 140

método AppendFormat(), 140
método Compare(), 138, 232
método CompareOrdinal(), 138
método CompareTo(), 138
método Concat(), 138
método CopyTo(), 138
método EndsWith(), 138
método EnsureCapacity(), 140
método Insert(), 138, 140
método Join(), 138
método PadLeft(), 138
método PadRight(), 138
método Remove(), 138, 140
método Replace(), 138, 140
métodos condicionais, 293-294
método Split(), 138, 139
método StartsWith(), 138
método Substring(), 138
método ToLower(), 138
método ToUpper(), 138
método Trim(), 138
método TrimEnd(), 138
método TrimStart(), 138
métodos
   condicional, 293-294
   ocultação de nome, 66-67
multiplicação (*), 114

N
.NET Common Language Runtime, objeto classe base, 2
.Net Frameworks
   classe Hashtable, 226
   encadeamento, 266-268
   entrada/saída, 260-264
   formatação de data e horário, 256-257
   formatação numérica, 247-256
      formato de strings, 247-248
      string de formatação decimal, 248-249
      string de formatação de ponto fixo, 249-250
      string de formatação personalizada, 248
      string de formato científico (exponencial), 249
      string de formato de número, 250-251
      string de formato geral, 250
      string de formato hexadecimal, 251
   lendo páginas Web, 268-269
   novos formatos para objetos existentes, 258-260
   objeto de formatação personalizada, 257-260
   separação numérica, 260
   serialização, 264-266
   strings de formato personalizado, 251-256
      contentor de lugar de dígito ou espaço, 252
      contentor de lugar de dígito ou zero, 252
      escapes e literais, 256-257
      número pré-escalonador, 254
      notação de percentagem, 254
      notação exponencial, 255
      ponto decimal, 253
      separador de grupo, 253
      separador de seção, 255
   usando XML, 260
notação exponencial, 220
   em strings de formato personalizado, 255
formato de string, 249
nova palavra chave, 37, 78, 94-95
   C# vs. C/C++, 310
   para criar objeto array, 131
nulo, 220

O
objetos
   clones (cópias), 240-242
   construtor padrão, 63

conversões para classe base referência, 126-128
convertendo para strings, 4, 138
determinando se 2 tem o mesmo conteúdo, 225-226
diretivas de design, 242-243
implementação de interface, 82
referenciando em outros grupos, 17
termo definido, 1
objetos .NET
   C# vs. C/C++, 310
   uso em lugar de objetos COM, 245
obtentor para propriedade, 148
ocultando nome, 66-67
operador as, 84-85, 119
operador condicional, 116-117
operador de adição (++), 115
operador de decrementação (—), 115
operador de desigualdade (!=), 243
   em expressões de pré-processador, 217
   sobrecarga, 212, 226
operador de igualdade (==), 242
   em expressões de pré-processador, 217
   sobrecarga, 212, 226
operador de questão, 117
operadores
   aritméticos, 113-115
   condicional, 116
   C# vs. Visual Basic, 322
   definido por usuário, 112
   designação, 117
   interno, 112
   lógico, 116
   negativa lógica, 115
   precedência, 111-112
   relacionais, 115-116
   sobrecarregando, 209-212
      diretivas, 211-212
      exemplo, 210-211
      operadores binários, 210

operadores unários, 209
   restrições, 211
tipo, 118-119
operadores aritméticos, 113-115
operadores binários, sobrecarga, 210
operadores de atribuição, 117-118
operadores lógicos, 116
   negativa, 115
operadores relacionais, 115-116
   sobrecarregando, 236-237
operadores tipo, 118-119
operadores unários
   mais (+), 113
   menos (-), 113
   sobrecarregando, 209-210
operador is, 118
operador ternário, 117
operador typeof, 118
operação Boolean, 115-116
opções de entrada, para parâmetros de linha de comando, 306
otimizações pelo compilador C#, 292
OverflowException, 1130

P

palavra chave de classe, 19
palavra chave de sobreposição, 51, 95
palavras chave em C#, 218
   @ para usar como identificadores, 218
palavras reservadas em C#, 218
parâmetro out, 40, 316
parâmetro ref, 38-39, 316
parâmetros de linha e comando, 306-307
   opções de entrada, 306
   opções de processamento, 307
   opções de relatório de erro, 306
   opções de saída, 306
   para função Main, 214
pegar bloco, 25
   ausência de combinação, 26-27
   personalizado, 254
páginas Web, leitura, 268-269

ponto decimal, em strings de formato
  personalizado, 253
ponto-e-vírgula (;) em string de formato
  personalizado, 255
pré-escalonador de número, em strings
  de formato
programa "Hello Universe", 15-17
propriedade apenas de escrita, 148
propriedade apenas de leitura, 148
propriedade Length, em classe
  StringBuilder, 140
propriedade MaxCapacity, em classe
  StringBuilder, 140
propriedades estáticas, 152
  como delegados, 182-184
proteção
  de .NET Runtime, 9
  em conversões implícitas, 204
pular declarações, 104

R
reflexão, 11, 285-292
  chamando funções, 289-292
  encontrando membros de um tipo, 287-289
  listando todos os tipos em grupo, 286-287
  para atributos, 169, 176-177
registro, função WriteIf() e WriteLineIf()
  para controlar, 296
Registry (Windows) para ajustar variável
  BooleanSwitch, 299
relacionamento "is-a", 86
resto (%), 114
rotina de busca de depuração, 128-130

S
saída
  de depuração e busca, 296-297
  opções em parâmetros de linha de
    comando, 306
segurança, em .NET Runtime, 9

seleção de declarações, 97-99
  if, 97-98
  switch, 98-99
separador de seção, em string de formato
  personalizado, 255
separação numérica, em .NET
  Frameworks, 260
seqüenciando
  em .NET Frameworks, 266-268
  para finalização, 284
seqüência de declarações. Ver iteração
  de declarações
seqüências de escape
  em strings de formato personalizado,
    256-257
  para caracteres literais, 220
serialização, em .NET Frameworks, 264-265
shift (<<and>>), 114
sincronização, 266
sobrecarga
  conversões, 197
  e ocultando nome, 66-67
  funções, 4, 41
  != (operador de desigualdade), 226
  == (operador de igualdade), 226
  operadores, 209-212
    diretivas, 211-212
    exemplo, 210-212
    restrições, 211
  operadores relacionais, 236-237
string de formato científico (exponencial),
  249
string de formato decimal, 248-249
string de formato de moeda, 248
string de formato de número, 250-251
string de formato de ponto fixo, 249-250
string de formato geral, 250
string de formato hexadecimal, 251
string literais, 221
strings, 137-145
  classe StringBuilder, 139-141
  concatenação, 114

convertendo objetos a, 4, 138
C# vs. Java, 319
C# vs. Visual Basic, 321
expressões regulares, 141-145
interrompendo em substrings, 139
montando de strings separadas, 140-141
operações, 137-138
strings de formato personalizado
  contentor de lugar de dígito ou espaço, 252
  escapes e literais, 256-257
  grupo separador, 253
  número pré-escalonador, 254
  notação de porcentagem, 254
  notação exponencial, 255
  para data e horário, 257
  ponto decimal, 253
  separador de seção, 255
strings literais, 221
structs, 19, 77-79, 314
  aninhadas, 62
  conversões, 130, 194-198
  designação definitive e, 106-107
  diretivas de design para, 80
  e construtores, 79
  ponto, 77-78
subtração (-), 114
supressão de finalização, 285

T

tabela hash, 189-190
temporizadores de sistema, 276
tentar bloco, 24-25
  otimizações e, 310
teste de bancada para código inseguro, 276
this, 36-37
  para acessar cópia variável, 109
  para declarar indexador, 157
tipo Array, 134-136
tipos base para enumeradores, 164-165
tipos de dados, 18-19

C# vs. Java, 312-313
C# vs. Visual Basic, 319-321
nova formatação para, 258-260
tipos de dados definidos pelo usuário, 18
tipos de dados inteiros, C# vs. Visual Basic, 321
tipos de valor, 18-19
  array para armazenar, 131
  encaixotando, 19, 78-79
  == (operador de igualdade) para, 212
tipos numéricos
  conversões, 121-126
    e pesquisa de membro, 123-124
    explícito, 124-125
    hierarquia, 121-122
  formatação em .NET Frameworks, 247-256
    formato de strings, 247
    string de formato científico (exponencial), 249
    string de formato decimal, 248-249
    string de formato de moeda, 248
    string de formato de número, 250-251
    string de formato de ponto fixo, 249-250
    string de formato geral, 250
    string de formato hexadecimal, 251
  operadores, 113-114
  operadores internos, 112
  separação, 260
tipos referência, 18-19
  array para armazenar, 131, 133-134
  == (operador de igualdade) para, 220
tipo String, 137
troca de declaração, 311, 324-325
troca definida pelo usuário, 300-303
trocas para controle de depuração e busca, 297-303
  classe BooleanSwitch, 297-300
  classe TraceSwitch, 299-300
  troca definida pelo usuário, 300-303

U

#undef, 215
utilitário tlbexp, 245
utilitário tlbimp, 245

V

valores de retorno, vs. exceção de manuseio, 32-33
variáveis
    C# vs. Visual Basic, 320-321
    designação definitiva, 104-106
    erros de não inicialização, 39
    global, 73
    nomes para, 218
variáveis globais, 73
variáveis locais
    escopo, 109-110
    otimizações e, 292
variáveis não inicializadas
    erros de, 39
    parâmetro out para, 40
versão Win32 de .NET Runtime, acessadores em, 153
Visual Basic
    C# vs, 319-325
        aparência de código, 320
        classes, tipos, funções, interfaces, 322
        erros, 325

        fluxo de programa, 323-324
        operadores e expressões, 322
        tipos de dados e variáveis, 320-321
    suporte .NET Runtime, 11
Visual C++, suporte .NET Runtime, 10
Visual Studio, uso de metadados por, 11
vírgula (,) como separador personalizado de formato
    de grupo string, 253

W

#warning, 217
web sites, para C# Language Reference, 206
WinAmp, 3
Windows Media Player, 3
Windows Registry, para ajustar variável BooleanSwitch, 299

X

XML
    documentação, 277-281
        guias, 281
        guias de suporte de compilador, 278-280
    em .NET Frameworks, 260
XSL, para apresentar documentação XML, 280

ANOTAÇÕES

ANOTAÇÕES

ANOTAÇÕES

ANOTAÇÕES

Impressão e acabamento
Editora Ciência Moderna Ltda.
Rua Alice Figueiredo, 46
CEP: 20950-150, Riachuelo – Rio de Janeiro – RJ – Brasil
Tel: (021) 201-6662 /201-6492 /201-6511 /201-6998
Fax: (021) 201-6896 /281-5778
E-mail: lcm@lcm.com.br